망각과 손잡이

Oblivion and a Knob

새미비평신서 19

망각과 손잡이

Oblivion and a Knob

이수정 지음

새미

연희, 자희에게

- 서문을 대신하여

종이배

라빈드라나드 타고르

날마다 나는 종이배를 하나씩 흐르는 물에 띄워 보냅니다.
크고 검은 글씨로 종이배 위에 내 이름과 내가 사는 마을 이름을 적어 놓습니다.
낯선 나라 누군가가 내 배를 발견하고 내가 누구인지 알아주길 바라고 있습니다.
나는 우리집 정원에서 따 온 슐리꽃을 내 작은 배에 싣고 이 새벽의 꽃들이 밤의 나라로
　무사히 실려 가길 바라고 있습니다.
나는 종이배를 띄우고 하늘을 보고, 바람 안은 흰 돛 모양의 조각구름을 바라봅니다.
하늘의 내 또래 장난꾼이 내 배와 경주하기 위하여 바람을 구름에 날리는지 알 수 없어요!
밤이 오면 나는 얼굴을 팔 안에 묻고 한밤의 별 아래 내 종이배가 흘러 흘러가는 꿈을 꿉니다.
잠의 요정들이 그 배에 노를 젓고 뱃짐은 꿈으로 가득한 바구니입니다.

PAPER BOATS

Rabindranath Tagore

Day by day I float my paper boats one by one down the running stream.

In big black letters I write my name on them and the name of the village where I live.

I hope that someone in some strange land will find them and know who I am.

I load my little boats with shiuli flowers from our garden, and hope that these blooms of the dawn will be carried safely to land in the night.

I launch my paper boats and look up into the sky and see the little clouds setting their white bulging sails.

I know not what playmate of mine in the sky sends them down the air to race with my boats!

When night comes I bury my face in my arms and dream that my paper boats float on and on under the midnight stars.

The fairies of sleep are sailing in them, and the lading is their baskets full of dreams.

출전 : 라빈드라나드 타고르, 김병익 역, 『기탄잘리』, 민음사, 1996.

별은 빛나지 않는다.
우리가 바라보지 않는다면.

    띄워 보낸 종이배가 바다를 넓게 만들었고, 놓쳐버린 풍선들이 하늘에 빛과 색을 불어 넣었으며, '야호' 외쳤던 소리가 계곡을 깊게 했다. 밤새 펼쳐놓았던 백지가 나를 두근거리게 했고, 고개를 들고 바라보았기에 별들이 반짝이며 빛났었다. 정말 그랬던 시절이 있었다. 그 때는 왜 그렇게 아무 내용도 없는 설레임(아무래도 '설렘'이라고 쓰면 설레는 느낌이 나지 않아 설레임이라고 쓴다)을, 어떤 이유도 없는 두근거림을, 대상도 없는 그리움을 알 수도 없는 곳으로 부쳤던 것일까. 왜 수신자도 없는 편지들을 빈 병에 넣어 바다에 던져보고 싶어 했을까.
    지난 학기 '시의 이해'라는 수업을 종강했던 날이었다. 수업이 끝나고 여러 학생들과 인사를 모두 마칠 때까지 기다렸던 까만 눈의 여학생이 마지막에 내게 해준 말은 '선생님께서 수업시간에 예로 들어주시는 시들이 모두 너무 어두웠어요'이었다. 실로폰 채로 머리를 한 대 맞은 기분이었다. 잠시 멍했고 구체적인 부위가 아팠는데 아주 오랜만에 머리에서 맑은 소리가 여운껏 울렸다. 아마 실로폰 채로 맞은 곳이 정확하게 만성 편두통이 지끈거리는 부위였던 듯하다.
    오래간만에 '행복'에 대해서 생각해보았다. 나는 '행복'이라는 단어가

들어간 문장을 신뢰하지 않는다. 행복은 가까운 곳에 있다느니, 행복은 마음먹기에 달렸다느니 하는 말들 말이다. 그런 말은 행복하기로 작정한 사람들이 현실과 타협한 자신의 상태를 합리화하고, 나아가 남들을 설득시키려는 교리 같이 느껴진다. 최면을 위한 주문 같다고나 할까. 왠지 그런 행복은 사실이 아니라 신념의 체계에 속하는 감정 같다. '행복하다'가 아니라 '행복해야 한다'와 '행복할 수 있다'에 해당되는 이 감정은 아무래도 꺼림칙하다. 본인들이 행복하다는데 아니라고 할 수는 없겠지만, 아무래도 그것은 순도純度가 떨어지는 행복인 것만 같다. 내가 진심으로 공감했던 행복에 대한 증언(?)은 버지니아 울프의 소설들을 각색한 영화 '디아워스(The Hours)'에서 주인공 클라리사가 딸에게 했던 대사였다.

> 어느 날 아침이었지. 새벽에 깨어났는데 그냥 무엇이든 가능할 것 같은 그런 예감이 들었어. 알지 그 느낌? 그때 나는 생각했었지……. '그래 이건 행복의 시작이야. 행복은 여기서 시작되는 거야. 그리고 앞으로 더 많은 행복이 내게 오겠지.' 하지만 그런 일은 결코 일어나지 않았어. 그건 행복의 시작이 아니었어. 바로 그 순간이 행복 그 자체였던 거야.

문득 자고 일어나 왠지 무엇이든 할 수 있을 것 같은 예감이 들었던 아침, 앞으로 행복한 일들이 가득할 것 같았던 순간, 그 순간이 바로 가장 행복했던 순간이었다는 말에 심장이 따끔했었다. 종이배와 종이비행기를 수없이 만들어 부치던 시절, 나는 아직 알 수는 없지만 내게 다가올 설레임과 두근거림에 대해 설레고 두근거렸던 것이다―우리는 무대에 오르는 순간 긴장할 것을 생각하며 극도로 긴장하고, 어린이들은 선물을 받는 순간의 즐거움을 생각하며 가장 즐거워하지 않는가.

나이가 들면서 수많았던 설레임과 그리움은 자연스럽게 몇 개의 열정으로 변하고 줄어들었다. 열정은 사람, 공부, 시 등 현실적이고 구체적인 대상에 대한 감정이었고 그것의 성취를 목표로 한다는 점이 달랐다. 그것은 약간의 설레임과 두근거림 그리고 고통과 좌절, 괴로움을 주는 것이었다. 시간이 흐름에 따라 몇 가지 열정은 점점 그 수가 줄어들고 있다. 내게 다가올 수 있을 것이라 생각하는 설레임의 수가 줄어드는 것. 나의 가능성을 줄여 나가는 것, 어쩌면 이것이 자기 통합의 과정일 지도 모른다. 그러나 여름 나무처럼 무성했던 꿈을 잃어버리고 점점 헐벗어가는 것이 진정한 자아를 찾는 과정이라고, 혹은 세월이 흘러 자랄수록 우리 머리 위의 하늘이 낮아지는 것이라고 생각하고 싶지는 않다.

예이츠W. B. Yeats는 『기탄잘리』의 서문에서 '이 시들은 아직 알지 못하는 인생을 두고 그 무의미함을 한숨짓는 소녀들의 책상이나, 인생을 시작하는 대학생들의 책상에 놓이지 못할지 모른다. 하지만 수십 년이 흐르고 나서 여행자들은 강위에서 노를 저으며 타고르의 시를 흥얼거릴 것이다'라고 썼다. 수십 년이 흐르고 나면 다시 무수히 '종이배'를 띄워 보내게 될까. 나의 머리맡에서 잠의 요정들이 설레임과 두근거림의 보따리들을 실은 배를 노 저어 갈까. 그랬으면 좋겠다고 진심으로 생각한다. 띄워 보낸 종이배들은 모두 어디로 갔을까, 상상하는 것만으로 다시 두근거림이 무성해지기를, 세월이 흘러 우리가 자라더라도 고개를 들어 바라본 만큼 머리 위 하늘이 더 높아지고 별이 더 빛나기를.

덧.

사실 처음에는 「종이배」가 아닌 내가 유일하게 외우고 있는 타고르의 다른 시를 소개하려고 했었다. 그런데 나는 그 시의 제목도 모르고, 그 시가 수록된 시집명도 알지 못했다. 이전까지 나는 그 시의 제목이나 원문, 출처에 대해 별로 생각해본 적이 없었다. 타고르의 시는 제목 없이 숫자만을 달고 있거나, 제목이 없어 시의 첫 행이 제목처럼 사용되는 경우가 많기도 했지만, 나중에 찾아보면 언제든 알 수 있을 것이라고 생각했기 때문이었다. 번역 시집을 읽어보았고, '프로젝트 구텐베르크(http://www.gutenberg.org)'에 올라있는 타고르의 저서를 모두 다운받아 번역시의 원문으로 추정되는 작품들을 검색하여 보았지만 결국 그 시의 원문을 찾아 밝히지 못하였다.

몇 년 전에 한용운의 『님의 침묵』에 나타난 타고르의 영향관계에 대해 공부하면서, 타고르 시의 영역본을 김억의 번역과 대조하여 읽은 적이 있다. 다소 따분한 작업이 될 것이라고 각오했었지만 어느 순간 타고르의 시를 읽는 것은 즐거운 일이 되어있었다. 내친 김에 크리슈나 크리팔라니(K. Kripalani)가 쓰고, 김양식이 번역한 『R. 타고르의 생애와 사상』이라는 전기를 찾아 읽었는데, 타고르의 성장기를 다룬 부분에 타고르가 쓴 '사랑'에 대한 시가 한 편 인용되어 있었다. 제목도, 수록 시집명도 없이 인용되어 있던 번역시를 아쉽지만 여기 적어본다.

> 오래 전에 내가 아직 어렸을 때,
> 저녁이 그 평안함으로 대지를 덮듯이
> 그대는 사랑으로 나를 감싸주었다.
> 저녁이 그 마법을 가르쳐 준 것이었을까?
> 당신이 나의 마음속을 들여다보면 별들이 모두 나타나기에.
> 그대는 내 자신의 숨겨진 보물을 내게 보여 주고,
> 당신 자신은 한 마디도 노래 부르지 않고,
> 오늘 내가 알고 있는 모든 노래를 나에게 가르쳐 준 것이다.

이 글은 ≪현대시≫(2009년 8월호)의 해외시 소개란에 수록된 글이다.

목차

서문을 대신하여 ‖ 7

1. 시로 지은 집

고백의 윤리
(최문자,『사과 사이사이 새』)   21

외롭고 웃긴 퍼뮤테이션(permutation)의 바다,
　군말이 불필요한 풋−숲의 매혹
(안현미,『이별의 재구성』)   31

공감, 피로하고 아름다운 여섯 번째 감각
(조은,『생의 빛살』)   34

푸른 귀가 가득한 수면 - 순환론적 세계에서 잘려진 존재들의 연대
(길상호,『눈의 심장을 받았네』)   37

심해어(深海語)를 찾아서
(길상호,『모르는 척, 아프다』)   46

사람과 시인이 만나는 나라
(나태주, 『시인들 나라』)   52

격렬한 침묵과 시인의 별
(김완하, 『허공이 키우는 나무』)   60

손길, 오체투지에서 날아난 꽃잎 – 지느러미의 길
(김은숙, 『손길』)   66

꽃과 밥의 줄탁 – 때려라, 시가 깨어나리라
(이안, 『치워라, 꽃!』)   71

달리 (성)관계하는 시의 모색
(강희안, 『나탈리 망세의 첼로』)   77

이미저리의 (파)괴력
(김경수, 『달리의 추억』)   81

스스럼 없는 시절(時節, 詩節), 진실의 음량은 크지 않다
(윤석산, 『밥 나이, 잠 나이』)   85

도서관 속 미로, 진리를 담은 책의 행방
(구희남, 『하루 종일 혀 끝에』)   90

나무늘보 안의 물살과 얼음
(김현식, 『나무늘보』) 99

실제는 상식의 허물을 벗는다, 존재론적 언어에 접근하는
　　낯선 방법
(위선환, 『새떼를 베끼다』) 103

가장 멀리 가는 여행은 넘어지는 것
(김복연, 『그늘』) 108

'1초의 시학'과 즐거운 걷어차기
(유홍준, 『나는, 걷는다』) 113

'고요'의 주파수 잡아내기
(신덕룡, 『소리의 감옥』) 117

동심과 놀이, 사랑스러운 결점들
(공광규, 『말똥 한 덩이』) 121

두 눈을 뜨고 한 눈을 가리다
(김종철, 『못의 귀향』) 124

반복과 번복의 곱씹기
(김기택, 『껌』)　　　　　　　　　　　　　　　　　127

원소는 불멸의 자세를 가졌다
(허만하, 『바다의 성분』)　　　　　　　　　　　　131

가장 낯선 세계, '늙음'의 복원
(홍신선, 『우연을 점 찍다』)　　　　　　　　　　134

의미의 중력을 덜어 낸 상상력의 산란(産卵)
(최하연, 『피아노』)　　　　　　　　　　　　　　137

5분 간,
(박남철, 『제1분』)　　　　　　　　　　　　　　　144

2. 시의 손잡이

푸른 당나귀를 탄 돈키호테는 스키테(schythe)를 가졌다
(원구식론)　　　　　　　　　　　　　　　　　　153

포스트 아포칼립스(Post-apocalypse)적 상상력
(박청륭론)　　　　　　　　　　　　　　　　　　157

신화의 용광로, 연금술적 시성(詩性)의 신화
(김백겸론)   **161**

잘 만들어진 미궁, '신비한 불결'의 성
(조연호론)   **165**

언어 이전을 찾는 고고학자의 화살
(박형준론)   **169**

나쁜 피를 지닌, 질주하고 고뇌하는 구름의 탄생
(윤의섭론)   **172**

비정한 세계를 여행—거주하는 히치하이커를 위한 안내서
(박후기론)   **176**

3. 시인의 의자

클리셰와 접속하는 전복적 유희의 상상력
(오은, 윤진화, 서효인의 시)   **185**

눈, 고독이 주는 축복
(김은경, 김정임, 천서봉의 시)   **194**

시인의 의자, 타자와의 관계
　　- 압도된 주체, 유령적 주체, 타자화된 주체
(김일영, 황성희, 김지녀의 시)　　　　　　　　　　　　　　203

시인의 바보상자
　　- 알아듣게 말고 느껴지게 말해, 확신하지 않고 생각할게
(신용목, 이근화, 박서영의 시)　　　　　　　　　　　　　214

죽는 것, 잠드는 것, 아마도 꿈꾸는 것
(류인서, 박준, 문정영의 시)　　　　　　　　　　　　　　223

에토스와 파토스, 웅크린 주체를 찢는
(정영효, 김정웅, 이선욱의 시)　　　　　　　　　　　　　229

망각과 손잡이 - 2008 봄의 한국시
(오은, 문태준, 이근화, 윤진화, 길상호, 정준영, 정병근, 정은기,
　이승희, 송찬호의 시)　　　　　　　　　　　　　　　　236

1. 시로 지은 집

고백의 윤리

— 최문자, 『사과 사이사이 새』(민음사, 2012)

> 정복되지도 굴복하지도 않은 채
> 너에게 나 자신을 던지리라
> 오 죽음이여
> — 버지니아 울프의 비문

1. 고백

고백은 싸움의 과정이다. 우리는 고백의 내용을 부정하며 그것과 싸운다. 그리고 더 이상 싸울 수 없을 때, 그것이 부정할 수 없는 '진실'이라는 것을 깨닫는다. 그렇게 얻은 '진실'을 발화함으로써 우리는 '고백'한다. 이처럼 고백의 1차 상대는 언제나 타자가 아닌 발화자 자신이다. 고백이 힘든 이유는 차례로 두 명의 상대(자신과 타자)를 직면해야 하기 때문이다. 물론 이 싸움에서 더 버거운 상대는 고백받기 전까지 아무것도 모르는 타자가 아니라, 고백의 내용에 맞서서 '저항하는 자아'다. 여기에 고백의 역설과 고백의 윤리가 놓인다. 자아가 저항하지 않고 발화하였다면 그것은 '고백'이 아니며, 격렬하고 끈질기게 저항하지 않고 발화하였다면 그것은 '진실한 고백'이 아니다. 목숨 걸고 저항하다가 패배한 자아가 죽음에 이르러서야 발화하게 될 때 마침내 '진실한 고백'이 이루어지며 그것은 '숭고'한 빛을 띤다. 고백을 "황홀(「Vertigo(비행감각)」)"하게 만드는 것은 그것을 부정하다 죽음으로 치닫는 자아이다. 이 죽음은 고뇌의 소멸이며, 오래 앓던 병이 나은 뒤의 가벼움이고, '진실'에 눈뜬 자아가 지니게 된 광활한 시야의 세계가 열리는 순간이라는 점에서 황홀하다.

2. 늘

"늘 고백하고 싶었다"라는 말은 욕망의 형태를 취하고 있지만 긴 후회의 그림자도 지니고 있다. 그 후회는 '늘'이라는 부사어로 인해 강조된다. '늘'이라는 가늘고 기다란 부사어는 '고백'하기 위한 내적 투쟁이 끝나고 난 후, 진실을 직면한 자아가 겪은 두 번째 투쟁의 시간이 길었음을 보여준다. "부정할 수 없는 진실"이 오롯이 몸을 드러내면 그것은 막강한 힘으로 우리를 종용한다. '진실'은 결코 숨기거나 가릴 수 없는 빛이며, 그것을 드러낼 것을 준엄하게 명령하는 '힘'이다. 여기에 고백의 두 번째 싸움이 놓인다. 자아는 "부정할 수 없는 진실"을 받아들이고 난 뒤에도 그것을 발화함으로써 '고백'을 완성하기를 늦추려고 저항한다. 이렇게 '오늘' 고백하지 않기 위해 미루고 미루다 길게 늘어져 버린 순간이 일상이 되고 '늘'이 된다.

> 40년 전의 실연
> 언젠가의 임종
> 똑같은 후회로 뒤덮인 어제
> 실종된 문장들이
> 이마를 다치고
> 보리 씨처럼 통증이 부풀어

　　　　　지워질 뻔하다 나에게로 슬쩍 건너오는 날

　　　　　　　　　　　　　　　　　　—「오늘」부분

　　"40년 전의 실연"의 순간부터 "언젠가의 임종"까지 "똑같은 후회로 뒤덮인 어제"로 빼곡이 채우며 누가累加되고 있는 시간이 '늘'이다. 두껍게 누적된 '늘'의 시간은 여러 지층으로 이루어져 있는데, 그중 하나가 "의문을 품고 먹어 버린 흰밥의 세계(「오늘」)"로 상징되는 '일상의 층위'다. 결혼 생활, 대학 총장 업무 등등으로 이루어진 일상의 세계는 "내가 없는 집에서/ 내가 없는 방문을 잠그고/ 내 심장이 없는 펜으로/ 내가 없는 시를 쓰고 있(「Vertigo 4」)"는 시공간이다. 이런 일상의 시공간은 뜨겁게 차갑고 격하게 단단한 최문자의 시에서 드물게 '슬픔'이나 '눈물' 같은 시어들이 끼어드는 세계다. 슬픔과 눈물의 세계는 '상실감'으로 "천천히 떫어지는(「사랑의 모든 것」)" 시공간이다. 이 흐릿하면서 천천히 떫어지는 세계, 쉽게 녹아 부푸는 거품 말들과 무의미한 말들이 오가는 '늘'의 세계를 뚫고 '오늘' "실종된 문장들"이 건너온다.

3. 사과 사이사이 새

　　"실종된 문장"들은 어디서 오는가. 그것은 시인이 40년 전 실연한 세계에서, 실종된 것들을 포기하지 않는 시인을 타고 시인의 일상 세계로 건너온다. 시인은 일상의 세계와 실연한 세계 양쪽을 모두 붙잡고 있다. 시인은 두 세계 사이에서 어느 쪽도 포기하지 않는 사람이다.

　　　　아까부터
　　　　사과들이 나를 쳐다보네

나는 딴생각 반, 사과 생각 반으로 보는데
사과나무는 온 사과들을 다 데리고 나를 보네
사과 사이사이에 새가 있네
울어 줄 새를 안고 살았나 보네
어쩌다 새의 작은 눈알과 마주쳤네
새까지 고집스럽게 나를 쳐다보네
이상한 눈으로 나를 보네
사과가 없어진 나를 보네
뻥뻥 구멍 뚫린 나를 보네
누구와 누구가 사과를 다 따 갔는지 의심하며 보네
내가 놓아 버린 사과들을 찾고 있네
사과 뒤에서 달이 뜨고 있네
알알이 불을 켜고 나를 쳐다보네
이대로 둘까 어쩔까
그런 생각으로 쳐다보네
사과들이 방패를 뚫고 나를 찌르네
사과와 새와 달빛이 한꺼번에 달려들어
나를 죽이네
사과 무덤에 내가 묻히네
새가 무섭게 울고 있네

―「시선들」전문

    사과나무에 열린 사과들은 아르고스의 눈처럼 무수히 많은 눈이 되어 시적 자아를 쳐다보고 있다. 이 사과들이 '초자아'의 이미지라는 점은 특별할 것이 없지만, 시인이 하나의 거대한 초자아를 지니고 있는 것이 아니라 무수히 많은, 작고 단단한 초자아를 지니고 있다는 점은 놀랍다.
    시적 자아는 사과 생각 반, 딴생각 반으로 사과를 보고 있다가, 사과나무가 온 사과들을 다 데리고 자신을 보고 있음을 의식하게 된다. 사과 사이사이에는 '새'가 있는데, 이 새는 사과를 대신하여 "울어주는 새" 다시 말해 '메신저'다. '새'는 두꺼운 일상의 지층을 뚫고 시인에게 건너오는

"실종된 문장"과 같은 존재이다. 사과의 메신저인 새 역시 작은 눈알로 고집스럽게 시인을 쳐다보는데, 그 시선에는 자아에게 죄책감을 유발하는 질책이 담겨있다. 사과와 새는 "(사과가) 없어진 나"를 시선으로 지적하고 있기 때문이다. '사과'가 '없어진 나'를 본다는 의미로도, '사과가 없어진' '나'를 본다는 의미로도 읽히는 이 구절의 중의적 구조는 명백히 의도적이다. 한때 사과를 가지고 있었지만 지금은 '사과를 잃어버린 나'는 곧 '(나 자신을 잃어버린) 없어진 나'와 동일하게 여겨지기 때문이다.

여기서 '사과'는 두 가지 의미 층위로 서로 포개지고 있음을 알 수 있다. 하나는 '한때 소유했었지만 지금은 잃어버린 것'으로서의 사과다. 이 실종된 사과는 '온전(wholeness)한 자아'일 수도, '온전한 신앙'일 수도, '온전한 사랑'일 수도 '온전한 시'일 수도 있다. 아마 '온전함'의 에피파니(epiphany)가 자아가 현실에서 감각하는 신앙—사랑—시일 것이지만 말이다. 다른 하나는 지금의 자아를 '깨진 자아'로 파악하고 그것을 끊임없이 상기하며 질책하는 '초자아' 이미지로서의 사과다.

후자인 사과에 의해 '전자의 사과를 잃어버린 것—자아가 깨진 것'을 인식한 순간부터 자아는 "뻥뻥 구멍 뚫린 나"가 되어 버린다. 누가 사과를 따 갔는지 '의심'하는 사과나무의 공격적인 이미지는 나무 뒤로 달이 떠오르는 압도적인 모습으로 알알이 불을 켜고 '나'를 압박해온다. 마침내 사과는 '나'의 '처벌'을 두고 고민하는 존재로 그려지며, 결국 "얇은 방패"를 뚫고 달려들어 나를 찔러 살해하고 만다. 무수히 많은 사과들—초자아에게 압도된 자아는 "사과 무덤에 묻혀"서도 "새의 무서운 울음"을 듣는 환상으로 시를 마친다.

이와 같은 치명적인 '나'의 상실감은 이번 시집의 많은 곳에서 읽을 수 있다. 이는 "내가 나라는 때도 있었죠"로 시작하는 「발의 고향」에서 "그때는/내 이야기가 자라서/정말 내가 되었죠"로 나타난다. '뿌리'는 최문자 시가 탐구해 온 주된 상징 중에 하나인데, 그 가운데 하나가 바로 '진실한 나의 뿌리-나무되기' 상상력이다. 「발의 고향」에서 뿌리의 상상력은 '맨발'의 이미지로 나타나는데, '뿌리-나무되기-맨발-나'의 상실감이 얼마나 큰 것인가는 "그때는 맨발에도 별이 떴었죠/그 별을 무쇠처럼 사랑했죠"라는 먹먹한, 쇠뭉치 같은 문장으로 막연히 짐작해볼 수 있을 뿐이다.

또한 '나'의 상실감-죄책감은 「내가 나를 넘는 꿈」에서 직설적으로 나타난다. 시적 자아는 "내가 나를 넘으면 내가 지워지는 악몽"에 대해서 이야기하면서 차례로 신체가 지워지는 꿈 뒤에 "커튼 뒤에 등**뼈**만 아직 서 있다"고 언급한다. 이 등뼈는 '나'를 지탱하는 최후의 "곧은 것"며, "매일매일 내가 나를 버리면 매일매일 나를 나에게서 건져내"는 마지막 남은 것으로 말해진다. '등뼈'가 '커튼 뒤에' 있다는 것은 그것이 '초자아'의 이미지이면서 숨은 신의 이미지임을 의미한다. '뼈' 이미지는 일상의 층위에 매몰된 자아를 구해 내는 '실연한 세계'에 속한 이미지다. 그것은 지금은 잃어버렸지만 한때 가졌던 '온전한 나-사과'와 같은 것이다("고백보다 더 깊은 곳에서 출토되던 뼈/꼿꼿이 죽은 짐승(「Vertigo(비행감각) 9」부분)").

4. 붉디붉은 푸른 사과

이제 사과나무가 아니라 왜 사과인지에 대하여 이야기해 보자. 우리는 비대한 의지와 거대한 자의식을 지닌 시인들을 본 적이 있다. 그러나 최문자의 시 세계가 보여주는 자의식은 왜 거대한 사과나무가 아니고 거기 달린 무수한 사과들일까. 다시 시집 첫머리의 자서로 돌아가 보자.

시(詩)는
한 잎의 생각으로 도저히 가릴 수 없는
탐나는 과일이었다는 것

아직도 이런
사과의 이상한 불꽃을 쥐고 있다는 것

— 「자서(自序)」 전문

시인은 '시'를 "거품"과 무의한 "빈말"로 이루어진 '늘'의 세계—일상을 뚫고 나오는 목소리로 여기고 있다. 그것은 "도망친 여자처럼" "붉디붉은 사과의 문장"으로 "은유 없이 기도(「커다란 눈물방울」)"하는 진실한 목소리이다. 그러나 시인은 자신의 시편들을 '온전한 시—사과'가 아닌 "한 잎의 생각"일 뿐이라고 스스로 부정한다. '뿌리—나무 되기'의 오랜 상상력을 길러온 시인에게 '한 잎'이란 '한 입=한 편의 시'를 의미하는, 청각 은유임이 분명하다. 시인에게는 자신이 쓰는 '한 잎의 생각—한 편의 시'와 다른 '시—탐나는 과일'이 분명히 존재하며 그것에 다가가고 싶지만 불가능하다고, 그럼에도 그 사과에 대한 병적인 열정(이상한 불꽃)을 지니고 있다고 고백한다.

계기판보다 단 한 번의 느낌을 믿었다가 바다에 빠져 죽은 조종사의 이야기를 알고 있다. 그런 착시 현상이 내게도 있었다. 바다를 하늘로 알고 거꾸로 날아가는 비행기처럼 한쪽으로 기울어진 몸을 수평비행으로 알았다가 뒤집히는 비행기처럼 등대 불빛을 하늘의 별빛으로, 하강하는 것을 상승하는 것으로 알았다가 추락하는 비행기처럼

그가 나를 고속으로 회전시켰을 때 모든 세상의 계기판을 버리고 딱 한 번 느낌을 믿었던 사랑, 바다에 빠져 죽는 일이었다. 궤를 벗어나 한없이 추락하다 산산이 부서지는 일이었다. 까무룩하게 거꾸로 거꾸로 날아갈

때 바다와 별빛과 올라붙는 느낌은 죽음 직전에 갖는 딱 한 번의 황홀이
었다.
― 「Vertigo(비행감각)」 전문

최문자 시에서 '사랑―신앙―시'는 모든 것을 내던지는 온전한 믿음 끝에 갖는 딱 한 번의 '황홀'이다. 그런데 이 '황홀'함 그 자체는 진짜이지만, 그것이 '착시―환상―거짓말'의 틀 속에서 얻어졌다는 점에서 부정된다. 이런 '실패―깨진 꽃'을 어떻게 대할 것인가. 세계관이란 바로 이런 질문에 대한 답이다. 누구나 한 번쯤 자신의 모든 것을 걸어 사랑하고 믿을 수 있다. 하지만 그다음에 오는 실패와 절망은 어떻게 대처할 것인가. 나아가 계속 반복되는 실패와 절망에서 오는 허무에는 어떻게 대처할 것인가. "헌 시루" 같은 세계가 "절망에 퉁퉁 불은 콩(「여자와 콩나물」, 『닿고 싶은 곳』)" 같은 우리를 꽉 붙잡고 있다면 어떻게 할 것인가.

> 흑전갈의 사랑은
> 사랑에게 잡혀먹어도 그 위에 다시 눕는 것.
> ― 「부토투스 알티콜라의 춤」 부분

시인은 '그럼에도 다시 한 번'을 기꺼이 외치는 니체적 '의지 능력'을 보여준다. 그는 기꺼이 "불쑥 죽어 보면서(「커다란 눈물방울」)" '살아있기'를 택하는 것이다. 그것이 비록 '착시―환상―거짓말'의 틀 속에서 이루어지는 것이며, 그나마 마지막 순간에 딱 한 번 갖는 '황홀'일지라도 그 '황홀'은 실재하는 것이기 때문이다. 시인은 이길 수 없는 진실과 '온몸'으로 격렬히 싸워 기꺼이 죽어가면서 사금砂金같은 순간의 삶을 붙잡아 낸다. 그리고 다시 매몰되는 일상에 굴복하지 않고 "나보다 높은 새의 체온"으로 살기 위해 상대적인 저체온증을 견디며 다시 죽기―살기를 자처한다(「아버지」).

비대한 의지와 거대한 자아상(self-image)를 지닌 시인들과 달리, 최문자는 겸허하고 작은 자리에 스스로를 자리매김한다. 최문자 시에는 작고 단단한, 뜨겁게 차가운 사과들이 가득하다. '죽어 가면서 살아 있는 순간'만이 자아를 다시 건져내므로, 환상이 현실을 가동한다. 그래서 시인에게 "반쪽"의 상징은 무겁다. "없어진 절반이" 그 반대쪽을 살아있게 하는 것이다(「서부역」). 환상도 현실도 아닌 그 사이를 통과하며 경계에서 '죽어 갔던(살아났던)' 시인은 애초에 어느 한쪽을 포기하지 않았기에 그 사이에서 찢기고 있다. 이 고통스러운 찢김은 '일상의 층위'와 "40년 전 실연한 층위"의 경계를 파열하고 넘어서게 한다. 고통 속에서 장미와 돼지도 서로의 경계를 넘어서고, 새가 경계를 넘어오며, 실종된 문장들이 건너오고, 여러 경계를 넘어 한 남자가 다가오기도 한다.

'찢겨짐-앓는 자의 고통'을 '살아 있는 삶'으로 선택하는 시인이 가장 경계하는 것은 "고뇌 없이 무조건" 이루어지는 일이다. "의문을 품고도 먹어버린 흰밥의 세계(「오늘」)" 같은 맹목에 대해서는 알레르기적인 거부반응을 보이기도 한다. "반드시 붉어진다는 사과의 가설"을 어기고 푸른 사과만 열리기를 기다리는 시인은, '순리'나 '순종', '맹목'을 혐오하며 위반과 파괴의 의지를 보인다. 그는 사과나무 한 그루를 심고 "풀의 기억 하나만으로 발개지지 않는 사과의 푸른 정신"을 기다리는 존재다. 푸른 사과의 짙푸른 향을 태양보다 더 사랑하는 시인은 매일매일 익어가는 시간과 싸우지 않을 수 없다(「태양과 푸른 사과」). 이는 시적으로 고뇌 없이 무르익은 은유와 수사로 그럴 듯하게 만들어지는 시를 벌목하겠다는 데에서도 나타난다(「Vertigo(비행감각) 2」). 시인에게 무르익은 것은 쉽게 굴복했다는 의미일 뿐이며, 곧 부패할 것이라는 의미로 읽힌다. 무르익음에 대한 단호한 거부와 혐오는 생래적인 것이다("꽃으로부터 태어난 種은 種에 수세기 풀이 엉겨있어도 자기 種의 소리에만 눈을 뜬다

(「종(種)」)". 그러나 "꽃이 꽃으로 꽃에서 죽으려 가장 격해지는 문장"을 찾아가는 것은 시인의 남다른 의지 능력이다.

 '진실한 고백'에 이르기 위하여 자기 자신과 격렬히 투쟁했던 숭고한 시인들이 있다. 이들은 그 시 세계와 세계관의 차이에도 불구하고 모두 '고백의 윤리'라는 하늘에 성좌로 놓여 있다. 최문자의 사과 역시 이 하늘에 푸른얼음으로 놓여 있다. 정복되지도 굴복하지도 않은 채.

외롭고 웃긴 퍼뮤테이션(permutation)*의 바다, 군말이 불필요한 풋-숲의 매혹

― 안현미, 『이별의 재구성』(창비, 2009)

안현미 시인에게 세계는 n개에서 k개를 선택하여 배열할 수 있는 모든 순열의 가짓수를 체험하는 퍼뮤테이션permutation의 바다라고 할 수 있다. 시인은 그 안에서 수십 초 만에 큐빅 퍼즐을 맞추고 흐트러뜨리고 다시 맞추는 달인처럼, 자신의 시를 거침없이 유희적으로, 속도감 있게 소모한다.

시적 자아는 시 속에서 수많은 애인들과 합체하고, 자주자주 까먹으며(「뢴트겐 사진-생활」), 때로는 애인의 머리를 쳐내고(「해바라기 축제」), 자기 자신은 시체처럼 시구문屍軀門 밖으로 들어서기도 하며, 모든 것을 초기화하기 위해 포맷하고(「식객」), 복원(「이 별의 재구성 혹은 이별의 재구성」)하고 있다. 이런 거침없는 합체와 삭제의 막대한 과소비는 역설적이지만 '사랑'을 경험했기 때문에 시작된 것이며, '사랑의 시원'을 찾아

---

* 일반적으로 n개에서 k개를 동시에 택하는 서로 다른 순열에 대한 모든 가짓수는 nPk로 쓰고, 그 값은 nPk=n!/(n−k)!이며, 이때 (n−k)!과 n!은 1부터 각각 (n−k)와 n까지의 연속된 자연수를 모두 곱한 양이다.

서 계속되는 것이다.

시집의 첫머리에서 그는 이미 '사랑을 체험한 뒤에는 전과 똑같은 인간일 수 없다!(「합체」)'고 한 바 있다. 시인은 사랑과 합체 한 뒤, 중력이 희박하고 계절이 랜덤으로 찾아오는 별에 도착하게 된다. 시인을 잡아당기는 이 세계의 질서―힘이 희박한 곳에서 '우주선처럼 둥둥' 떠다니는 체험을 한 시인은, 그때의 '당황스러움과 즐거움과 은밀함'을 다시 경험하기 위해 '이 별'을 재구성하기 시작한다.

세계를 재구성―재건(reconstruction)이라기보다는 재배치(recomposition)―를 하는 양상은 매우 세밀한 부분부터 꼼꼼하게 시도된다. 이전의 시집 『곰곰』에서 '곰곰'을 180도 회전하여 '문문'이 되는 언어유희를 보여주었다면, 이번에는 '자음만으로는 도저히 슬퍼할 수 없고 모든 슬픔들은 모음을 필요로 한다(「흑백 삽화」)'처럼, 모음과 자음의 '결합'에 초점을 맞추는 최소단위의 재구성부터 시작하고 있다.

이를 테면, '풋―숲'의 유희가 그렇다. 시인은 '오늘의 추천 계절은 여름/오늘의 추천 아이템은 나무(「'풋'을 지나서」)'라고 아무렇지도 않게 제안한다. 시인에게 '계절'은 시간의 흐름에 따라 정해진 절대적인 것이 아니라 선택할 수 있는 한 항목일 뿐이다. '여름'에 이어 그가 추천한 아이템인 '나무'는 '나'와 '무(無)'를 접붙인 '결합체'로서 나비, 너무 등등 가능한 수많은 선택―조합 가운데에서, 앞서 제시된 '여름'에 어울리도록 선택된 것이다. 이 추천된 '여름 나무'를 통해 시인은 '풋'이 아닌 절정의 '숲'이 되고자 한다. 이런 선택과 배열의 원칙은 외국어에도 예외 없이 적용되어서, 젊고 과격하고 과민한 h와 i와 m이 him으로 합체하기도 하고, 다시 '힘'으로 읽히기도 한다(「환과 멸」).

'연애의 절반은 사기'이고, 착각을 나눠 갖는 일일 뿐이라서, 때론 시인의 작업이 퍼뮤테이션의 바다를 떠도는 '외롭고 웃긴'일처럼 느껴질 지라도 그것은 '가능성이 많은 곳'으로 가는 '군말이 불필요한 매혹'이다. 이런 막대한 소모와 소진은 그것을 통해 '사랑'에 닿으려는 시인의 심장이 쏟아내는 것이다. 무엇을 위해서건 자신을 완전히 소모해보고 싶던 날들이 있었다면, 안현미 시인의 시가 가슴 짠하고 설명할 수 없을 만큼 아름답게 느껴질 것이다.

공감, 피로하고 아름다운 여섯 번째 감각

— 조은, 『생의 빛살』(문학과지성사, 2010)

빛은 가장 어두운 곳에서 터진다. 그러므로 밝은 빛에 닿고 싶은 마음이 "순도 높은 어둠(「생의 빛살」)"을 동경하는 것은 자연스러운 모순이다. 조은 시인의 새 시집 『생의 빛살』은 어둠에 감도는 빛을 오래 응시하게 하고, 또 무겁고 어두운 숲을 꿰뚫는, 가늘고 긴 바늘 같은 빛의 관통을 눈부시게 바라보도록 한다.

"겹겹의 흙더미를 뚫는 새싹 같은 언어(「생의 빛살」)"를 갈망하기에 기꺼이 뛰어든 어두운 생에서, 시인은 육감(the sixth sense)으로 병들고 고통 받는 슬픈 존재들을 감지하고 그들과 눈이 마주친다. 시인은 그런 존재들을 발견하는 특별한 재능을 지닌 것처럼 어디서나 그들을 발견한다. 그리고 그들의 생에 깊이 공감한다.

공감이란 타자가 느끼는 것을 똑같이 느낄 줄 아는 감각이다. 그것은 오감을 넘어서는, 인간이 지닌 가장 위대한 감각일 것이다. 조은 시인은 매우 예민한 육감—공감력을 가지고 있다. 그에게 세상의 모든 존재는 흙이라는 물질로 소환되기 때문이다. 이 물질적 상상력은 시인으로 하여

금 존재의 고유성과 존재와 존재 사이의 경계를 넘어서서 공감하게 하는 근본적인 동력이다. 자아는 과거 다른 존재였던 물질의 집합이고, 지금의 타자란 과거 자아를 구성했던 물질을 포함하여 구성된 존재로 여겨지기 때문이다.

조은 시인이 탐색하는 '기억'은 바로 존재를 넘어서는 물질-흙의 기억이다. 이를 테면 소리 없이 베갯잇을 적시며 울었다는 특이한 시인의 유년은, 발버둥 쳤지만 벗어날 수 없었던 전생의 기억과 때문이라고 설명되는 것이다(「흙의 절망」). 스스로 흙임을 자각하고 기억하는 시인은 타자에게서 쉽게 과거의 자신을 발견한다. 그러므로 시인이 꽃에게서, 나무에게서, 고양이에게서, 혹은 모르는 사람에게서 그들 몫의 고통과 슬픔을 똑같이 느끼는 것은 그들의 뿌리-흙과 자신의 뿌리-흙이 뒤엉켜 있기 때문이다. 기억의 심층에서 그 모든 존재들은 거울 속에서 다글다글한 눈으로 살아있다(「기억의 심층」).

조은 시인의 시는 생의 어둠에 대한 탐색을 운명이나 도덕이나 순리 등으로 과장하지 않고 그 과정에서의 현실을 적고 있다는 점이 진실하게 느껴진다. 그는 "허공을 떠돌던 물방울이 내게로 몰려(「물방울들」)"들어 무거워지는 자신에 대해 버거워 하기도 하고, 곁을 주면 자신에게 의지할까봐 집에 찾아 든 고양이를 외면하기도 한다. 너무나 많은 고통을 감각하는 시인은 뇌 속을 기왓골처럼 밟는(「뇌 속이 기왓골처럼 밟힌다」) 것 같아 잠을 못 이루기도 하는데, 그의 고뇌가 불면증과 두통으로 이어지고 있음 짐작하게 한다. 나아가 자신이 외면했던 수많은 눈들을 언제 어디서나 목격하고 발견하는 데에 이르러서는 예민한 자의 신경증적인 고뇌를 느끼게 한다.

타인의 고통을 하나하나 최선을 다하여 느끼고 생각하는 데에서, 그리고 한계를 넘어서는 부분에 대해서는 외면하기도 하는 인간적인 결함에서 독자는 공감할 것이다. 그리고 자신이 외면한 것이 다시 '언젠가' 마주치게 될 거울 속의 눈빛이 된다고 생각하는 시인의 뿌리가 "별을 노래하는 마음으로 모든 죽어가는 것들을 사랑해야지"라며 "잎새에 이는 바람에도 괴로워"했던 어떤 지순한 흙에 닿아있음을 깨닫게 될 것이다.

 마지막으로 이 시집은 쉽고 자연스러운 언어와 상상력으로 짜여 있다. 그의 유기체론적인 사유와 상상력은 자연스러운 언어와 유기체적으로 결합되어 있다. 편안한 흙길을 걷는 기분으로 시를 읽다보면 가장 "생애 아름다운 노을"이 지는 너럭바위에 서 있는 자신을 발견할 것이다. 거기서 내려다보이는 숲의 짙은 색 나무들은 정수리마다 새둥지를 분화구처럼 이고 숨결을 트고 있다고 한다.

푸른 귀가 가득한 수면
순환론적 세계에서 잘려진 존재들의 연대
― 길상호, 『눈의 심장을 받았네』(실천문학, 2010)

1. 쏟아지는 말 너머의 얼굴을 본다

10년 전 길상호 시인의 첫 번째 시집을 열었을 때, 그 모든 페이지에서 탄탄히 빛나던 '바른 건강함'을 보고 받았던 충격을 떠올려본다. 세상 사람들이 지나치게 검거나 흰 빛깔로 사용하는 '희생'이라는 글자가 그의 시집 속에서는 '모든 존재들이 서로를 기르고 가꾸는' 푸르고 싱싱한 관계로 살아있었다. 그 시편들을 읽으며 '아직도 이런 사람이 있구나'라는 놀라움과 '시인은 참으로 착한 사람이겠구나!'라는 생각을 했다. 그리고 집을 짓듯 정교하게 설계되고 짜인 이미지와 비유를 보며 '이렇게 꽉 짜인 시를 쓰다니 계속 이렇게 시를 쓰다가는 일찍 죽지 않을까'라는 생각을 하기도 했다. 시인은 한 없이 착하고 스스로에게 엄격한 성품일 것 같았다. 그 시집에 수록된 「씨앗이 되기까지」를 읽고서는 눈물이 핑 돌기도 했었다.

세월이 흘러 그의 두 번째 시집을 받아보았을 때, 그 속에 담긴 두꺼운 절망과 분노를 읽고서 놀랐었다. 그의 절망과 분노가, 진심을 조롱하고 짓밟는 사람들을 겨냥하는 대신 그들에 대한 신뢰를 잃어가는 스스로를 겨누고 있다는 점이 더욱 안타까웠다. '지느러미 상한 작은 물고기'가 수압을 견디는 부레를 가진 심해어가 되기 위해 더 어둡고 깊은 바다 속으로 들어가는 모습은 불안해보였다. '길상호' 같은 시심詩心으로도 세상을 계속 견디며 살아간다는 것은 역시 힘든 일이구나 싶어서 우울해졌던 독자가 필자뿐이었던 것은 아니리라.

그리고 이제 길상호 시인의 세 번째 시집을 연다. 시인은 시집의 첫 머리에 연잎의 '푸른 귀'로 덮인 장대하고 잔잔한 수면을 걸어놓았다.

연(蓮)들이 여린 귀를 내놓는다

그 푸른 귀들을 보고

고요한 수면에 송사리떼처럼 소리가 몰려온다

물 속에 가부좌를 틀고

연(蓮)들은 부처님같이 귀를 넓히며

한 사발 맛있는 설법을

준비 중이다

수면처럼 평평한 귀를 달아야

나도 그 밥 한 사발

얻어먹을 수 있을 것이다
― 「연(蓮)의 귀」 전문

　고요한 수면에 연蓮들이 '여린 귀'를 내놓고 있다. '여린 귀'는 어떤 말도 선입견 없이 받아들이는 부드러운 귀이다. 그 귀 속으로 송사리 떼처럼 몰려드는 소리의 이미지는 강렬하고 부드럽다. 그것은 새까맣게 모여드는 귀 따가운 소음이 아니라 미끈하게 모여들었다가 일순간 사라지는 소리의 이미지이다. 여린 귀는 이 소리들을 유유히 받아내면서 푸르고 평평한 귀를 넓혀간다. 시인은 연蓮들이 '푸른 귀'로 온갖 소리들을 감당하면서 속으로는 한 사발의 설법을 준비하고 있다고 했다. 세상 온갖 말을 들어야 진짜 말을 조금 얻을 수 있다는 생각을 시집 처음에 걸어 놓은 것이다. 시인은 연의 열매인 연밥을 한 사발의 '설법-진리'로 바꾸어 놓고 있는데, 이 설법이 '먹을수록 허기지는' 밥이 아니라 '나눌수록 배가 부른' '말밥' 한 사발이기를 믿고 바라는 것이리라. 그렇다면 '설법-말밥'을 위해 견뎌야 하는 소리, 송사리 떼처럼 모여드는 소리란 무엇인가.

　　나는 팬티를 파는 남자, 좌판에 꽃무늬 망사 끈 팬티 늘어놓고서, 저기 아저씨! 옆의 여자분 팬티 좀 사드리세요, 내가 파는 팬티는 사준 사람만 벗길 수 있는, 밤마다 싸고 또 싸게 만드는 팬티, 싸다 싸 세 박스 만원~, 꽃무늬는 여인에게 바치는 꽃다발, 망사는 여자를 건져올리는 그물, 끈은 두 사람 하나로 묶는 인연, 쑥스러워 할 거 뭐 있나, 사세요 사, 사람 드문 골목 모퉁이 찢어진 가로등 불빛을 걸치고, 나는 팬티를 파는 남자, 척보면 척, 누구 속이 까만지 누구 속이 하얀지, 누가 큰 사람인지 누가 작은 사람인지 다 알지 허풍을 떨다, 어둠도 잠이 든 밤 리어카 좌판에 늘어놓은 말들을 챙겨, 침묵이 사는 집으로 돌아가야 하는, 나는 한때 당신이 오래 입다 버려진 남자.
― 「헐렁한 팬티」 전문

세상에 무의미한 말, 허튼말, 하나마나한 말, 허풍 같은 것들이 얼마나 많은가. 이런 말들은 허공으로 내뱉어졌다가 누구에게도 가 닿지 않고 툭, 툭, 바닥으로 떨어지고 만다. 끊임없이 말을 만들어 기계처럼 돌리는 팬티 장수에게 시인은 귀를 기울인다. 그는 팬티의 꽃무늬가 여인에게 바치는 꽃다발이라는 둥, 망사팬티의 망사는 여자를 건져 올리는 그물이라는 둥, 끈 팬티의 끈이 두 사람을 하나로 묶는 인연이라는 둥 자신이 늘어놓은 싸구려 물건들에 대해 온갖 말을 가져다가 붙여 떠들고 있다. 누구도 들어줄 것 같지 않은, 들어도 아무 의미가 없는 소리에 시인은 귀를 열고 그 소리 너머를 들으려고 한다. 그 너머에는 어둠 속에서 '아무도 사지 않은 물건—아무도 듣지 않은 말들'을 챙겨 집으로 돌아가는 남자의 고독과 침묵이 있다.

기형도 시인은 나무의 무성한 잎들이 사실은 내면의 황폐함을 감추기 위해 피워낸 말들이라고 하였다. 기형도가 무성한 말들로 포장해놓은 존재의 황폐함을 지적하고 싶어 했다면, 길상호는 허황된 말을 쏟아내는 사람의 황폐한 내면을 이해하는 시선을 보여준다. 대상을 이해하려는 노력은 그의 시에서 항상 보이는, 가장 '길상호적인 것'이라고 말할 수도 있을 터이지만 이번 시집에서는 분명한 변화가 포착되고 있다.

첫 번째 변화는 시적 자아가 직접적으로 자신의 생각을 드러내지 않는다는 점이다. 예를 들어 '남의 눈에 들어가 눈물 쏙 빼내고 마는 놈이라고 욕하지 말았어야 했다 단단한 알몸 하나 지키기 위해 얇은 투명막 하나로 버티며 살아온 너의 삶에 대해서도 생각했어야 했다(「마늘처럼 맵게」)'에서 알 수 있듯이 길상호의 예전 시집에서는 시적 대상보다는 시적 자아가 더 중요(?)했다. 대상을 이해하고 포용하는 자아의 생각과 반성과 느낌이 중요하며, 그것을 비교적 직접적으로 드러냈었다. 하지만 이번 시집에서는 시적 자아가 거의 드러나지 않는다는 점에서 다르다. 두 번째 변화는 대상에 접근하는 방식이 객관화 되었다는 점이다. 다시 말해, 일단 대상을 이해하고 포용하려는 마음으로 접근하여 대상을 덮어버리기 보다는, 대상을 관찰하고 나아가 그것의 숨겨진 내면을 관찰하는 방식으로 접근하려고 한다는 점이다. 이제 그는 대상을 이해한다고 말하기 보다는 다른 존재들이 삶을 견디는 양태를 살피며 그 너머에 존재하는 그들의 진실한 모습에 귀를 기울일 뿐이다. 좀 더 객관적이고 다큐적인 방법으로 접근함으로써 독자가 대상을 이해할 수 있도록 한다는 점은 이전 시기와 달라진 부분이다.

2. 사라진 어머니, 순환론적 세계에서 잘려진 존재들의 연대 (連帶)

이번 시집의 또 다른 특징은 그간 길상호의 시에서 중요한 상징이었던 '어머니'가 사라졌다는 점이다. 어머니는 그의 시에서 '서로를 기르고 가꾸게 하는' 근원적인 원리이자 힘이다. 이를 테면, 먼저 떨어진 낙과는 무의미한 것이 아니며, 뒤에 남은 열매들을 기르고 그것을 먹고 자란 열매들의 가슴에 까만 씨앗으로 박히게 된다는 식의 순환론적인 사유는 길상호의 시세계에서 '어미를 먹고 자란' 모티프로 다양하게 등장해왔었다. 그러나 이번 시집에서 시인은 '어미를 먹고 자란' 자가 아니라 '스스로 삶을 견디는 존재'들에 주목하고 있다.

어려운 생계로 허술한 집이 무너지지 않도록 쉴 새 없는 바느질로 기워주던 어머니 같은 존재는 보이지 않고 대신에 '물이 새지 않도록 가시로 몸의 오른쪽과 왼쪽을 꼼꼼히 꿰매고(「고등어구이를 먹는 저녁」)' 수압을 견디며 살아온 고등어가 등장한다. 그 고등어의 살을 발라서 먹는 시적 자아 역시 '또 허기가 따르겠지만 다시 심장을 돌리'기 위해 어쩔 수 없이 윗니와 아랫니로 재봉틀처럼 시간을 박아 하루를 막아내는 존재이다. 고등어와 고등어를 먹는 사람은 데칼코마니처럼 똑같이 생을 견디고 막아내며 버티고 있는 존재들이다.

> 개다래라는 열매가 있는데요
> 이름도 못생긴 것이
> 꽃도 보잘 것 없이 작아
> 산 속 깊이 밀려나 사는 넝쿨나무가 있는데요
> 아무도 봐주지 않는 그놈도
> 열매는 맺어야 하니까
> 나비의 입술이 필요했던 겁니다
> 은둔에 익숙해진 꽃으로는
> 얼굴 내밀 수 없어 궁여지책
> 잎들을 하얗게 탈색시켰던 것인데요
> 잎을 꽃으로 바꾸기까지
> 제 속을 얼마나 끓였겠습니까
> 그 열매 날로 씹으면
> 혓바닥이 훨훨 탄다는데요
> 그래도 불기 어르고 달아놓으면
> 오장육부 따듯하게 덥히는
> 약재가 된다는데요
> 뜨거운 그 열매를 먹고
> 궁여지책 하루를 버티는
> 까맣게 탄 사람도 있다는데요

―「궁여지책」 전문

이번 시집의 곳곳에서 삶이란 어떤 '목표'를 위해 견디는 것이며, 그것을 위해 자신의 몸도 바꾸어 버리는 뜨거운 것으로 그려진다. 개다래는 꽃이 시원치 않아서 나비를 부를 수 없다보니 스스로 잎을 하얗게 탈색

시켜 꽃처럼 만든다. 잎을 꽃으로 바꾸는 시간을 견딘 개다래 열매는 그 뜨거운 맛과 뜨거운 기운으로 몸을 덥히는 약재로 사용되기도 한다고 한다. 그리고 또 그 열매를 따먹으며 하루를 버티는 사람이 있다. 그 사람 역시 무언가를 위해 새까맣게 타들어가는 생의 시간을 견디고 있는 것이리라. 다음 생을 위해 이번 생을 견디는 노인이나(「쪽방의 노인」), '끝내 아름다울 꽃'을 위해 '얇은 비닐로 시간을 막아놓고 땀을 줄줄 흘리는 꽃들(「비닐하우스」)' 등등 시집은 도처에서 나름의 목표를 위해 생을 견디는 존재들을 만난 기록을 보여준다. '궁여지책'이란 말은 궁상맞고 부끄러운 것이 아니라 각자의 악조건을 돌파하고 삶을 견디기 위해 계절도 거스르고(「조로」) 자신의 몸도 바꾸는 초인적인 노력을 지칭하는 말이다. 시인은 목표를 위해 '궁여지책'으로 살아가는 사람과 그렇게 견디며 살아가는 삶의 고단함을 관찰하는 데에서 멈추지 않고, 그 너머에 존재하는 그들 삶의 목표나 의미를 보기 위해 푸른 귀를 더 넓히고 있다.

고등어를 먹는 사람과 고등어, 개다래 열매를 먹는 사람과 개다래 열매는 얼핏 보기에는 서로를 기르고 가꾸기 위해 희생하는 관계처럼 착각할 수 있겠지만 그들 누구도 순환론적 세계에 속한 어머니적인 존재들로 그려지지 않는다. 그들은 서로를 위해 희생하고 보답하는 커다란 순환의 그림으로부터 잘려져 있다. 하지만 그렇다고 해서 그들이 각자의 생존을 위해 서로를 이용하고 잡아먹는 관계는 아니다. 고등어와 고등어구이를 먹는 사람은 너무나 닮아 있다. 그들은 서로를 이용하거나 서로를 위해 희생하는 관계로 등장한 것이 아니라 각자의 자리에서 스스로의 삶을 견디기 위해 최선을 다하는 낱낱의 존재들일 뿐이다. 길상호 시인은 우리 모두가 그렇게 살고 있음을 보여주기 위해 시 속에 그들을 병치시켜 놓았다고 보아야한다. 그들은 먹고 먹히는 상황에 있지만 각자의 삶에서 볼 때 같은 처지에 있는 대등한 존재들이다.

처마 밑에 놓인 밥그릇
아침엔 까치가 기웃대더니
콩새도 콩콩 깨금발로 다가와
재빨리 한 입,
빗방울이 먹다 간 한쪽은
팅팅 불어 못 먹을 것 같은데
햇살이 더운 혓바닥으로 쓰윽,
저마다 배를 불린다
정작 그릇 주인인 고양이는
잠을 자다 뒤늦게 나와
구석에 남은 몇 알로
공복을 누르지 못해 야아옹,
두시마당으로 사라지고
고양이가 흘리고 간 한 알
개미들이 기다랗게 줄을 선다
텃밭에서 돌아온 할아버지
텅 빈 밥그릇을 보고 허허,
또 한 그릇 덜어낸 사료포대처럼
조금 더 허리가 휜다

― 「밥그릇 식구」 전문

앞에서 삶의 태도가 대등한 존재들을 병치시켰다면 「밥그릇 식구」에서 시인은 많은 수의 존재들을 등장시킨다. 시 속에서 그들을 불러들이는 것은 고양이 사료를 담아놓은 밥그릇이다. 아침나절에 까치가 와서 먹고 가고, 콩새도 와서 한 입 먹고 가고, 빗방울도 한 입 거들고, 빗방울 때문에 팅팅 분 것을 햇살이 혓바닥으로 핥고 간다고 한다. 밥그릇의 주인인 고양이가 일어나 나와 먹다 흘린 한 알은 개미들이 줄을 서서 먹으니 모두 밥을 나누어 먹은 '식구'라는 것이다. 이 시는 아름답고 나른하고 행복해서 마치 한 편의 동화 같은 느낌도 든다. 서로를 퍼먹고 더 허기지는 밥이 아니라 나누어 먹을수록 배부르고 행복한 밥이 있을까. 이 밥은 그들의 모두의 삶에 귀 기울인 자가 내놓을 수 있는 한 사발의 '설법—말밥—시'를 말하는 것이리라.

다시 한 번 떠올려본다. 그리움 따위 들판에 날려 보내며 스스로를 다잡아 바짝 말리고, 어둠 속에서 기다리며 '씨앗'이 되려했던 자아는 결국 씨앗이 되어 싹을 틔웠을까. 거대한 수압을 견디기 위해 기름으로 가득 차 있다는 심해어深海魚의 부레를 찾아 불을 붙여 어둠을 불살라버리겠다고 더 어둡고 깊은 바다 속으로 들어가던 물고기는 기름으로 된 부레를 갖게 되었을까. 시인이 그토록 되려고 하고 또 찾으려고 했던 이 씨앗—부레는 어둠을 빛으로 밝히고 죽음을 생명으로 바꾸는 연금술사의 돌(philosopher's stone) 같은 것이다. 이번 시집에서 '연금술사의 돌'은 한 사발의 '설법—말밥—시'로 나타난다.

푸르고 평평한 귀를 가져야 연蓮에게서 그 밥을 얻어먹을 수 있을 것이라던 시인은, 어느새 넓은귀를 펼치며 자신이 준비한 한 사발의 밥을 타인들이 와서 먹어주기를 바라고 있다. 그들은 또 각자 한 사발의 밥을 준비하게 될 것이다. 어미—자식의 관계에서 대등한 존재들 사이의 리좀적인 관계로, 순환적인 관계에서 잘려진 존재들이 다시 연대하는 관계로 맺어지는 이런 모습에서 길상호의 시세계가 변화하고 있음을 그리고 포기하지 않았음을 감지한다. 연들의 연대기連帶記/年代記가 풍성해지기를, 연못에 넓고 평평하고 푸른 귀가 자꾸만 늘어나기를 기대해본다.

심해어(深海語)를 찾아서

— 길상호, 『모르는 척, 아프다』(천년의시작, 2007)

1. 알면서 순수할 수 있을까

순수하다(innocent)는 말과 무지하다(ignorant) 말은 분리될 수 없는 동전의 앞뒷면과도 같다. 기독교 신화에서 태초의 인간인 아담과 이브는 선악과열매를 따먹고 분별력을 갖게 되고, 분별력을 갖게 됨으로써 죄를 짓는다. 선과 악에 대해 무지했을 때 그들은 순수하였지만, 악을 악이라고, 죄를 죄라고 분별하게 됨으로써 악과 죄가 존재하게 되기 때문이다. 이 신화는 피할 수 없는 인간의 운명에 대해 이야기 하고 있다. 어린아이는 순수하고 무지하지만 자라면서 경험과 배움을 통해 '삶'에 대한 '앎'을 깨우쳐나간다. 그런데 삶에 대해 알고 나서도 순수함을 지킬 수 있을까.

타인의 마음에 대해 사려가 깊고 세상의 이치에 사리가 밝은, '앎'의 능력을 가진 사람이 순수함을 지키려고 할 때 그는 '고뇌'하게 된다. 이때의 고뇌는 진정성의 문제와 직결된다. 삶에 대해 알면서도 순수함을 지키려는 자아가 경험하는 내면의 찢겨짐, 그리고 그 찢겨지는 경험에서 오는 고뇌의 깊이에 의해서만 '진정성'이 얻어지기 때문이다. 보들레르가 '고뇌'를 두고 저주인 동시에 인간의 이마에 놓일 수 있는 가장 빛나는 왕관이라고 했던 것도 이런 의미이리라.

여기 비상한 '앎'의 능력과 '순수'에의 신념 사이에서 힘들게 찢겨지고 있는 시인이 있다. 길상호의 새 시집 『모르는 척, 아프다』는 그 제목이 미묘하다. 이 책에서 '모르는 척'이라는 구절이 나오는 시는 「모르는 척, 아프다」와 「양파야 싹을 올리지 마라」 두 편이다. 전자는 시인 자신의 고통을 모르는 척 생활한다는 내용이고, 후자는 싹을 올리고 싶은 욕망을 모르는 척 버려두라는 내용이다. '척하는 것'은 길상호의 장기가 아닐 뿐더러, 이런 비관적인 태도 역시 그의 전작 시집 『오동나무 안에 잠들다』(문학세계사, 2004)를 떠올려볼 때 의외이다. 이런 의외의 표지를 들추면 두려움, 피로, 불안, 긴장, 불신, 위험, 수렁, 좌절, 절망, 분노의 스펙트럼을 두껍게 끌어안고 있는 세계를 마주하게 된다. 깊이 내려갈수록 점점 어두워지는 심해의 수층水層들을 뚫고 내려가는 지느러미 상한 물고기 한 마리가 보인다. 그 물고기를 따라 이 시집을 모두 읽고 나면, 그가 '모르는 척'했던 것이 그 자신의 고통이나 희망이 아니라 바로 '독자들의 기대'였음을 깨닫게 된다. 아름다움, 위안, 건강함, 상처 주는 자를 이해하는 힘 등으로 지어진 '길상호의 집'을 구경하러온 독자들을 모르는 척, 그는 자신의 '아픔'을 이야기하고 있다.

2. 건강한가, 건강하지 않은가

길상호는 '집'의 상상력을 가지고 있는 시인이다. 그는 자신의 존재를 언제나 집으로 상상한다. 그 집은 '녹슬 틈 없던 그녀의 믿음 아니었으면 벌써 무너졌을(「개미의 바느질」)' 허술한 집이지만, 틈새를 독하게 기워내는 어머니의 바느질 솜씨에 의해 바람하나 들지 않게 지켜지는 집이다. 어머니에게서 옷—몸—집을 얻은 시인은 어머니로 상징되는 고향, 가족, 존재의 근원으로부터 떨어져 나와도 '집을 지켜내는 어머니'의 유전자를 품고 있다. 그것은 오래된 집을 가진 사람의 안정된 정서와 남을 배려하고 믿고 이해할 줄 아는 마음의 방들이다. 이런 모계의 유전자는 「열매 떨어진 자리」에서 떨어진 열매가 헛된 것이 아니라 남은 열매들을 키우는 힘이며, 낙과의 빈자리가 뒤에 남은 열매의 씨앗으로 박힌다고 생각할 수 있는 근원이다. 몸소 집을 지켜낸 어머니의 희생은 아들의 마음에 까만 씨앗의 유전자로 각인되어 있다. 그러나 안타깝게도 이번 시집에서 이런 믿음은 어머니를 떠올릴 때에만 반짝일 뿐이다.

시인의 현재적 자아상은 부정적이다. 그는 방향을 상실했으며, 버려진 존재이다. 뿌리를 내리는 풀의 종족이라는 말은 곧 '집'의 상상력을 가진 자아에 대한 규정일 터인데, 그 풀은 뿌리내리려는 본능을 거슬러 호수로 걸어간다. 하지만 자신을 이끌어온 달의 인력을 붙잡으려 호수에 비친 영상에 손 내미는 것은 '잘못된 주파수'에 유도된 허무로 나타난다(「너의 발자국엔 뿌리가 있다」). 이런 방향상실감은 귀를 현혹하는 피리소리를 따라온 쥐(「서울쥐는 울었네」), 바다로 이어지는 물길이 끊긴 채 바다에서 밀려난 길상號(「길상호를 보았네」) 등의 이미지로도 나타난다. 시인은 어머니의 유전을 따르려고 하지만 그것으로부터 너무 멀리 떠나와 있으며, 어머니적인 것들로부터의 '탯줄 끊김'을 경험하고 있다.

자신을 처음 물 안에 내려놓던 손길을 벗어나면서 세상은 거슬러 오르고 싶은 물살이었다(「새벽을 깨운 문자」, 『오동나무 안에 잠들다』)던 시인은 오래 오래 그 물살을 거슬러 집을 하나 얻지만 그 집이 한 순간에 꺼져버리고 마는 것을 목격한다(「물의 집을 허물 때」). 이 시집의 도처에는 유기遺棄되는 모티프가 가득하다. 시인은 「껍질의 본능」에서 알맹이를 감싸 안고 있었으나 벗겨진 껍질에 자신을 투사하고 있다. 껍질이 말라가며 돌돌 말리는 것에서, 버려지고도 알맹이를 감싸 안으려는 희생적 본능을 읽어내는 시선이 저릿저릿하다. 하지만 시인은 곧 '너무 쉽게 변색되어 갈라지던 마음을 저 껍질로 멍석말이 해놓고 흠씬 두드려 패'고 싶다는 이야기를 한다. 길상호의 이런 분노는 낯설고 의외로 느껴진다. 첫 시집의 '생각 없이 마늘을 찧다가 독한 놈이라고, 남의 눈에 들어가 눈물 쏙 빼내고 마는 매운 놈이라고 욕하지 말았어야 했다 단단한 알몸 하나 지키기 위해 얇은 투명막 하나로 버티며 살아온 너의 삶에 대해서도 생각했어야 했다(「마늘처럼 맵게」)'는 구절을 떠올려보면 그의 이런 분노는 놀랍기까지 하다.

  우리는 가면 권하는 사회에 살고 있다. 모두 병들었는데 아무도 아프지 않았다는 이성복의 시처럼 사람들은 아파할 줄 아는 능력을 잃어버렸다. 그런데 어느새 사람들은 아파할 줄 아는 능력의 상실에 익숙해지는 데에서 나아가, 그 사실을 감추기 위해 아프지 않은데 아픈 척하거나, 심지어 아프지 않은데 아픔을 참는 척하는 것에 익숙해지는 진보를 이루었다. 이렇듯 '척하는' 가면들로 가득한 세상에서 아파할 줄 아는 사람의 진심은 오해되고 멸시되며 이용당하고 짓밟힌다. 한 몸처럼 굴던 너는 손을 내민 순간 불꽃을 튀기며 나를 밀어내고(「정전기처럼 너는」), 꽃무늬 벽에 향기를 심어주려는 꿈은 망치를 얻어맞고 뽑힌 채 버려진다(「구부러진 상처에게 듣다」). 길상호는 진심이 공격당하고 이용당하고 버려지는 것에 대해 울부짖는다. 그는 진심의 집이 수없이 허물어지는 것을 바라보면서도 이해할 수 있다고 말하는 것이 기대되는 상황과, 그렇게 말해야 각광받을 것이라는 점을 '알면서도' 모르는 척, 절망하고 분노한다. '알면서' 진심으로 찢겨지는 길상호의 분노는 건강하다.

3. 다시, 씨앗이 되기까지

　이번 시집에서는 죽음충동의 모티프가 눈에 띈다. 그런데 주목할 것은 길상호 시에서 살해와 자살이 같은 것으로 나타난다는 점이다. 살해한 시체를 쌓아두는 지하실에 자신이 갇히고(「계단이 없다」), 가만히 앉아 있던 나에게 다가와 얼굴에 종이를 한 겹씩 바르며 나를 죽이는 '그대'의 실체는 '너'이면서 '나'이기도 하다. 즉, 인간에 대한 신뢰와 이해로 지어진 '집-신념'이 무너지는 것, 그것이 무너지도록 손 놓고 있는 자아(「버려진 손」)야 말로 자신을 '살해'하는 실체이다. 신념의 상실이 몸의 이미지에 투사될 때 자살과 살해 모티프가, 그것이 집의 이미지에 투사될 때 집을 나가는 가장들의 모티프가 등장한다(「명치에 치명적인 붉은 점이」, 「집 아닌 집 있다」).
　붕괴되는 '집-존재'의 글쓰기는 자기 소모적인 자살의 모티프로 이어진다. 자신의 몸에서 거미줄을 뽑아 쓰는 글은 자아를 폐가처럼 황량하게 만들고(「거미줄로 쓰다」), 몸에 돋아나는 깃털을 뽑아 편지를 쓰는 새는 지쳐 쓰러진다(「악몽은 머리에 둥지를 틀었다」). 누구나 기댈 사람이 필요하다고 생각하는 시인에게(「허공 지팡이」) '주둥이가 찢어지도록 벌려도 바짝 마른 벌레 하나 넣어주는 어미 새는 오지 않는' 상황은 절망적이다. 서로를 기르고 가꾸는 관계는 없으므로, 저 혼자의 힘으로 제 몸을 파먹고 살아갈 수밖에 없는 상황에 놓인 것이다(「양파야 싹을 올리지 마라」).

　길상호는 이런 살아가기의 양태를 '수압에 눌리는 것'으로 생각한다. 전작 시집에서 그는 '씨앗이 되기까지' 견뎌야 하는 과정에 대해 담담히 말한 바 있다. 하나의 생명을 품기 위해서는 겨울과 어둠을 견디고 할 말이 있어도 침묵하며, 그리움을 날려 보내고 바짝 말라가는 시간을 견뎌야 한다는 것이었다. 씨앗이 되기까지 철저히 스스로를 메말리는 시간을 견디던 시인은 이제 거꾸로 수압에 깔리는 시간에 노출된다. 그런데 그는 오히려 더 깊은 수층 속으로 기꺼이 들어가고자 한다. '진화의 시간을 좇아 너도 나도 뭍으로 오르려 할 때 햇빛도 뚫지 못한 수만 겹의 물살 그 문들을 열고 들어와 스스로 갇힌 물고기(「세다리물고기」)'가 되고자 하는 것이다.

　진화의 물살을 거슬러 심해로 들어가는 고행을 감내하려는 이유는 무엇인가. 심해어深海魚는 수압에 터지지 않는 부레를 갖기 위해 그것에 기름을 저장한다고 한다. 길상호에게 이 부레는 어마어마한 어둠과 수압을 견디게 하는 힘이며, 그늘에서도 훨훨 타고 있는 심장(「나방의 날개」) 같은 것이고, 불붙이면 세상을 활활 밝힐 수 있는 에너지이다. 그가 욕망하는 '심해어의 부레'는 깊은 수압에 깔려야 얻을 수 있는, 그러나 어둠을 빛으로 바꿀 수 있는 라피스(lapis=philosopher's stone)인 것이다. 이 '부레-라피스'는 심해어深海語의 몸속에만 존재한다. 그것은 죽음을 생명으로 변환하는 '씨앗'의 다른 존재 양태이다. 자신의 언어 가장 어두운 곳으로 내려가 한 점 뼈까지 다 녹이고 있는 시인의 죽음 충동은 삶의 충동에 다름 아니다. 다시 씨앗이 되기까지, 길상호의 순수한 분노와 절망이 뚫고 들어가는 심해 언어의 수층水層들을 꼭 읽어보라고 권하고 싶다.

사람과 시인이 만나는 나라

― 나태주, 『시인들 나라』(서정시학, 2010)

1. 이리 온 이리 온

나태주 시인의 새 시집 『시인들 나라』에는 맑고 깨끗하게 씻겨진 어린 얼굴들이 가득하다. 진심을 전하지 못해 서투르고 과격한 말을 해버리거나 어리석은 행동을 저지르는 사람들이 가득한 세상 속에서 원로시인이 내민 시집은 참으로 깨끗하고 눈부시고 감사하다. 나태주 시인은 무거운 원로의 자리에서 '실종(「실종」)'됨으로써 천천히 내려와 우리에게 얼른 다가가 잡고 싶은 손을 내민다.

> 9층 아파트 통유리창 넓은 하늘에 염소를 풀어 멕인다
> 염소는 구름 사이 풀밭을 누비고 다니며 하늘의 풀을 뜯어먹는다
> 염소야 이리 온 이리 온
> 염소는 눈이 오콤하다
> 염소는 어린 것이 벌써 턱수염이 푸스스하다
> 뿔이 두 개나 솟았다

염소는 고집이 세다 사람 말을 잘 듣지 않는다
그래도 나는 염소를 구박하지 않는다
굴레를 씌우지도 않는다
방울을 달지 않았으므로 방울소리는 없다
제가 오고 싶으면 잠시, 아주 잠시 유리창 가에 와
나와 눈 맞추고는 이내 사라져버리는 하늘 염소
어떻게 하면 하늘 염소와 친해질 수 있을까
하늘 풀밭 속으로 풍덩! 빠져버릴까 말까, 생각 중이다.
―「하늘 염소」 전문

9층 아파트는 시인이 몸담고 사는 세상이다. 그곳은 통 유리창을 사이에 두고 넓은 하늘과 통해있는 곳이다. 아파트 유리창은 세상에 몸을 두고 있는 사람으로서 어쩔 수 없이 견뎌야 하는 속박을 의미하는 것이겠지만, 이 시에서 속박은 최소화되고 유리창은 오히려 탁 트인 느낌을 준다.

시인은 자신의 집으로부터 트인 그 푸른 하늘에 염소를 '풀어'주고, 하늘을 '멕인다'. 천방지축 하늘의 풀을 뜯어 먹는 염소는 하늘의 세계에 속하면서 시인이 꿈꾸는 모든 것들을 의미할 것이다. 그것은 '시' 일수도, '자유' 일수도, '상념' 일수도 있을 것이다.

그것이 무엇이건 이 얼마나 재미있고 생생한 비유인가. 시인에게 속하면서 하늘에 속한 염소들은 아주 개성이 강해서 말을 고분고분히 듣지 않는다. 강아지나 양떼가 아니라 염소인 까닭이 거기 있을 것이다. 뿔이 두 개나 있고, 어린 것이 수염이 푸스스하며, 눈이 오콤한 이 고집 있는 존재들이 영 마음대로 되지 않는 상황.

시인은 그렇다고 해서 염소에게 윽박을 지르거나 잡아 굴레를 씌우려 하지 않는다. 다만 '이리 온 이리 온' 불러볼 뿐이다. 이 시구절은 누군가와 은근하고 다정하게 친해지고픈 마음을 그립게 하는 강력한 힘이 있다. 독자들은 문득 그런 마음이 그리워져서 그렇게 부를 누군가가 없다는 것이 허전하기도 하고, 누군가를 그렇게 불러볼 수 있다면 얼마나 좋을까 싶어 혼잣말로 '이리 온 이리 온'하고 되뇌며 하늘 염소를 상상하게 될 것이다(필자는 며칠째 계속 '이리 온'을 중얼거리곤 혼자 웃고 있다).

하지만 이 하늘 염소는 우리의 부름과는 상관없이 제 스스로 오고 싶을 때 유리창에 다가와 아주 잠시 눈을 맞추고 사라져버린다고 한다. 아마도 이 시집은 그 염소와 친해질 방법을 궁리하며 씌어졌을 것이다.

2. 서로 다른 곳에서, 그리움이라는 소실점

'하늘 염소'와 시인은 서로 다른 곳에서 살고 있다. 시인은 그 '다른 곳'이 '하늘'뿐만 아니라 지리상의 먼 곳이라고 상상하기도 했었다고 고백한다.

> 어려서 외할머니와 둘이
> 오막살이집에서 살 때
> 자주 외할머니와 뒷동산에 올라
> 먼 곳을 바라보곤 했다
>
> 가을날 같은 때 군청색 굼실굼실
> 물결쳐간 산봉우리들 너머
> 외할머니도 먼 곳을 바라보고
> 나도 먼 곳을 바라보고 있었다
>
> 외할머니가 바라본 먼 곳이
> 어떤 것인지는 모른다
> 그러나 나는 마음속으로 아라비아사막이거나

스위스 같은 곳을 먼 곳이라고 꿈꾸곤 했다

그 뒤로 나는 먼 곳을 많이 다녀보았다
여러 날 먼 곳을 서성이는 사람이 되기도 했다
지금은 또 그 먼 곳에서 살고 있다

생각해 보니 외할머니와 살던
오막살이집이 먼 곳이고
외할머니와 함께 올라 먼 곳을 바라보던
뒷동산이 먼 곳이었다.

― 「먼곳」 전문

　　시인은 어렸을 적 외할머니와 세상으로부터 동떨어진 것 같은 오막살이에 살면서 자주 뒷동산에 올라 '먼 곳'을 바라보았다고 한다. 이 멀다는 '거리'의 공간 감각은 시인이 바라보고 그리워함으로써 생겨난 것인데, 그것은 다시 '곳'처럼 추상적인 장소로 장소화된다. 바라볼수록 멀어지고 멀수록 바라보게 되는 이 장소를 시인은 어린 아이가 상상할 수 있는 지리상 가장 먼 장소이자 호기심을 불러일으키는 낯선 장소인 스위스나 아라비아사막으로 상상했다고 한다.
　　하지만 시인은 그때 자신의 옆에 나란히 서서 먼 곳을 바라보던 외할머니가 보고 싶어 했던 것이 어떤 것인지는 모른다고 말한다. 다만 그는 세월이 흐른 뒤에 생각해보니 외할머니와 살던 오막살이집과 외할머니와 함께 올라 먼 곳을 바라보던 뒷동산이 먼 곳이었다고 담담히 이야기한다. 이 쉽고 단순한 마지막 연은 많은 의미를 함축하고 있다.
　　어려서 외할머니와 손자가 나란히 서서 바라보던 먼 곳은 서로 전혀 다른 곳이어서 두 시선은 서로 영원히 닿지 않을 평행선을 그리고 있었을 것이다. 하지만 외할머니와 함께 자주 뒷동산에 올라 먼 곳을 바라보왔던 순간, 시인은 '외할머니와 함께' 고즈넉이 무언가를 그리워했다는 교감을 느꼈을 것이다. 시인이 느낀 이 교감은 두 사람의 평행한 그리움이 소실점에서 만나고 있다.

외할머니가 바라본 것은 무엇이었을까. 시에는 전혀 언급되어 있지 않지만, 세월이 흐른 뒤에 노년의 시인이 그리워하게 된 먼 곳이 외할머니와 추억이 담긴 오막살이집과 뒷동산이라는 깨달음에서, 과거에 외할머니가 그리워했던 먼 곳은 바로 외할머니의 어린 시절 뒷동산이었으리라는 것을 짐작할 수 있다. 시인은 이 마지막 연을 통해 평행했던 외할머니와 자신의 시선이 소실점에서 만났다가, 다시 시간과 공간을 뛰어넘어 하나로 겹쳐지면서 이어짐을 보여준다.

가장 '먼 거리'는 '시간'이라는 깨달음, 무언가를 마음껏 그리워할 수 있었던 순간이 가장 그리운 순간이라는 깨달음, 그리고 외할머니의 그리움이 무엇인지를 저절로 이해하게 되는 시선의 이어짐 등등 이 시는 시어의 소박함과 구성의 단순함으로 인해 그것이 함축하고 있는 삶에 대한 통찰, 서정적인 풍경, 그리고 유려한 시공간 감각과 상상력을 오히려 극대화하고 있다.

외할머니는 시인에게 '사람다운 사람'이 되는 것이 중요하다고 각인시킨 커다란 존재였던 것 같다. 시인은 시집 첫머리에 수록한 서문에서 우등상이 아니라 차상인 '품행방정상'을 받고 그것을 외할머니께 가져다드리면 칭찬을 받았던 어린 시절을 적고 있는 것이다. '노력해서 그만큼이나마 하는 것'이라고 겸손과 성실을 가르치셨던 외할머니의 말씀을 간직한 시인은 그래서 조그맣고 착하고 가난한 곳에 스스로를 자리매김한다. 시집을 읽어나갈수록 독자들은 이 조그맣고 착하고 가난한 자리가 가장 큰 행복과 감사함을 느낄 수 있는 축복받은 자리임을 느끼고 부러워하고 함께 그리워하게 될 것이다. 시인이 조그맣고 착하고 가난한 언어로 마음껏 감사해하며 행복을 느끼고 사랑하고 그리워하고 있기 때문이다. "글쎄, 해님과 달님을 삼백예순다섯 개나/공짜로 받았지 뭡니까/그 위에 수없이 많은 별빛과 새소리와 구름과 그리고 꽃과 물소리와 바람과 풀벌레 소리들을 덤으로 받았지 뭡니까(「새해 인사」)"처럼 말이다.

3. 괜찮은 세상, 아름다운 동행

신께서 삶을 되돌려주시겠다고 하면 조그만 목소리로 '괜찮습니다'라고 말하겠다는 시 「만약에 말야」를 읽다보면 절로 웃음이 나다가도 '사람 노릇'이 힘들었다는 시인의 고백에 이르면 그 '괜찮습니다'라는 말의 무게가 묵직하게 느껴진다. 시인이 그렇게 중요하게 생각하는 '사람다운 사람이 되는 것'이 아니라 고작 '사람 노릇'이나 겨우 해왔으며, 그조차도 몹시 힘들었다는 고백은 그가 얼마나 스스로에게 엄격하고 혹독하였는 가를 짐작하게 하기 때문이다.

또한 찌부러져 버려진 양재기처럼 몸이 아파 세상으로부터 외진 곳에서 보내야 했던 한 계절 동안 또래들 시집을 읽으며 보냈다는 「동안거」에서 '무임승차를 고집하는 건달처럼 자주 나는 그들의 시집 속에 들어가 오래 나오려 하지 않았다'는 구절을 읽다가 보면 시인의 하늘 염소가 바로 시인을 닮았구나 싶다. 이렇게 고집과 열정을 가진 시인이 '젊었을 때 문학지에 또래가 좋은 시 한편 발표하는 것만 보아도 쩌르르, 가슴에 감전이 오는 듯 저려오곤 했다(「시인들 나라2」)'고 순순히 말하는 데에는 많은 시간이 걸렸을 것이다.

나태주 시인에게 사람다운 사람이 되는 일과 시인다운 시인이 되는 일은 아파트 9층 세상과 하늘 염소의 세상처럼 다른 차원의 것이지만, 너무나 어려운 일이라는 점에서 둘 다 참 '먼 곳'이라는 공통점이 있다. 그런데 연작시 '시인들 나라'에 가면 이 멀고 먼 두 차원이 서로 섞이기도 한다.

'시인들 나라' 역시 나라는 나라인지라 진짜 시인, 가짜 시인, 작고한 시인, 그들을 욕하는 시인, 그들의 아류 등등 온갖 시인이 등장한다. 하지만 그는 그 속에서 최소한으로 먹고 최소한으로 말하고, 최소한으로 존재하면서 오직 시에 대한 생각만을 가슴에 태양처럼 안고, 긴 밤을 뜬 눈으로 새우는 최대한의 시인을 세상에서 발견하기도 한다. 또한 김수환 추기경은 시인은 아니지만 가장 '사람다운 사람'으로서 시인들 나라에 입성한 경우이다. 그러나 '사람다운 사람'을 어떤 종교적 수양의 완성체와 같은 숭고한 것으로 설정하고 있는 것은 아니다. 시인은 김수환 추기경이 가장 '사람다운 사람'인 이유를 '어머니와 고개와 석양'으로 상징되는 '사랑'과 '그리움'을 평생 잊지 않고 간직했기 때문이라는 데에서 찾고 있다. 이렇게 하늘과 세상, 시인과 사람이 '그리움'을 통해서 섞이고 또 서로에게서 발견된다.

시인은 천년을 누워서 있는 운주와불에게 '웬만하면 이제는/일어나 보시라고//그럴 때가 되었노라/권해드리고 싶어요(「운주와불」)'라고 말하는 코믹한 시를 썼다. 하지만 이 작품 역시 해맑은 웃음과 짧은 시구절 뒤에 무한한 생각의 문을 열어두고 있다. 누워 있는 와불은 오로지 하늘만을 바라보았을 것이다. 시인은 하늘만을 바라보며 땅에서는 누워만 있는 와불에게 '서서 바라보는 세상도 괜찮은 세상'이라며 공손히, 삶에 대한 긍정을 슬며시 전하는 것이다.

이제 하늘 염소는 어린 잠자리가 되어 내려와 시인의 어깨에 와 앉기도 하고, 시인은 그것과 아름답게 동행하다가 아파트 문 앞까지 와서 날려 보내기도 한다(「동행」). 세상의 모든 것과 하늘의 모든 것에게 '잘가 다음에 또 만나서 놀아(「괘종시계」)'라고 말할 수 있는 단계에 이르면 삶은 두려움도 괴로움도 없는 친한 것이 되리라. 감사와 사랑과 그리움 그것이 우리를 가장 사람답게 하고 하늘 염소와 친해지게 할 것이다. 염소야 이리 온!

격렬한 침묵과 시인의 별

— 김완하,『허공이 키우는 나무』(천년의시작, 2007)

나무는 수많은 요소들의 집합으로 이루어진 하나의 유기체이다. 나무라는 사물이 그 존재의 형상과 성질을 유지하며 멈춰 서 있는 듯이 보이는 순간에도 수많은 입자들이 끊임없이 유입되고 배출되고 있음을 생각해보라. 한 존재가 잠들어 있는 듯 보이는 순간에도 수많은 세포들이 생성되며 소멸하고 있음을. 평형상태(equilibrium)는 흔히 생각하듯이 '정지'만을 의미하지 않는다. 끊임없이 어떤 요소들의 유입되고 배출되면서 유지되는 평형상태를 다이내믹 이퀼리브리엄 dynamic equilibrium이라고 한다.

김완하 시인의 새 시집『허공이 키우는 나무』는 다이내믹 이퀼리브리엄을 보여주는 '격렬한 침묵'에서 시작한다. 나무, 벼랑, 감, 빙벽, 섬, 별, 숲 등과 같은 그의 시적 대상들은 모두 제자리를 지키고 있지만 한 곳에 못 박혀 있는, 굳어 멈춘 존재들이 아니다. 이런 시적 대상들은 침묵하며 제자리에서 고요를 보여주는데, 이런 침묵과 고요는 '허무'나 '죽음'의 상상력에 닿아있지 않다. 오히려 그것은 '생(生)의 격렬함'을 수용·내함하면서도 침묵하는 '숨 막힐 듯 한 고요'이다. 이 시집이 보여주는 다이내믹 이퀼리브리엄의 시들은 격렬한 침묵에 대한 시인의 '의지'의 표상이다.

생의 격렬함을 내면에 간직하면서도 침묵하려는 시인의 '의지'는 '북극 나침반보다도 단호한(「기억 속의 길」)' 것으로 묘사된다. 몰아치는 북풍 속에서 꿈적하지 않고 자신의 뜻을 고수하는 나침반 침에 흐르는 날카로움과 단호함. 온갖 방향에서 작용하는 자기력에 반응하며 파르르 떨기 마련인 나침반의 침이 굳건히 한 방향을 가리키려면, 다른 모든 방향의 자기력을 이겨낼 강력한 힘이 필요하다. 김완하 시의 '고요'와 '침묵'은 갈등의 힘이 작용하지 않는 초월의 공간에서의 무기력이나 평온함이 아니며, 격렬함을 견디고 있는 강렬함인 것이다. 때문에 시인은 "얼어버린 폭포 속에 울어야 할 내일이 잠겨"있으며 빙벽이 "뜨거운 몸살(「빙벽 앞에 서다」)"을 앓고 있다는 뜨거운 인식을 차가운 얼음 속에서 끄집어낼 수 있다.

새들의 가슴을 밟고
나뭇잎은 진다

허공의 벼랑을 타고
새들이 날아간 후,

또 하나의 허공이 열리고
그곳을 따라서
나뭇잎은 날아간다

허공을 열어보니
나뭇잎이 쌓여있다

새들이 날아간 쪽으로
나뭇가지는,

창을 연다
― 「허공이 키우는 나무」 전문

　시집의 표제이기도 한 「허공이 키우는 나무」에서 허공은 역동적인 공간이다. 이 시집에서 빈번히 등장하는 '허공'은 상실감에 의해 열리지만 창조력으로 귀결되는 야누스적 공간이다. 인용한 시에서 '허공'은 새들이 나무에서 날아감―상실됨으로써 열린다. 나뭇가지는 새들이 떠나가면서 열어놓은 허공으로 창을 열고 나뭇잎을 날려 보낸다. 떠나간 새들에 대한 상실감이 불러내는 허공에 파문과 진동들이 유입되면 시인은 그것을 침묵 속에 견딘다. 제자리에서 상실을 견디는 '나무'는 새들이 날아간 나뭇가지마다 새로이 열린―이 동사의 이중적 의미를 떠올려보라―허공에서 '시인'으로 거듭나게 된다. 잠자코 평온을 유지하는 듯이 보이는 나무의 내면―허공에서 이루어지는 상실감에 대한 격렬한 물리적 화학적 작용에 의해 '시'가 창조되기 때문이다. 날아간 새들에게 날려 보낸 나뭇잎들은 시인의 시편들에 다름 아니다. 시인은 새들이 날아간 자리에 나뭇가지가 창을 열고 나뭇잎을 날려 보내며, 바로 그것이 나무를 키우는 일이라고 생각하고 있다. 허공은 본래부터 존재하는 것이 아니라, 단단히 잠겼던 빗장을 여는(「허공은 나무들의 집」) 행위에 의해 만날 수 있는 창조적 공간인 것이다.
　시―가랑잎이 탄생하고 축적되는 공간은 '새들―너'와 '나무―나'의 '사이 공간'이다. '너'를 그리워하지만 결코 닿을 수 없는 '사이 공간―거리'를 사이에 두고 있는 나무의 이미지는 시집 곳곳에서 찾아볼 수 있다. 그것은 '나무의 우듬지와 뿌리 사이의 거리(「그늘 속의 그늘」)'로 나타기도 하고 '서로 닿으려고 뻗고 뻗어도 닿을 수 없는 거리(「한쪽 어깨를 밀어주네」)'로 나타나기도 한다. 김완하 시인은 이 단절을 특별한 방식으로 극복한다. 사랑하는 것과 닿을 수 없는 거리─자리를 버티는 나무는 땡볕을 견디며 그로 인해 생성되는 '그림자'로 대상과 엉긴다는 시적 인식이 바로 그것이다.

폭양의 현실을 버티며 서있는 자만이 가질 수 있는 '그림자'로 '너'에게 닿을 수 없는 현실을 건너는 것, 이것이야말로 이 시집에 정갈히 새겨놓은 김완하의 시론이라 할 수 있다. 현실에서 엉기지 않고, 아니 의지적으로 엉기지 않으려 스스로를 자박自縛하여 제자리를 버티면서 다만 그림자로 엉기는 시인의 방식이 안타깝고 답답하기도 하다. 어찌 보면 '너'와의 거리를 '평생 닿을 수 없는(「섬」)' 절대적인 벽으로 굳히고 있는 것은 시인 자신일 수도 있기 때문이다. 이 닿을 수 없는 상실─창조의 야누스적 공간인 '허공'에서 그의 시는 '투명한 견성(堅性)'의 '별'로 응축된다.

이렇듯 견성과 투명함을 추구하는 김완하의 시는 그러나 결코 현실을 떠난 초월의 공간에 홀로 떠 있지 않다. 그는 격렬한 생과 내면의 갈등을 견디고 있는데, 이는 「미로」에서 '온 마을에 소나기 치는 듯한 누에들이 뽕잎 먹는 소리'라는 뒤통수를 치는 듯한 감각적 이미지로 형상화된 바 있다. 벌레가 잎사귀를 먹는 것이 얼마나 미미한 일일까 싶지만 그 격렬함이 만들어내는 청각적 심상은 온 마을을 장악하는 것으로 그려지는 것이다. 먹고 살아야 하는 격렬함과 네 번의 잠, 그리고 고치 속 자박自縛을 견딤으로써 시인은 자유의 '지느러미'를 얻고자 한다. '길을 가지 않아도 길을 품는(「꽃」)' 존재가 되는 일, 닿지 않아도 그림자로 엉기는 일, 누에가 날개를 얻는 일은 고행을 감내함으로써 존재론적 전환의 국면에 이르는 통과의례의 과정을 요구한다.

더 투명하고 더 단단한 '별'을 품고자 제자리에서 땡볕과 염천을 견디는 시인은 벼랑에 자신을 내몰며, 격렬한 부대낌을 버티고, 허공에 스스로를 매단다(「허공에 매달려보다」). 이런 견딤과 고행은 단 한 번의 위대한 '비상(飛上)'을 위한 것이다. 시인은 '꾹꾹 가슴에 쟁여둔 바람으로 딱 한 번 날갯짓'을 하고자 하는데, 그 날갯짓으로 사해 성난 파도를 다 잠재우는(「대붕(大鵬) 삼만 리」) 어마어마한 비상을 꿈꾸고 있다.

> 얼마나 숨 가쁜 고요가
> 저 숲을 움켜쥐고 있는가
> 나무는 잠시도 쉬지 않는다
> 바람의 장단 숲에 들어와
> 나무를 키우고 있다
> 서로의 어깨 감싸는 나뭇잎
> 하늘 들고 일어서는 나뭇가지
> 숲이 또 하나의 나무를 끌어당긴다
> 계곡 등지고 나무가 서 있다
> 눈 쌓인 응달과 머릿속 환한
> 나목의 뿌리를 재우며 계곡이 흐른다
> 순간, 벼랑 뛰어내려 하늘로 솟구친
> 매 한 마리
> 능선을 타고 맴돌다 날갯짓 멈춘다
> 사이, 허공이 팽팽하게 긴장한다
>
> ─「일순(一瞬)」 전문

숲은 평화롭고 고요한 듯 보이지만 잠시도 쉬지 않는다. 이 숲을 감싸고 있는 고요─평형상태는 '숨 막힐 듯' 한 변화로 가득 찬, 다이내믹 이퀼리브리엄의 상태이다. 『허공이 키우는 나무』는 숨 막힐 듯 한 고요로 들끓는 시집이며, 역동적인 허공을 창조해 낸 시집이다. 이 시집의 세계 속에서 시인은 자신의 고요와 허공이 '단 한번의 투신'을 위한 통과의례임을 명징한 이미지로 제시하고 있다. 스스로를 벼랑에 내모는 그의 시는 결국 투신을 목표로 한다. 주목할 것은 그의 투신이 죽음이 아닌 비상을 의미한다는 점이다. 뛰어내리는 것은 하늘로 솟구치기 위함이다. 시인의 퍼스나인 매는 능선을 타고 맴돌다가 정지비행을 한다. 이 때 허공은 그 역동성이 극대화되는데, 그것은 찢어질 듯 팽팽한 긴장력으로 가득한 공간이 된다. 단 한 번의 날갯짓으로 세상을 품는 새(「대붕 삼만리」), 혹은 단 한번 떨어지는 소리로 대지를 적시는 꽃(「동백꽃」)은 고행과도 같은 격렬한 생과 갈등을 견딤으로써 얻고자 하는 '시인의 별'에 다름 아니다. 마지막으로, 김완하 시인의 시는 짧다. 그의 시어는 단순하며 이미지는 명징하다. 숨 막힐 듯 한 고요와 침묵이 여백에 가득하며, 역설의 긴장감이 페이지들마다 네 귀퉁이에 팽팽하다.

손길, 오체투지에서 날아난 꽃잎
－지느러미의 길

― 김은숙, 『손길』(천년의시작, 2007)

일찍이 많은 시인들이 '길'에 대해 이야기 한 바 있다. 길 잃기와 길 찾기, 길 걷기와 길 만들기. 수없이 갈라지는 길들과 가지 않은 길, 그 길들의 시작과 끝에 대해서 말이다. 김은숙 시인의 새 시집 『손길』은 길에 대한 시집이며 그 자체 길을 찾아가는 과정이기도 하다. 주목할 것은 김은숙의 시인이 세상에서 가장 아름다운 길로, '손길'을 찾아내고 있다는 점이다. '순한 사랑'과 '아름다운 섭리'의 '둥글어지는' 길인 '손길(「손길」)'은 여린 생명을 자라게 하고 꽃피우게 하는 길―방법이며 힘이다. 부드러운 힘으로 가득 찬 '손길'에 대한 시인의 각성적 인식은 선험적으로 혹은 영감에 의해 주어진 것이 아니며 힘겹게 온몸과 맨몸으로 부딪치며 바닥부터 찾아간 것이다.

바위에 닿고 돌부리에 부딪혀
흐름의 마디마디 지르는 비명의 물울음
저리 통곡하며 흐르는 물이 오히려 우리 생을 닮았으니

가파른 마디마디 내뱉는 통곡 푸른 옹이로 박히며
　　　깊숙이 울음 품고 흘러가도
　　　고단한 삶이 흘러 닿는 그곳에
　　　서러움만 있는 것은 아닐 것이다

　　　　　　　　　　　　　　　　―「물의 통곡」 부분

　「물의 통곡」에서 시인은 '오체투지로 엎드려 저 물길로 살고 싶다'고 한다. 그에게 생이란 '바위에 닿고 돌부리에 부딪혀' 비명의 물울음을 울고 통곡하며 흐르는 물길로 그려진다. 오체투지란 양 무릎과 팔꿈치, 이마 등 신체의 다섯 부위를 땅에 던진다는 의미로 중생이 빠지기 쉬운 교만을 떨치고 어리석음을 참회하는 예법으로 사용된다. 티베트에서는 순례객들이 성지까지 수십 킬로미터의 거리를 오체투지로 나아가기도 한다. 한 걸음 마다 온몸을 땅에 던지는 이 행위는 극심한 신체적 고통을 견디며 더디게 나아가는 방법이다. '물길'의 이미지에서 예상되는 삶의 수월함은 오체투지의 비유에서 흐름의 마디마디 울음과 비명과 통곡으로 가득 찬 고행의 의미로 반전된다. 또한 온몸을 긁히며 대지에 몸을 밀착하는 것은 현실과의 밀착성을 의미한다. 힘겨운 현실―바닥을 자신의 생으로 받아들이며 격렬히 온몸으로 살아내고 있는 것이다. 김은숙 시인은 이 격렬한 생에 대해 침묵하기보다 울음을 울어낸다. 이때의 울음은 서러워서 비치는 눈물이 아니며, 울음 그 자체로 길을 찾는 순례자의 고행이다. 그는 울음 울고 통곡하는 물길에 충실히 오체투지 한다.

　집에서 문을 열고 나오면 길이고 그 길은 다시 다른 집으로 연결되어 있기 마련이다. 모든 인간은 집에서 나와 길 위에 있거나, 집에 가기 위해 길 위에 있다. 집과 길은 동전의 앞뒷면처럼 뗄 수 없는 개념이다. 시인이 울음과 통곡을 구도의 방법―길로써 삼은 이유는 그 길의 짝인 '집'을 '소금창고(「월곶에서 나부끼다」)'로 인식하는 데에 있다. 한 사람을 하나의 집으로 본다면 그곳에 무엇을 담느냐에 따라 그의 존재의 성질이 결정될 것이다. 시인은 사람을 소금으로 가득 찬 창고로 보고 있다. 소금은 한때 '물길'이었고, 바다였지만 폭양과 바람 속에서 물기를 잃고 쓰고 짠 맛으로 말라버린 존재다. 소금은 길을 잃고 파편화된 삶의 편린들이다. 시인은 자신의 내면에 쌓인 소금이 눈물을 머금고 있음을 본다. 그러므로 통곡하는 것은 딱딱하게 말라붙은 스스로에게 이제는 상실된 눈물을 되돌려 주는 것이고, 그럼으로써 소금창고 안에 갇힌 자신을 물길에 풀어주는 방편이 된다.

고행과 구도의 테마는 '스스로를 기꺼이 참수하여 한 생애를 온전히 투신하는 동백(「동백 낙화」)'의 이미지로도 나타난다. 이 꽃의 무너짐은 그것으로 모든 것이 끝나는 종말론적인 상상력에 속한 것이 아니라 열매로의 전이라는 과정 속에서 자리매김 되고 있다. 때문에 스스로를 기꺼이 참수하는 희생-고행은 캄캄한 생애를 건너 환한 하늘로 가는 길을 마련하는 일이다. 이는 딱딱한 결정이 되어 캄캄한 창고 속에 갇혀 있는 존재를 눈물에 용해시킴으로써 한 존재의 양태를 무너뜨리는 것과 같은 작업이다. 한 존재 양태의 깨어짐-소멸을 기꺼이 자처하는 시인의 투신은 죽음을 통해 다른 차원의 존재로 전이하려는 통과의례의 상상력에 속해 있다. 통과의례와 전이의 상상력은 고행의 과정을 걷는 존재를 어느 순간 투명하고 빛나는 것으로 거듭나게 한다.

> 몸 구석구석 바늘바람 콕콕 햇빛바늘 찌르듯 파고들게
> 두 팔 활짝 벌려 기꺼이 온몸 내어주면
> 증폭되어 일렁이는 바람이며 햇빛의 반응점이 보일 것이네
> 뼈마디 짓누르던 눌림돌들 몸 밖으로 빠져나가고
> 햇살 끝 펄럭이는 투명한 영혼 한 자락이 보일 것이네
> 뱃속까지 몰아치던 바늘바람 일제히 비늘꽃으로 피어나고

어느새 가파른 절벽 건너갈 지느러미 돋아나 푸르러지면
꽃잎처럼 가벼운 자유형의 항해를 무심코 꿈꿀 것이네
- 「마라도 풍욕(風浴)」 전문

캄캄한 생에 갇혀있던 시인은 맨몸으로 오체투지 하는 과정을 거쳐 빛과 바람의 세계에 진입한다. 몸 구석구석 어두운 곳에 바람과 햇빛은 빛나는 바늘이 되어 파고든다. 시인의 몸은 그것에 반응하며 자신을 짓누르던 눌림돌들을 떨구고 있다. 무거움은 어둠의 상상력이다. 뼈마디를 짓누르던 눌림돌은 시인의 영혼을 무겁게 하는 것이고, 존재를 눌러 가두는 장애물이다. 이 무게를 덜어내고 이제 햇살 속에서 펄럭이는 투명한 영혼 한 자락으로 존재론적 전환의 국면을 맞는 것이다. 단절되고 파편화된 삶은 여기서 '가파른 절벽'으로 나타나는데, 이제 시인은 가파른 절벽을 건너갈 꽃잎-지느러미를 갖게 된다. 지느러미는 절벽을 건너가는 수단이라는 점에서 사실 날개의 이미지이다. 날개가 지느러미로 변주되는 것은 김은숙 시인이 딱딱한 존재인 소금을 풀어주는 '물-길'의 상상력을 가지고 있다는 점에서 비롯된 것이다. 존재를 열어주는 통곡의 길-물길의 상상력을 통해 꽃잎 같은 지느러미를 얻은 존재는 투명한 영혼으로 펄럭일 수 있게 된다. 이 자유로운 펄럭임-항해는 울음을 모두 울고 난 존재가 다시 물기를 비워내는 것으로 가능하다.

내 생애 머금은 물기를 다 비워내자
저절로 몸에선 건초향이 났다
물기 걷히며 말라가는 것
말라가는 생애의 스산함은
11월을 닮았다
마른 풀냄새를 내 안에서 만들 수 있다니!
(중략)

> 물기 하나 가두지 않고 그저
> 우두커니 겨울을 향해 서 있는 시간이
> 건초 향 가득한 내 안에서 향기롭다
> 　　　　　　　　－「마른 풀냄새를 만들다」 부분

　짜디 짠 소금은 물길을 걸어 그 생애가 머금고 있는 눈물을 다 울어내는 과정을 겪음으로써 물길을 오체투지 하던 존재는 빛과 바람의 세계로 가벼이 진입할 수 있었다. 소금이라는 결정화된 고체가 액체로 그리고 다시 기체로, 대지에서 천상으로 비상하고 있는 것이다. 인용한 시는 생애가 머금은 물기를 다 비워낸 후의 존재를 '마른 풀냄새'라는 기체와 후각이미지로 감각화하고 있다. 마침내 '향기'로 변주되는 존재는 날개와 지느러미의 중첩을 통해 오체투지의 대지적 상상력에서 날아난 부드러운 '꽃잎'의 다른 이미지이다. 이 꽃잎은 다시 나비(「나비, 날아오르다」)로 변주되는데, 이 나비 꽃잎-지느러미의 부드러운 비행길이야말로 여린 생명을 쓰다듬으며 꽃피우게 하는 '손길'이다. 시인은 생명을 꽃피우게 하는 손길이야 말로 '초록 경전에 드는 길(「폐사지(廢寺地)의 저녁」)', 진리에 드는 길임을 노래하고 있다. 거칠게 울면서 찾아간 감도 있지만 바닥의 통곡에서부터 걸어 찾아왔기에 더 반짝이는 부드러운 '손길'을 꼭 펼쳐보길 바란다.

꽃과 밥의 줄탁(啐啄) — 때려라, 시가 깨어나리라

— 이안의 『치워라, 꽃!』(실천문학, 2007)

이안 시인의 새 시집 『치워라, 꽃!』은 가볍고도 묵직하다. 그의 시는 난해하고 긴 요즘의 경향과 다른 간결함과 간명함을 가지고 있다. 이 시집에 수록된 시들이 가족과의 대화, 최근에 읽고 있는 책 등등 대부분 시인의 소소한 일상을 소재로 하고 있다는 점도 가볍게 책장을 넘길 수 있게 한다. '쥐뿔도 없는 시인의 뿔을 꺾으려는 아내'에게 고집을 부리거나 아들의 등을 긁어주거나, 식전 산책길에 마주친 거미줄에 꽃을 던진 이야기 등등. 그의 시들은 독자에게 쉽게 열리는 문이지만 그 문은 언제나 시인이 겪는 갈등으로 치밀하게 아귀가 맞물린 프레임을 가지고 있다.

> 길바닥이 발바닥을 받아서 발바닥을 발바닥의 그곳까지 모시고 가듯이
> 모든 바닥과 바닥 사이에
> 버들강아지 같은 사랑이 물오르기를
> 나는 바란다
> 그러나 나는 또 바란다
> 차라리 주먹에 가까운 당신 손바닥이 언제나 내 낯바닥을 기억해주기를

그리하여 내 시(詩) 바닥이 언제나 당신 손바닥을 향하여 있기를
- 「바닥」 전문

이안에게 모든 대상은 서로 만나고 소중히 받아주고 서로를 기억하는 관계를 맺는 것으로 여겨진다. 사람이 길을 딛고 걸어가는 것이 아니라 길바닥이 발바닥을 받아서 발바닥을 모시고 가는 것이다. 이때 '만남'은 '바닥과 바닥'이 맞닿는 관계, 온몸으로 부딪는 진지하고 정직한 관계를 의미한다. 교활함이나 꾸밈이란 찾아볼 수 없는 이 관계에서 시인은 보슬보슬한 버들강아지 같은 사랑이 물오르기를 바란다.

그러나 딱딱하고 검은 단절을 찢고 보드랍고 물기어린 '사랑'이 자라나기를 소망하는 시인은, 동시에 '당신의 손바닥이 언제나 자신의 낯바닥을 기억해주기를' 바란다고 한다. 이 무슨 소리인가? 물이 차올라오듯 사랑을 기다리는 시인이 얼굴에 시뻘건 손자국이 남도록 가차 없이 손찌검하는 관계를 바라다니? 손바닥과 낯바닥의 만남은 두 존재의 강렬한 맞부딪침으로 서로에게 잊히지 않는 각성의 순간을 남긴다. 서로를 깨우쳐주는 확실한 자국을 남기는 만남에 대한 열망이 드러나고 있는 것이다.

부드러움과 격렬함, 사랑과 주먹이라는 양극적인 축들이 손바닥이 낯바닥에 남긴 손자국처럼 꼭 맞아떨어지며 프레임을 이루는데, 그 프레임을 통해 시인이 진정 원하는 것은 정신 번쩍 드는 '시(詩)'를 끄집어내는 일이다.

식전 산책을 마치고 돌아오다가
칡잎과 찔레 가지에 친 거미줄을 보았는데요
그게 참 예술입니다
들고 있던 칡꽃 하나

아나 받아라, 향(香)이 죽인다
던져주었더니만
칡잎 뒤에 숨어 있던 쥔 양반
조르륵 내려와 보곤 다짜고짜
이런 시벌헐, 시벌헐
둘레를 단박에 오려내어
톡!
떨어뜨리고는 제 왔던 자리로 식식
돌아가는 것이었습니다.
식전 댓바람에 꽃놀음이 다 무어야?
일생일대 가장 큰 모욕을 당한 자의 표정으로
저의 얼굴을 동그랗게 오려내어
바닥에 내동댕이치고는
퉤에!
끈적한 침을 뱉어놓는 것이었습니다
  － 「치워라, 꽃!」 전문

시인은 식전 산책을 마치고 돌아오다가 칡잎과 찔레 가지에 친 거미줄을 보고 '그게 참 예술입디다(「치워라, 꽃!」)'라고 말한다. 시인은 밥과 무관한 세계를 거닐고 있다. 그는 '식전'의 시간에 기계적 생산과는 무관한 소요를 하는 자이다. 이런 시인의 시공간에서 칡잎과 찔레 가지에 친 거미줄은 가장 향기로운 것들 사이를 이으며 반짝이는 '미적인 것'으로 포착된다. 시인은 자연스럽게 아름다운 것들을 배치하고 자신이 감각하고 감사하고 있는 미적 즐거움, '쾌(快)'를 나누고자 한다.

그는 들고 있던 칡꽃－'향기로움'으로 감각되는 '미'가 지니는 가벼움과 자유로움을 떠올려보라－을 '예술'로 감각되는 거미줄에 던져준다. 이때, 거미줄은 가볍게 출렁이며 반짝이는 것인데, 아름다운 것에 꽃을 바치는 메신저로서의 시인의 행동이란 시인의 몸에 깃든 예술혼의 무의식적인 반응 같은 것이다. 그런데 여기서 커다란 반전이 일어난다.

거미줄의 주인인 거미가 조르륵 내려와서는 시인이 던져준 꽃을 거부하는 것이다. 거미는 일말의 주저함도 없이 꽃이 놓인 둘레를 오려내어 '톡!' 떨어뜨리고 돌아간다. 거미는 시인의 시공간을 오려냄으로써, '죽이는' '예술'인 '꽃'을 자신의 집에서 탈락시킨다. 거미는 미적인 세계를 단박에 오려내는 시인의 자의식이다. 시인에게 꽃은 '죽이는' 향기가 나는 매혹적인 것이지만, 동시에 '꽃놀음'이고 '생'에 대한 '모욕'이라는 양극적인 대상으로 인식되는 것이다. 시가 생의 모욕이 되는 순간, 이안 시인은 그것을 가차 없이 질책한다.

김춘수는 "내가 그의 이름을 불러주었을 때 그는 나에게로 와서 꽃이 되었다"고 했다. '꽃'은 아름다운 존재, 특별한 존재라는 사유가 보편적이기 때문에 이 시구가 가능했다. 잎은 오래 피어있지만 꽃은 잠깐 피었다가 사라지기에 특별하다. 화사하고 향기롭고 부드럽기에 기분이 좋아지게 하는 존재이다. 아마도 처음 '꽃'을 이름 붙인 사람은 그 순간적이고 화사하고 향기롭고 부드럽고 기분이 좋아지는 감각의 실체들과 그것에 대해 자신이 느끼는 감정들을 그 말에 담았을 것이다. 하지만 시간이 지날수록, 꽃이라는 말이 메타적으로 사용 될수록 '꽃'에 담겼던 최초의 감각들은 휘발되어 간다. 점점 그 말의 환기시킬 수 있는 '꽃'의 감각들은 휘발되고 '아름다움', 혹은 '미적인 것'과 같은 관념으로 남았다.

이안 시인에게 '꽃'은 그것이 명명된 최초의 순간 머금었던 감각의 실체이면서, 또한 '아름다움'이라는 관념이고 '미적인 것-예술'의 상징이다. 그는 누구보다도 꽃의 비밀스런 감각을 섬세하게 촉진하고 향수하고 있으며, 자신이 살아가는 생의 구석구석에 꽃을 이름붙이는 자이다. 하지만 이런 관념은 '꽃'을 인간의 창에서 타자화하여 바라보았기 때문에 생겨난 것이다. 자연물인 꽃은 아름답고 특별한 사물일까. 꽃은 그것을 피워낸 식물에게는 종의 유지를 위한 수단이고, 벌·나비에게는 밥이다.

> 잘 익은 봄날
> 꿀벌과 나비와 방울새가 떼 지어 날아와
> 그 가느다랗고 섬세한 발가락과 주둥이들로
> 저를 통쾌히 꺼낼 때까지
> 저는 다만 팽팽하게
> 숨죽여 있다
> 석 달 열흘 붉게 모신 생각
> 한꺼번에 하얗게 뒤엎어버린다
> 살구나무는.
>
> 아아, 또다시
> 저 붉고 하얀 것이 파랗게
> 파랗게 넘어간다
>
>   –「숨길4」전문

  밥을 먹으려는 꿀벌과 나비와 방울새가 섬세한 발가락과 주둥이들로 행하는 집요한 노동으로 꽃은 통쾌히 끄집어내진다. 살구나무는 꽃을 피우기 위해 석 달 열흘의 시절을 뜨거운 생각으로 보낸다. 기나긴 시간을 안쪽에서 쪼아온 생각에 밖에서 쪼아주는 벌나비의 노동으로 마침내 꽃으로 깨어나는 순간을 시인은 숨 막히게 포착해내고 있다. 가느다랗고 섬세한 노동자가 시인이라면, 그것이 통쾌히 꺼내는 꽃이야말로 진정 시인이 쓰고 싶은 '시(詩)'가 아닐까.

  이안은 밥과 꽃-시가 서로를 쪼아 깨어나는 시 즉, 꽃과 밥이 줄탁하는 시를 행복하게 소망하고 써내는 시인이다. 그는 밥과 꽃의 한 쪽을 포기하지 않고 그 갈등의 공존에 기꺼이 몸을 맡기는 시인인 것이다. 어느 한쪽이 기울 때 그는 죄의식을 느끼고 저항하며, 꽃과 밥이 서로를 낯바

닥을 기억하는 손바닥이 되어 화끈거리고 서로를 쪼는 순간에만 그는 가벼운 발걸음으로 길바닥에 발바닥을 댄다. 아름다움과 현실, 시와 생, 꽃과 밥이 서로를 일깨우는 관계임을 아는 이안 시인의 새 시집을 꼭 읽어보길 권한다.

달리 (성)관계하는 시의 모색
— 강희안, 『나탈리 망세의 첼로』(천년의시작, 2008)

    희안의 새 시집 『나탈리 망세의 첼로』는 불편한 시집이다. 이 불편함은 시인이 정확히 설계한 것이어서 그것이 불쾌함과 손을 잡고 있다는 것을 곧 깨닫게 된다. 하지만 인상을 찌푸리며 책을 덮으려고 할 때 정확히 시인은 그 불편(쾌)함에 대해서 다시 생각해보도록 시집 구성의 완급을 조절하고 있다.
    이를테면 시집 첫머리에 수록된 「여닫이 미닫이─거세콤플렉스」를 읽어보자. 이 시는 '무시로나마 여자지는 미닫이, 미자지는 여자질 속을 넘보았다'고 쓰고 있다. 여닫이와 미닫이를 발음상 유사한 것으로 전이시키는 언어유희를 통해 노골적인 표현을 하고 있는 것이다. 하지만 '말장난을 통해 성기 중심적인 욕망을 배설해 놓는 시'라고 눈살을 찌푸리고 다음 장을 넘기면 좀 더 파격적이고 좀 더 아름다우며 정교한, 그의 시를 좀 더 읽고 싶게 만드는 「나탈리 망세의 첼로」라는 시가 놓여있다.
    표제작을 읽고서 다시 「여닫이 미닫이」로 돌아와 본다. '여닫이를 당기자 누군가 가랑이를 펼쳐 들었다. 미닫이를 밀치자 반편의 책이 튀어

나왔다'로 시작하는 이 시의 구절들에서 '가랑이'와 '책'이라는 주어들보다 '펼쳐 들다'는 서술어가 중요하다는 것을 알 수 있다. '펼쳐 들다'라는 서술어는 '가랑이'와 '책'을 선택할 수 있는 '주어의 목록'을 소유한 '주체'이기 때문이다―이 얼마나 탈중심주의적인가. 펼쳐 들 수 있는 '가랑이'와 '책'은 모두 펼쳐 들 수 있다는 점에서 같을 뿐만 아니라, 생산력―창조력과 관련된 '같은 기능'을 가졌기에 주어로 선택됐다. 그런데 시적 자아는 여닫이를 당기고 미닫이를 밀치는 방식으로 '열리는 문'의 앞에 생산력―창조력이 아니라 '백지'와 '무덤'으로 상징되는 공포와 죽음만을 본다. 그는 여닫이를 밀치지 않고 미닫이를 당기지 않는, 관습적으로 문을 여는 '방식'에 문제를 제기하고 있다. 그 밀고 당길 수 없는 '사이'에 생산력―창조력과 관련된 진실이 존재할 것이기 때문이다.

「여닫이 미닫이」에서 '성기중심적 욕망의 무분별하고 배설적인 언어화'라는 혐의는 거두어야 한다. 이 작품을 그런 편견으로 프레임 쳐냈던 이유는 '여자지 미자지'라는 말이 주는 '불편함' 때문이었을 것이다. 시인은 왜 굳이 창조력과 진실의 문제를 불편한 말로 바꾸어 놓고 있을까.

「나탈리 망세의 첼로」에서 나탈리 망세(스위스 출신의 누드 첼리스트)는 다리를 벌리고 가랑이 사이에 첼로를 품어 세워 품에 안고 연주한다. 그리고 이 이미지는 알몸의 창녀가 예수를 품에 안는 장면과 겹쳐진다. 첼로와 예수는 모두 '권세'이며 '보수적 낭설을 표방하는 클래식 성기'이다. '첼로'와 '예수'를 '권세'와 '클래식 성기'와 같은 것으로 배치해 놓는다는 것, 그 자체가 불편한 사람들에게 그 불편이 바로 어떤 '힘'임을 정확히 지적하고자 하는 것이다.

시인이 지적하고자 하는 '힘―권력'의 불편함이 굳이 '성기'로 언급되는 것은 아마도 남근중심주의적 세계의 남근중심주의적 사유가 큰 힘을 가지고 있기 때문일 것이다. 사실 그는 '관계'에 있어서 모든 종류의 권력을 혐오하고 신랄히 비판하며 때론 조롱한다. 이런 태도는 정부(「그가 부활했다고?」), 자본주의(「Pet Rock을 아십니까?」), 페미니즘(「여성학 강의」), 권위주의(「강희안 좀 내 주시겠어요?」), 습관적 인지능력을 통한 폭력적 인식 행위(「탈중심주의」) 등등을 두루 꼬집고 나서 서정시의 폭력적 시선(「너무나도 사적인 현대 시작법」)으로 이어지는 데에 이른다.

시인은 서정시가 비상동성을 상동성으로 일치시켜버리는 태도, 세계와 대상을 주체의 마음대로 포획하고 생각함으로써 그것과 폭력적으로 합일하는 태도의 부당함을 역설한다. 이런 일방적인 합일과 거기서 느껴지는 위안과 행복감이 일방적인 섹스를 강요하는 남근중심주의로 거론되는 것이다. 세계와의 이런 부당한 (성)관계는 '파쇼 타도'를 외치며 여인의 몸을 꺾어 후삽입 섹스를 격렬히 하는 것과 같은 일방적이고 폭력적인 '후삽입 섹스'로 나타난다. 시집 곳곳에 등장하는 후삽입 섹스의 묘사는 '복종적 관계', '일방적이고 폭력적인 관계'를 환기시키기 위해 더욱 불쾌하게 이루어진다.

시인은 이런 서정시의 일방적 폭력적 동일성의 원리에서 벗어나기 위해 두 가지 방법으로 시에 접근하고 있다. 그 하나는 팔루스 중심주의적 관계를 고발하는 카운터 팔루스counter-phallus를 내세우는 일이다. 그가 새로운 창조를 위해 열리는 문이라고 생각했던 것이 '미닫이-미자지' '여닫이-여자지'로 나타나는 것은 이 때문이다. 첼로로 상징되는 팔루스적 권력관계를 고발하고 그것들을 자궁 속으로 밀어 넣는 나탈리 망세는 '여닫이-카운터 팔루스'가 된다. 하지만 누드 첼리스트가 첼로를 연주하는 것이 일종의 고발과 파격을 넘어서 그 자체 연주의 아름다움으로 연주를 마치는 것은 또 다른 문제가 아니겠는가. 공연장에서 그 연주의 아름다움에 감동했을 몇 명의 관객이 있더라도 남는 것은 누드 첼리스트라는 다소 선정적인 파격의 꼬리표가 아닐까. 결국 카운터 팔루스를 내세우는 것은 팔루스적 관계에 대항하는 것이 아니라 그것에 유착한 것이 아닐까. 폭력적 관계를 삼키는 관계가 아니라 상호적인 관계가 되어야 하는 것이 아닌가. 강희안의 시들은 이런 '성찰'을 가능하게 한다.

다른 하나는 바로 이런 방법, 달리 세계와 관계 맺는 방법의 모색으로 이어진다. 그는 이를 위해 '자동연상은유'와 '환은유'를 구사하였다고 자서에 밝히고 있다. 그 용어가 의미하는 것을 정확하게 알 수 없지만, 아마도 하나의 말에서 자동적으로 연상되는 것들로 옆으로 옆으로 뻗어나가는 은유를 의미하는 듯하다. 대상에 인식을 포개어 맞지 않는 것을 잘라내는 식의 은유가 아니라 서로 달라도 연상이 되는 구석이 있다면 쭉쭉 연결되는 은유, 이는 자동연상의 방법상 불가피하게 언어유희의 성격을 지닌다. 그것은 말의 소리나 모양에서 혹은 그 의미에서 연달아 일어나는 연상 작용이다.

『나탈리 망세의 첼로』는 다양한 권력관계와 상식의 편견, 서정시의 폭력성이라는 상당히 묵직한 과녁을 겨냥한 일종의 시위示威이자 (활)시위이다. 독자는 자신의 편견을 겨냥한 시위에 불편함을 느낄 지도 모르지만 그 화살에 맞아 스스로 프로크루테스의 침대를 부수고 나면 한결 재미있게 시집을 읽을 수 있을 것이다. 발랄하고 참신하며 거침없는 언어유희와 상상력만으로도 눈에 띄는 시집이기 때문이다.

이미저리의 (파)괴력
— 김경수, 『달리의 추억』(한국문연, 2009)

　김경수 시인의 새 시집 『달리의 추억』은 크고 싱싱한 이미지들이 가득한 저수지이다. 그의 시는 호흡이 긴 편인데, 한 편의 분량도 그렇지만, 하나의 이미지가 3~4행을 넘어가는 낯선 수식어들이 조합으로 이루어지기 때문에 읽기에 버거운 느낌이 드는 것이 사실이다. 하지만 뇌의 폐활량을 힘껏 늘려서 읽어보면 그 반짝이고 낯설고 아름다운 이미지들이 가득 빛나는 저수지를 발견했다는 점에 놀라게 될 것이다. 이를 테면 '바다가 푸른 눈을 가진 고양이라는 사실을 새해 첫날 새벽 바다 위로 떠오르는 에메랄드 빛 외눈을 보고 알았다... 푸른 눈을 가진 흰 털이 눈부신 고양이가 폐지廢紙처럼 퍼지며 달아나는 파도를 발바닥으로 친다.'(「달리의 추억1」)과 같은 식이다.
　김경수 시인의 시적 자아는 늘 '모래알'이라는 자아 이미지를 가지고 있다. 이 파편적 자아상인 모래알은 산으로부터 떨어져 나왔지만, 부서지기 이전의 상태로 돌아갈 수 없는 비극성을 지닌 존재이다. 모래알은 뭉쳐지지 않기에 모래알이 아닌가. 그런데 아이러니 하게도 모래알은 바닷가에서 세상에서 가장 거대한 물인 바다를 바라보고 있는 것이다. 바다만큼의 물로도 뭉칠 수 없는 모래알은 바다와 우주를 욕망하며 바라본다.

한국시가 풍부한 바다의 상상력을 갖지 못한 것이 사실이다. 김경수 시인의 『달리의 추억』은 가장 다채롭고 뛰어난 바다 이미지들을 구사하고 있다는 점에서 주목된다. 그는 바다를 고양이로, 젊은 미녀들의 허벅지(「달리의 추억1」) 등으로 묘사하는데 이들은 모두 관능적인 존재들이다. 사랑과 관능을 통해 소통과 단독자적 고독을 벗어나려는 시인은 바다를 자주 관능적인 이미지로 그려낸다. 또한 시인은 바다를 '턱 밑에 고드름을 매달고 거칠게 숨을 몰아쉬(「침묵하는 겨울」)'거나 '하얀 이빨의 파도를 물고 오는(「달리의 추억3」)' 동물적 이미지로 묘사하기도 한다. 그는 이런 다채로운 바다의 상상력을 '바다...라는 그 긴 음절(「달리의 추억3」)'이라는 담담하고 멋진 구절로 함축하기도 한다.

폴 발레리의 말대로 그의 시는 행진하지 않고 스텝을 밟아 춤을 춘다. 스토리의 진행이 아니라 정서를 환기시키기 위한 이미지의 반복이라는 말이다. 짧고 간결하고 충격적인 등가적 이미지들을 반복하여 어떤 정서를 환기시키는 시, 내러티브를 가진 다소 긴 분량의 이야기시, 이 두 가지를 적절히 조화시킨 이미지와 내러티브를 담고 있는 중간 분량 정도의 시들을 많이 보아왔다. 하지만 장대한 호흡의 이미지들을 반복하여 정서를 환기시키는 시라는 점에서 김경수의 시들은 독특한 위치를 점한다.

바닷가의 모래알인 자아는, 혁명을 꿈꾸었던 시인 마리네티의 외로움과 피카소의 고독과 뭉크의 절규를 밤하늘에 반짝이는 눈동자로 박아 넣는다. 밤하늘의 별은 아무도 바라보지 않는다면 빛나지 않는다. 시인은 아름다움으로 한 세기를 혁명한 아름다운 이들을 바라보고 그들의 외로움과 고독에 눈 맞춤으로써 절망과 고독의 하늘이 빛나게 하는 탐미주의자이다.

그럼에도 한 알 모래인 자아는 자신을 파편화된 단독자로 단절시켜놓은 시간의 기억을 가지고 있다. '시간은 단단한 껍질을 덮어 쓴 견과였다. 망치로 시간을 깨었다 무서운 속력이 튀어나왔다(「달리의 추억4」)'면서 그는 딱딱하고 날카롭고 차가운 것들을 고독에 대비시킨다. 이 칼날 같은 고독을 잠재우는 것은 비 오듯 쏟아진 별똥별들인데, 별똥별은 광물 이미지가 아니라 따뜻하고 부드러운 것 물의 상상력으로 인식된다. 그가 밤하늘에 박아놓은 아름다운 사람들의 눈동자―눈물이 별똥별이 되어 떨어졌기 때문일 것이다. 그는 '미학으로 혁명했던 사람들'처럼 '아름다움'으로 차갑고 날카롭고 파편적인 존재의 양태를 벗어나려고 한다. '20세기의 화가 반 고흐는 무서운 고립을 피해 밀밭 위 검은 갈가마귀로 변해 날아갔다(「달리의 추억5」)'는 시구는 그가 미학적 변신, 변화를 통해 고립과 무서움을 피하려고 하고 있음을 보여준다. 시인은 현재의 존재 양태로서는 고립이 불가피하며, 때문에 끝없는 비유와 새로운 이미지, 시적 형식의 실험이라는 변화를 필요로 하는 것 같다.

그가 인식하는 현실은 '무척추의 아침'과 '뇌 없는 사람들(「달리의 추억6」)'이 적의만을 예리하게 하는 곳이다. 그는 「뭉크의 고백」에서 자신의 시적 작업의 노력이 소통의 단절을 극복하지 못했음을 고백하고 있다. 강철과 유리로 지어진 냉정한 빌딩을 긴 칼로 내려쳐서 노래와 꽃잎과 그 속에 숨은 별들이 합창하게 하였지만, 소용이 없었다는 것이다. 그는 자신을 '벚꽃 잎들이 곱게 깔려진 골방 안에서 벽을 보고 돌아앉은' 모래보다 작은 점으로 그리고 있다. 이것이 시인이 새로운 '미적 방법'을 그의 시적 실험에 수혈하며 변화를 도모하는 이유일 것이다.

그는 팝아트 연작과 몽타주, 모더니즘 시선집 연작을 통해 다양한 형식 실험을 보여주고 있다. 대중가요의 가사를 1연에 제시하고 2연에서 그것을 조금 변형하는 것은 우리가 잘 알고 있는 팝아트의 미술작품을 문자로 구현하고 있는 듯하다. 두 개의 대중가요 가사를 찢어 붙여 혼성 모방 시를 쓰기도 한다. 이런 실험들을 통해서 그가 도달하고자 하는 것은 '모래시계를 거꾸로 돌려놓자 모래알로 분해되어 흩어졌던 내 몸이 다시 형체를 이루고 피가 돌게 되는(「부활」)' 부활일 것이다.

『달리의 추억』은 존재에 대한 물음을 시의 육신인 형식을 상반되는 사조로까지 극단적으로 변형시키는 변신의 과정을 통해 좇고 있다. 시집 속의 모래알은 자라투스트라나 지상의 양식에 나오는 나타니엘처럼 예언자적이고 실존적인 존재이다. 그는 파편적 단독자로서 스스로의 존재를 열어 다시 자신으로 부활하여 돌아오기 위해 변신하고 있다. 이 변신의 실험이 보여주는 상상력의 진폭의 광대함을 느껴보고 싶다면, 꼭 일독을 권한다.

스스럼없는 시절(時節, 詩節),
진실의 음량은 크지 않다

– 윤석산, 『밥 나이, 잠 나이』(황금알, 2008)

　차를 즐기는 데에는 세 가지 경지가 있다. 다기를 수집하고 차를 만드는 과정에 즐거움을 느끼는 경지, 그 맛과 향을 음미하고 차의 종류와 특징을 변별하는 데에서 즐거움을 누리는 경지, 그리고 차 그 자체를 좋아하여 이것저것 가리지 않고 많이 마시는 데에서 즐거움을 만끽하는 경지가 그것이다. 이 가운데 차를 가리지 않고 많이 마시는 데에서 즐거움을 얻는 마지막의 경지를 가장 높은 차원의 것으로 본다. 예로부터 다도는 그 사람의 벗을 사귀는 태도나 시를 대하는 태도와 일치한다고 했다. 분별이나 구분이 없이 벗(시) 그 자체를 좋아하는 경지는, 키츠J. Keats가 그의 '시인의 자질론'으로 주장한 내용과도 상통하는 바가 있는 듯하다.
　키츠는 좋은 시인의 자질로 두 가지를 언급하였는데, 한 가지는 불명확, 불확정의 상태에 오래 머물러 있을 수 있는 '부정적 능력(소극적 능력, negative capability)'이고, 다른 하나는 부정적 능력과 연관되는 '무성격의 성격'이다. 시인은 이치의 끝을 추구하여 어느 것을 취하고 다른 것을 버리기 보다는 어느 것도 포기하지 않는 갈등의 상태에 머물며, 자신의 개성이나 취향에 맞지 않는 다른 것들을 배척하기보다는 되도록 많은 것을 받아들이는 사람이다.

윤석산 시인의 『밥 나이, 잠 나이』는 온전한 한 인간의 입체적인 모습이 고스란히 담겨있다. 곱디고운 서정, 병상에서의 현기중 나는 감각들과 그리움, 가족에 대한 깊고 커다란 정을 꾸밈없이 보여주는가 하면, 허위와 과장으로 덮인 현실에 대한 직절한 성찰 등, 지식인이고 시인이며 노년을 바라보는 한 인간으로서 느끼는 소슬한 사유를 소탈하게, 서슴없이 보여준다. 그의 시는 스스럼없이, 아무 어려움도 없이 너무나 쉽게 우리에게 다가온다.

'진실의 음량은 사실, 크지 않다', 윤석산 시인은 이런 묵직한 주제를 '일산 배추' 이야기를 통해 들려준다. 어린 시절 그는, 물건을 파는 사람들이 '일산 배추', '영광 굴비', '영덕 게'라고 말할 때, '우리는 모두 한 조각 의심도 없이 그렇다고 믿었'다고, 그것은 '실재'의 시대였다고 회상한다. 하지만 이제 '그곳이 진정한 산지가 아니라는 건 우리 모두 이미 잘 아는' 시대가 되었다는 것이다. 시인은 이를 두고 우리는 '영덕' '영광'이라는 '상징'을 먹고 사는 '상징'이 실재가 되어버린 시대에 살고 있다고 전한다(「상징과 실재」).

상징은 원관념과 분리된 보조관념이다. 사람들은 진심(실)을 더 생생하게 전하고 싶어서 수사법을 사용하지만, 비유와 상징들이 과잉된 세계에서 그것들은 진심-실재를 담지 못한다. 도대체 원관념은, 실재는, 진심은, 진실은 다 어디로 갔을까.

『밥 나이, 잠 나이』는 이런 진심(실)을 전하는 시집이다. 어떤 시집은 안 그럴까 싶지만, 실상 대부분 시집들이 가능한 한 진심을 숨기려 애쓰는 것 같다. '실재를 생생히 진실하게 전하기 위하여 수사법을 사용하기'

에서 그 목적은 망각하고 '수사적으로 말하기'라는 방법론만이 '시'의 전부인 것처럼 되어버렸기 때문이다. 하지만 이를 어찌 탓하랴. '시의 실재'가 사라지고 '시의 상징'만 남은 것은, 시인이 지적하였듯이 오늘날이 '상징의 시대'이기 때문일 것이다. 그리하여 상징들만이 우후죽순(이 말 역시 한 때 실재였겠지만 필자는 한 번도 우후죽순雨後竹筍을 경험한 적이 없다)처럼 생겨나고 봇물 터지듯(농경사회의 경험이 없는 대부분의 사람들이 이 말이 전하려는 실재의 감각을 알지 못할 것이다) 쏟아져 나오는 '상징의 시대'에 대한 시인의 비판은, (그의 부드러운 성정에도 불구하고) 매우 직절하다.

그는 '세상의 열정 모두 지닌' 척 하면서도 '각기 다른 주머니 하나쯤 챙기고 있는' 진실하지 못한 과잉과 허세에 대해 '잘 있거라' 한 마디로 '결별'을 고한다(「결별」). 또한 시인은 2008년 벽두 전 국민에게 충격을 주었던 국보 제1호인 숭례문 화재 사건을 두고, '무슨 짓을 해도 부자가 되고, 힘이 커지면 온갖 품 다 잡으며 사는 세상'에서 '예를 숭상하라'는 간판이 민망하고 난감하여, 무엇보다 예도 모르는 사람들이 으레 들러서 떠들고 가는 허세가 참을 수 없어 숭례문 스스로 몸뚱이에 불을 지른 것이라 전한다(「자문자답 숭례문」).

과잉과 허위에 대한 비판은 젊은 날 시인 자신이 썼던 시들에 대한 성찰로 이어진다(그는 자기 자신에게 가장 냉정한 것 같다) 시인은 스스로를 무거운 폐휴지 가득 실은 리어카를 끌고 수원역에서 사람들 사이로 지나가는 노인과 동일시하며, 과거의 시를 두고 '얼마나 많은 종이들을 낭비하였으며, 얼마나 많은 폐휴지로 세상을 떠돌았는가'라고 쓰고 있는 것이다(「그」).

그러나 과잉과 허위, 상징과 수사법의 시대, 진심은 딴 주머니를 차는 시대에 대한 시인의 차가운 눈빛은 곧 실재와 순수와, 신뢰와 상호 연대의 시대를 그리워하는 따뜻한 눈빛으로 스며든다. 시집에서 시인이 곧잘 사용하는 가장 눈에 띄는 시어는 '우리는' '모두' '누구나'와 같은 주어들이다. 이 '상호존중을 내함하는 공동체 주어'는 그 자체로 그가 그리워하는 시대―세계의 목적어와 서술어를 함축하고 있다. '낯모르는 사람일지라도 누구나 스스럼없이 우산 한 쪽을 빌려 쓰자고' 했고, '누구도 정말 남을 위하여 세상 밖으로 어깨 한 쪽쯤은 내놓을 수 있었던' 그런 시절 말이다(「문득 소나기 쏟아지는 날이며」).

이렇게 나와 남이 스스럼없어지는 경지는 '축복(「축복」)'이다. 이 경지는 문학의 진보와 보수, 순수와 참여, 리얼리즘과 모더니즘이 만나는 모퉁이고, 똥을 퍼 나르는 일로 밥을 먹고 사는 시절 혹은 똥과 밥이 모두 푸릇푸릇 싱싱한 배추로 화하는 세계(「똥이 밥이 되던 시절1, 2」)이며, 누구나 서슴없이 들어와 옷깃 풀어 헤치고 선선히 마음 열어두는 허벽당虛壁堂에 다름 아니다. 서로 다른 것들이 스스럼없이 마음을 여는 곳이야말로, 다도로 말하자면 이것저것 가리지 않고 즐기는 최고의 경지, 키츠의 주장대로라면 무엇 하나 배제하지 않는 '몰개성'인 것이다.

'누구에게라도 넉넉한 그늘을 드리워 놓는 느티나무(「그냥 서 있다」)'는 바로 이런 경지에 다다른 존재이다. '그냥 서서' 누구도 가리지 않는 느티나무는, 사람들이 긁어먹어 버린 들창코로 '세상의 온갖 더러운 향내'를 벌름거리고 계신 부처님에 다름 아니다(「들창코 부처님」). 다 내어주면서 향기로운 것뿐만 아니라 온갖 더러운 것을 향내로 벌름대는 존재. 그러나 시인은 스스로 '그냥 서 있는' 이런 존재로 초월하지 않는다. 그는 이런 경지를 그리워하고 현실에 불러내오기 위해 기억하고 상기하지만 그런 경지로 초월하거나 성불하지 않는다. 그는 다기를 수집하고 허세를 부리는 것을 경계하면서, 이것저것 가리지 않는 경지를 그리워하는 중간계에 있는 작은 자리에 스스로를 위치시킨다.

그는 스스로를 작은 시인의 위치에 머물게 한다. 그는 허위로 충혈된 존재들을 경계하면서도, 숭례문처럼 불타올라본 적이 없다. 그는 승부수 한번 멋지게 던져 보지도 못한 채 맞은 환갑의 나이를 성찰하는 사람이고(「안전빵」), 답을 알고 있어도 한 번도 제대로 손을 들고 대답을 하지 못한 채 '반 손'을 든 생을 돌아보는 사람이다(「반 손」). 하지만 시인의 이 '반 손'이 그를 힘 빼게 하고, 그를 허위의식으로부터 건져내며, 실재의 세계와 상징의 세계 그 중간계에서 머물게 한다. 중간에서 어정쩡하게 머무는 것이 고통스럽지만, 그것이 '시인의 실재'이기에 그는 자신의 자리를 그곳에 마련하고 있다. 시인은 이런 '힘 빼기'를 통해 그가 알고 있는, 웅크린 채 바로 눈뜨고 있는, 시와 철학 그리고 그의 세계관을 옷깃을 풀고 선선히 가슴을 트며 유머로, 진솔함으로, 수사법을 넘는 진심으로 스스럼없이 전한다. 그리고 '우리는' '모두' '누구나' 스스럼없이 그가 반만 든 손으로 말하려는 '상호존중의 공동체 주어'가 되어 '그 시절(時節, 詩節)'을 그리워하게 된다. 진실의 음량은 크지 않다.

도서관 속 미로, 진리를 담은 책의 행방
― 구회남, 『하루 종일 혀 끝에』(리토피아, 2009)

1. 꿀-벌

 이 시집은 읽고 쓰는 인간, 호모 리테라리우스homo-litterarius에 대한 보고서이다. 그는 세계를 살지 않고 도서관에 산다. 그의 걸음은 언제나 '마뉘꿀(「마뉘꿀을 지나며」)'로 가고 있다. 마법적 감각을 건드리는 '마뉘꿀'이란 이름은 사실 국립중앙도서관으로 가는 고갯길의 명칭이다. 이 고갯길 끝에는 '꿀'을 담고 있는 무한한 수의 육각형 방을 지닌 벌-집이 있을까? 온종일 자신의 혀로 꿀을 찾아 모아야만 하는 꿀-벌은 어쩌면 시인의 은유가 아니겠는가.
 보르헤스는 그의 「바벨의 도서관(Biblioteca de Babel)」에서 다른 사람들이 모두 도서관이라고 부르는 우주를 그려낸 바 있다. 이 도서관은 부정수의 육각형 방으로 이루어져 있고, 우주의 사람들은 무수한 육각형의 방에서 태어나며, 각각의 방은 책으로 가득하다. 바벨의 도서관이 영화

'큐브'에 영감을 주었다는 것은 많은 사람들이 이미 주지하고 있는 바이지만, 무한한 정육면체의 방 속을 이동하며, 탈출을 꿈꾸는 영화 속 사람들의 이야기는 바벨의 도서관 어딘가에 모든 진리를 담은 완전한 책이 있다는 소문을 믿고 그것을 찾아다니는 사람들의 이야기와 평행하다.

    시인은 매일 마뉘꿀을 지나 도서관으로 향하는 사람이다. 도서관은 지혜의 샘이라고 쉽게 이야기하지만, 사실 그것은 거대한 미로이다. 도서관의 잘 분류된 것 같은 방들은 그러나, 그 방에 놓인 책을 꺼내 펼쳐보는 순간 하나의 입체적 미로를 만들어 놓는다. 글자들의 덤불숲이 만들어 놓은 행간의 길은 지도이면서 미로이다. 시인이 왜 도서관에서 읽고 쓰며 미로를 헤매고 있을까.

    호기심이 바닥난 날
    큐브 안에 갇혀 평행 이동을 하며
    보르헤스의 우주의
    사원으로 나는 간다
    글로리아를 열창하며

                                                         -「자서」

    시집의 맨 첫머리에 놓인 시인의 자서에는 시인의 현실인식과 포에지가 분명히 드러나 있다. 그가 보르헤스의 우주의 사원-도서관으로 가는 이유는 '호기심이 바닥났기 때문'이다. 호기심은 새롭고 신기한 것을 좋아하는 마음이라는, 그 자체 '동사적'인 단어이다. 그것은 타자에 대한 마음의 쏠림, 다시 말해 사랑의 시발점이며, 지적인 능력의 출발점이다. 인간으로서의 존재 기반인 지적인 능력(에의 욕망)과, 타자에 대한 사랑의 감정이 시작되는 기원으로서의 호기심이 말라버렸다는 것은 타자와 세계에 대한 소통 능력의 상실을 의미한다.

인간이 타자와 영향을 끊임없이 주고받을 때, 존재는 변화하며 자라나간다. 인간은 매우 작은 파편적 존재이지만, 이렇듯 상호작용하며 자라는 존재가 될 때, 화이트헤드 식으로 말하자면 현실적 존재(actual entity)가 된다. 이 현실적 존재는 자기초월체(superject)라는 존재의 목적을 가지고 있는데, 그 목적은 구체적인 어떤 대상이나 실체가 아니라, 구멍과도 같은 것이다. 마치 길 끝에 보이는 소실점과도 같은 이것은 존재를 나아가게 하는 끝없는 추동력이면서 방향성으로 언제나 존재한다.

호기심이란 다른 존재와 영향을 주고받을 수 있는 '관계'의 시발점이 되는 힘이고 능력이다. 이런 힘이 바닥났다는 고백은 시인의 세계에 대한 절망의 고백일 수도 있고, 스스로 관계에 문을 닫아버린 파산 선고일 수도 있다. 이런 닫힘은 존재를 고정 불변의 것으로 확정짓는다. 모든 살아있는 것들은 끊임없이 움직이며, 존재의 닫힘, 고정불변의 딱딱함은 죽음을 의미한다. 그러므로 시인은 현실의 삶을 '큐브 안에 갇혔다'고 진술하며 유폐감을 호소하는 것이리라.

호기심이 사라져 버린 세계를 살아가는 일은 큐브 안에 갇혀 살아가는 죽음의 징역이다. 그런 삶은 매일 부지런히 이동하여도 똑같은 방으로 되돌아가는 영화 '큐브' 속 평행이동과 다를 바 없다. 새로울 것이 없는 고정불변의 틀 안에서 똑같은 틀 안으로 이동을 일삼는 일상이란 죽음의 상태가 아니겠는가.

삶이 평행이동 된다는 것은 공간의 수직성이 사라진, 상승과 숭고의 상상력이 제거된 현실인식이다. 그가 도서관으로 향하는 것은, 현실을 외면하고 책벌레가 되려는 것이 아니다. 큐브에 갇혀 평행이동 하는 현실, 살아있으되 죽은 것과 같은 존재를 어떻게든 구하기 위해서이다. 그러므로 시인이 도서관―사원에 가는 목적은 너무나 분명하다. 그곳이 사원인 것은 그 자체 '숭고'의 상상력을 품고 있기 때문이다. 시인이 매일 사원으로 진군하며 부른다는 노래 '글로리아'는 시인이 가진 숭고에의 욕망을 보여주는 일종의 행진곡이다.

2. 도서관 미로

'하루종일 혀끝에(「하루종일 혀끝에」)' 시인은 말을 매달고 산다. 이 매달린 말은 시인이 내뱉으려는 그러나 간당간당하게 매달린 말일 수도 있고, 반대로 글에서 막 낚아서 시인의 혀로 건져 올려 진 말일 수도 다. 구회남 시인은 도서관에서 하루 종일 읽은 것들을 그의 혀끝에 건져 올리는 사람이고, 동시에 하고픈 말을 혀끝에 매달고 있는 사람이다. 그 말은 온전히 삼켜진 것도 정돈되어 글자로 박힌 것도 아니어서 거칠고 거침없지만, 시인의 지문이 더 진하게 묻어있다.

>낯설게 멀어지는 것은 프시케의 것이다
>영혼의 개안을 위해서라면
>기쁨이의 탄생을 위해서라면 어쩔 수 없다
>바다에 노란 부표가 흔들린다
>흔들릴 때마다 나쁜 피는 출렁이고 의식은 진화된다
>조이와 엑스타시여
>　　　　　　　　　　　　 －「하루종일 혀끝에」 부분

인용된 표제작은 여러 책과 영화가 콜라주 되어 복잡한 미로를 만들고 있다. 아니 시인은 여러 책과 영화 속 미로를 달리고 있다. 레오 까락스 감독의 영화 '나쁜 피'에서 주인공 알렉스가 데이비드 보위의 '모던 러브'라는 곡에 맞추어 미친 듯이 질주하는 장면, 캐롤 길리건의 『기쁨의 탄생』, 로버트 A. 존슨의『신화로 읽는 여성성-She』등의 독서체험을 뒤섞고 있는 것이다. 그러나 이 파편적으로 보이는 독서체험에도 일관된 공통분모가 있으니 바로 '탈출에의 욕망'이다.

영화 '나쁜 피'에서 알렉스의 질주 장면은 그 영화에서 가장 인상적인 장면으로 비상과 탈출에의 욕망을 거침없이 보여준다. 시인은 '고속도로를 달려와' '모래사장을 질주하며' 알렉스처럼 질주하여 탈출하고 싶었으리라.

또한 캐롤 길리건은『기쁨의 탄생』에서 프시케와 큐피드의 신화가 남녀 간의 공정하고 합법적이며 평등한 관계를 제시한다는 점에서 가부장제의 종말을 고하고 새로운 유형의 사회질서를 만들고 있다는 해석과 주장을 담고 있다. 그에 따르면 프시케 신화는 혁신적인 사랑의 이야기를 전한다. 신화 속 프시케는 단지 아름다운 여인의 이미지로 대상화되는 것을 거부한다. 그녀는 큐피드를 보아서도 안 되고, 그들의 사랑을 이야기해서도 안 된다는 금기를 깨뜨리면서 큐피드가 연인의 존재를 숨겨야 했던 세상, 그리고 그녀가 아는 바를 알지 못하게 한 세상을 폭로한다. 그리고 그들의 정당하고 민주적인 결혼이 축하를 받으면서 이제 '기쁨(pleasure)'이 탄생할 무대가 마련된다. '기쁨(pleasure)'은 프시케(영혼)와 큐피드(사랑)가 결합해 낳은 딸의 이름이다. 기쁨은 영혼과 사랑이 정직하게 결합할 때 따라오는 것이다. 시인은 자신이 잃어버린 것에 대하여 말하기 위해 이 책의 일부를 혀끝에 건져 올린 것이리라.

또한 로버트 A. 존슨은『신화로 읽는 여성성-She』에서 진정한 여성성이란 전일성(wholeness)이라 주장한다. 전일적인 여성은 여성성뿐만 아니라 내면의 남성성과도 적절한 조화를 이룬다. 저자는 여성 개개인이 자신의 여성성을 개발하면 자기 자신 뿐만 아니라 사회전체에 '조이'와 '엑스타시'를 선물로 가져온다고 말하고 있다. 이 '조이'와 '엑스타시'가 여성성의 진정한 힘이자 아름다움이라는 것이다.

시인은 자신이 잃어버린 '조이'와 '엑스타시', 그리고 '기쁨'을 위해, 영혼과 사랑을 결합시키고자 질주하고 싶다는 말들을 도서관 미로 속에서 건져 올린다. 그는 마뉘꿀 고개 끝에 있는 무한한 수의 육각형의 방을 가진 우주−도서관에서 오직 자신의 혀끝으로 꿀을 찾아 모으는 꿀−벌의 시인이다.

다소 길지만 이 시에 달릴 수 있는 주석 몇 개를 살펴보았다. 그러나 이것은 시작에 불과하다. 히치콕(「히치콕, 콕, 톡톡」), 고도를 기다리며의 블라디미르와 에스트라공(「고고와 디디」), '플라톤과 판옵티콘(「MRI 촬영을 하며」)' 등등과 같이 수많은 고전의 고유명사들이 쏟아져 나오는가 하면, 나아가 '영국의 뮤지컬 작곡가 웨버와 T. S. 엘리엇(「고양이」)' 등과 같이 친절한 설명을 해주기도 한다. 하지만 더 자주 미술과 신화, 성서, 다양한 장르의 영화, 음악 등등과 관련된 고유명사들이 '검은 바다 위의 노란 부표처럼' 온통 떠다니고 있다.

카라바치오의 '사도 바울의 개종'이라는 그림에 대한 시 「파울로스의 길」, 근대 여성화가 아르테미시아와 그녀가 그린 그림 홀로페르네스의 목을 베는 유디트(성서 소재)를 가지고 쓴 시 「아르테미시아의 한」, 그리고 독일의 데콜라주 해프닝 작가인 볼프 보스텔을 소재로 한 「V.W.를 위한 禪」, 영화 '이퀼리브리엄'에서 나온 감정 억제제인 '프로지움'을 소재로 한 시, 영화 '피아니스트'의 실제 주인공인 유대계 피아니스트 '블라디슬로프 스필만'이 언급되는 「창백한 손가락」 등등에 이르면, 이 시집에 달려야 할 주석이 백과사전적이라는 생각이 든다. 우리는 시에 다가가기 위해 이 모든 주석들을 알아야 할까.

3. 진리를 담은 책의 행방

"지금 이 글을 읽고 있는 당신은 정말로 내 말을 이해했다고 자신할 수 있는가?"

보르헤스는 '이해했다'는 말이 많은 세부들을 사상시키는 억측의 칼날을 품고 있음을 지적한 바 있다. 그는 '확신하지 말고, 그저 생각하라'고 주문한다. 사실 보르헤스야말로 인류가 가진 가장 오래된 도서관을 통째로 가져다가 주석으로 달아야 하는, 짤막하고 기막힌 소설들을 써내는 작가가 아니었던가. 그가 사용하는 고유명사들과 역사적 사건들은 사실과 픽션의 경계를 넘나들면서 일명 '마술적 사실주의' 혹은 '환상적 사실주의'라는 새로운 용어를 부산물로 얻기도 했다. 보르헤스는 수많은 자료를 탐독하고 그것들을 주물러 부려놓는 글쓰기의 방법론을 통해 '이해한다'는 말을 무력화하고 '생각한다'는 말을 제시하고 있다.

이해한다는 말은 주체가 대상을 정의하는 것을 말한다. 그 명료한 확신은 대상과 주체와 사유를 고정된 것으로 만들어 버린다. 이해되고 난 것, 확신된 것에는 그 어떤 의혹이나 호기심이 허락되지 않기 때문이다. 이런 이해와 확신으로 이루어지는 독서체험, 혹은 '관계'는 책─대상을 차례로 죽이는 과정에 다름 아니다. 보르헤스는 이를 방법적으로 부정하면서 오로지 자신의 소설에 대해, 대상에 대해 '생각하라'고 하였다. 생각은 늘 움직이는 것이고 불안정한 것이며, 대상과 주체 사이를 끊임없이 오가며 주체에게 영향을 미치는 '힘'이다.

우리는 이 시집에 수록된 시들이 괄호쳐낸 수많은 주석들을 이해함으로써 시를 확신하려하기 보다는 시에 대해, 시인의 방법론에 대해 '생각'하여야 한다. 시인이 우주의 사원인 도서관에서 스스로 호모 리테라리우스임을 자처하는 이유는 무엇이었던가. 그는 매일 평행이동 하는 현실로

부터 탈출하기 위해, 조이와 엑스타시를 위해, 기쁨의 탄생을 위해 질주하고 있음을 상기해보자.

조이와 엑스타시를 위해 필요한 전일성, 기쁨을 위해 필요한 프시케와 큐피드의 결혼은 서로 상반된 두 가지의 결합을 전제한다. 이러한 '모순의 결합(coincidentia oppositorum)'은 연금술에서 금을 만들어내는 '철학자의 돌(philosopher's stone)'이라 불린다. 금을 만들어내는 철학자의 돌은, 모든 철학을 다 담고 있다는 책, The Book이라고 불리는 책, 모든 진리를 담고 있는 존재, 전일적인 존재의 상징이다. 그 책을 찾아 전일적인 존재가 되고 나면, 죽음의 징역과 같은 현실을 조이와 엑스타시, 그리고 기쁨으로 만드는 연금술이 가능하리라.

시인은 스스로 '철학자의 돌'이 되기 위하여 수많은 책-존재들과 영향을 주고받으며 스스로 자라는 존재가 되고자 일종의 여행-순례를 하고 있다. 그는 수많은 존재들의 미로를 지나며 오직 자신의 혀로 꿀을 모아 시-집을 짓는다. 이런 매일의 부지런한 작업으로 찾아가는 '완벽한 책'은 아마 소실점과 같아서 시인으로서의 전 생애 동안 찾아지는 것일 것이다. 하지만 그 책의 내용이 어떠하리라는 것을 짐작케 하는 시편들이 있다.

> 흠뻑 젖은 거미 엄마는 싹을 틔워 수요일에 붉고 엷은 이슬이 비쳤고 쇠가죽 같은 생살 찢어 대지의 입은 벌어지고 사방이 벽인 허방에서 생살을 바느질했죠 무릎, 어깨뼈로 들어온 바람 거미는 사시나무 떨 듯 떨었죠, 1984년
> —「티움」부분

'뫼비우스띠에 연결된 가족(「여름밤의 꿈」)'이라고 시인이 표현한 바 있듯이 가족은 서로의 밖이면서 서로의 안이다. 모든 아이는 어머니의

밖이자 안이 아니었던가. 시인은 자신의 어머니와 아버지에 대한 이야기를 하고자 할 때, 진리의 책 한 장을 혀끝에 매단다. 「틔움」은 매우 감각적이고 신화적으로 탄생에 대한 이야기를 하고 있다. 시인은 자신의 연대기에서 가장 잘 눈 뜨는 것 같다.

　틔움이란 생살을 찢고 허방에서 생살을 바느질하는 일이며, 새어 들어온 바람에 몸을 떠는 일이다. 그리고 말랑하거나 혀끝에서 녹는 부드러운 존재가 되는 일이다. 닫힌 존재, 갇힌 존재에서 스스로를 깨치고 눈 뜨게 하는 틔움은 다른 존재에 대한 생각, 호기심이 새어나오는 문을 연다. 거기에는 스스로를 찢고 바람을 들이며 말랑해지고 녹아야 하는 고통이 있다. 무수한 책의 미로 속에서 오로지 혀끝으로 꿀을 찾아 모으며 스스로를 기꺼이 틔운 시인이, 이해의 납 활자본이 아닌 생각의 출렁임으로 진리를 담은 책 한 장, 한 장을 찾아나가리라 기대해본다.

나무늘보 안의 물살과 얼음
– 김현식, 『나무늘보』(종려나무, 2009)

나무늘보는 거의 잠만 잔다고 한다. 사람들은 나무늘보를, 최소한으로 움직이고, 세계에 최소한으로 대응하며 살아가는 최소의 주체라고 여긴다. '신진대사율이 아주 낮기 때문에 어쩔 수 없다'며 그 존재양상에 낙인 찍어 가뿐히 분류한다. 신진대사율이란 저장에너지를 일 에너지로 바꾸는 속도를 뜻하는 말이니, 나무늘보를 분류한 기준은 다름 아닌 '속도'라는 것을 알 수 있다. 즉, '속도가 느리니 어쩔 수 없다'고 여겨지는, 터무니없이 부적절하고 우스꽝스러워 보이는 나무늘보는, 이 세계에서 최소한으로 존재하며 대부분 잠으로 부재하는 동물이다.

김현식 시인은 스스로 '나무늘보–되기'에 사력을 다한다. 그는 '그냥 흘러가는(「나무늘보」)' 삶을 부정하고 우뚝 '나무처럼 반듯이 서서' 나무늘보가 되려고 한다. 그것은 니체의 '가축 떼'를 연상시키는 '흘러가는' 존재들을 거슬러 우뚝 서려는 초인적 의지의 현현이다. 시인은 '유전자의 마법에 걸려 영문도 모르고 끌려온 삶' 혹은 '떠내려가는 삶(「다랑어」)'을 한사코 거부하며, '반역의 꿈'을 안고 끊임없이 강을 거슬러 헤엄친다.

이 세계에서 최소한으로 존재하며 심지어 부재하는 듯이 보이는 나무늘보는 사실 초인적인 의지와 노력으로 그 '느림' 혹은 '정지'를 '획득'하고 있는 것이다.

시인이 우뚝 멈춰 선 지점은 '속도' 쪽으로 기울어져버린 '시소−세계'의 중심이기도 하다(「시소」). 시인은 이미 기울어져 버린 세계의 중심에서는 일이 '버겁다'고 고백한다. 신성함과 숭고함, 당위성을 주장하는 데에 집착하는 사람들은 정말 그런 것들을 본 적이 없는 자들이 대부분이다. 진실로 그것을 행하는 사람들은 다만 사실명제로 고백한다─김현식 시인은 그런 면에서 정직하고 진실한 손으로 시를 쓴다고 하겠다. 그가 느끼는 '버거움'은 그를 한 '점'에서 '선'으로 길게 늘여놓는다. 이를 테면 어깻죽지의 뼈마디까지 버티어 오다가 낡고 균열이 간 '외나무다리(「외나무다리」)'나 경계에서 사이를 연결하는 '아스라한 외줄다리(「여명」)' 등등에 나타나는 보다 길어진 이미지는 그의 '결단'이 '의지'로 지속됨을 의미한다.

그는 초인적인 의지로 물살을 거슬러 헤엄치며 '느림'을 획득한다. 이렇게 놓고 보면 시인이 말하는 '느림'은, 역설적으로 가장 높은 신진대사율이 필요한 운동 상태이다. 그가 이렇게 '버거운' 나무늘보가 되려는 이유가 무엇일까.

그는 속도가 세계의 세부를 사상死傷시키고 그들의 존재를 지우는 것에 저항하는 눈을 가졌다. 그는 '푸른 물잠자리의 파르라니 얇은 날개'를 뭉개서 '그냥 잠자리의 일종'으로 만들거나, '피라미 갈겨니 돌고기 치어들'의 차이들을 지우고 '송사리'라고 얼버무리는 폭력을 두고 '도저히 감당할 수 없을 것 같은 덤터기'라며(「고백」) 분노한다. 세계의 속도란, 세부들을 무시하고 뭉텅이 뭉텅이로 과감하게 괄호쳐내며 앞으로 나아가기에 획득되는 것이 아닌가. 그 속도에 휩쓸리는 존재들은 본의든 아니든 서로를 엉뚱하게 분류하고 괄호쳐내는 폭력을 행사할 수밖에 없다. 수많은 오해 속에 사상을 입지 않으려면 낱낱의 존재들은 언제나 서로를 경계하며 잔뜩 움츠리고 살아가야 하는 것이다. 김현식 시인은 작고 연약하고 병든 것들을 천천히 바라보기 위해서, 엄청나게 빠른 신진대사율로 물살을 안고 있는 나무늘보이다. 그리고 아파서 속도를 잃었을 때에야, 비로소 서로에 대한 경계를 놓는 환자들을 보고 '오랜만에 다 모인 우리 식구들(「순수」)'이라 외치며 반긴다.

　나무늘보는 깨어있을 때, 섬세한 시선으로 세계의 세부를 되살리고 서로에 대한 경계를 놓게 만드는 동일성을 찾아낸다. 그렇다면 그가 잠을 잘 때는 어떤 꿈을 꿀 것인가. 그가 꾸는 꿈은 '되돌아가고 싶은 공간'에 대한 것이다. 시인은 그 꿈을 말하기 위해 쇠락한 관광도시인 '수안보'에 들렀던 이야기를 들려준다(「그곳에 다시 가고 싶어진다」). 한때 인파로 붐볐지만, 이제 관광객들과 투기꾼들이 사라져, '토박이들만이 어두운 밤 빛을 살려내고 있는' 도시 이야기를 들려주며, 그곳에 되돌아가고 싶다고 고백하는 것이다. 과잉된 허상과 욕망의 거품이 사라지고, 영문도 모른 채 휩쓸려 다니는 사람들이 떠나간 적막한 공간은 시인에게 오히려 '나물이 풍성한 식당'의 이미지로 각인된다. 그곳이 시인의 꿈꾸는 반대쪽 세계임은 말할 나위가 없다.

　속도 쪽으로 기울어진 '시소-세계'의 중심에서 버겁게 지키려 했던 반대쪽, 어깻죽지 뼈마디가 부서지도록 손가락의 의지로 버티며 잡아온 반대쪽인 이 공간은 '신비한 동화의 나라에 들어온 듯'했다거나 '촬영이 끝난 영화 세트장' 같았다는 진술에서 알 수 있듯이 비현실적인 느낌을 준다. 시인은 '토종 붙박이들만 남아서 외롭게 반짝이는' 이 동화적인 공간을 '처음으로 되돌아가고 있는' 곳이라고 명명한다. 물살을 거슬러 우뚝 멈춰 선 의지적 존재들과 원래부터 붙박이로 존재하던 소박하고 느린 것들만이 반짝이는 공간은 시인이 회복하고 싶어 하는 '최초의 마을'이라고 하겠다. 하지만 그는 현실에 뻗은 다른 한 손을 마저 떼어 꿈 쪽으로 옮기지 않는다. 그는 그 꿈이 현실과 삼투되지 못하여 얼어붙어 있다는 것을 잘 알고 있다. 그는 얼음처럼 아름다운 꿈속에서 '쇄빙선처럼 조용한 어둠을 쪼개며' 빠져나온다. 김현식 시인이 되고자 하는 나무늘보 속에는 굉음을 내는 물살과 얼어붙은 꿈이 가득하다.

실제는 상식의 허물을 벗는다, 존재론적 언어에 접근하는 낯선 방법

― 위선환, 『새떼를 베끼다』(문학과지성사, 2007)

위선환 시인의 시를 읽다가 어느 순간 '근의 공식'이 떠올랐다. 근의 공식이라는 단어를 생각해내자 나도 모르게 '2a분에 −b±2ab루트b제곱−4ab'라고 중얼거리고 있었다. 그 공식을 외우던 때나 지금이나 나는 그 뜻을 알지 못한다. 그 공식이 어떻게 나온 것인지 알지 못한 채, 그냥 외웠었다. 그건 공식이었으니까. 위선환의 시는 존재의 당위성과 사물의 상식적 속성의 심층에 적용되고 묻힌 '근의 공식'을 추출하여 공식의 유도과정을 검토하는 데에서부터 출발한다.

시의 언어는 사물의 언어이며 존재론적인 언어이다. 태초에 하나의 단어가 만들어질 때, 단어는 사물의 생생한 속성과 감각을 고스란히 담고 있었다. 단어를 말의 육신이라고 한다면, 그 단어에 담긴 사물의 생생한 속성과 감각은 말의 영혼이라고 할 수 있다. 이렇게 몸과 영혼을 가진 말이 탄생한다. 그러나 말은 사용하면 할수록 그 영혼이 휘발되고 무감각한 죽은 말, 관념의 언어로 변질되어 간다. 우리가 처음 사랑한다는 말을 사용할 때 그 말에 가득 담겼던 느낌과 감각이 휘발되어 서로의 관계를 규정하는 말로 변질되어 가는 것을 생각해보라. 시인은 이런 죽은 말에, 태초에 그것이 품고 있었던 생생한 영혼을 다시 불어넣는 사람이다. 이때 비유와 이미지와 상징은 죽은 언어들에 새로이 생생한 감각과 인식을 부여하기 위해 적용되는 방법이다. 우리는 이런 비유와 이미지와 상징이 적용된 경우 그것의 풍요로움, 날카로움, 아름다움, 새로움 등에 대해서 의심하기도 하고 즐겁게 누리기도 한다. 그러나 비유와 이미지와 상징이 적용되기 전의 재료인 어떤 존재가 과연 존재하는 것인지, 어떤 사물의 속성이 과연 그러한지에 대해서는 의심하지 않는다. 그것들은 유도과정은 생략된 채 외워버린 '근의 공식'과도 같다.

새떼가 오가는 철이라고 쓴다 새떼 하나는 날아오고 새떼 하나는 날아간다고, 거기가 공중이다, 라고 쓴다

두 새떼가 마주보고 날아서, 곧장 맞부닥뜨려서, 부리를, 이마를, 가슴뼈를, 죽지를, 부딪친다고 쓴다

맞부딪친 새들끼리 관통해서 새가 새에게 뚫렸다고 쓴다

새떼는 새떼끼리 관통한다고 쓴다 이미 뚫고 나갔다고, 날아가는 새떼끼리는 서로 돌아다본다고 쓴다

새도 새떼도 고스란하다고, 구멍 난 새 한 마리 없고, 살점 하나, 잔뼈 한 조각, 날갯깃 한 개, 떨어지지 않았다고 쓴다

공중에서는 새의 몸이 빈다고, 새떼도 큰 몸이 빈다고, 빈 몸들끼리 뚫렸다고, 그러므로 쏲中이다, 라고 쓴다
　　　　　　　　　　　　　　　　　　　　　　－「새떼를 베끼다」 전문

「새떼를 베끼다」는 '공중'이라는 말을 사용하기 위해 시인이 얼마나

치밀한 탐색의 과정을 거치는지를 보여준다. 이 시는 새떼가 오가는 계절의 하늘을 관찰하고 있다. 그곳을 공중이라고 부를 수 있을 것인가. 시인은 그것을 '공중'이라고 부르기 위한 근거들을 검토하고 제시한다. 날아가는 새떼와 날아오는 새떼가 마주보고 날아서 맞부닥뜨리고 있다. 새가 아닌 '새떼'라는 말을 사용함으로써 배가되는 힘의 크기를 실감하며 떠나는 힘과 찾아오는 힘이 맞부딪치는 현장을 목격한다고 할 때, 그 예상되는 참사의 긴장감은 대단한 것이다. 그러나 그 현장은 놀랍게도 아무런 사고 없이, 말끔히 '관통'하는 것으로 끝난다. 아무런 충돌의 흔적이나 증거가 남지 않았음을 확인하고, 시인은 공중에서는 새의 몸이 빈다고, 새떼도 큰 몸이 빈다고, 빈 몸들끼리 뚫렸다고 인식한다. 그러므로 그 현장을 '공중(空中)이다'라고 쓰고 있다. 우리가 일상적으로 사용하는 '공중'이라는 말을, 시인은 최초로 '공중'이라는 말이 명명되고 탄생하던 순간을 찾아가듯이 진지하고 학구적인 태도로 찾아간다. 이런 준엄하고 실험자적인 태도는 새로운 충격을 준다. 인식의 자동성에 대한 성찰, 하나의 단어를 사용하기 위해 통과하는 엄격하고 준엄한 과정이 놀랍고 낯설다.

더욱 놀라운 것은 시인이 이렇게 얻어낸 '공중'이라는 단어를 사용함에 있어서도 객관성을 확보하고 있다는 점이다. 그는 "그러므로 공중이다, 라고 쓴다"라고 씀으로써 '실제'와 자신의 '인식'의 사이에 거리를 확보한다. 즉, 인식하는 행위, 쓴다는 행위에 적용하고 있는 자신의 '공식'에 대해 성찰적인 거리를 두고 있는 것이다. 이는 아무런 검토 없이 공식을 적용하여 평평 쏟아내는 비유와 이미지 상징, 동화와 투사 등등에 대한 반기이다. 그는 끊임없이 자신을 의심하고 자신의 시적 사유에 반기를 들며 더듬거리며 더디게 걷는다. 그는 더디게 걷는 자신의 발걸음보다 더디게 흐르는 시의 강을 찾아가, 그 강물보다 더딘 발걸음으로(「탐

진강 18」)으로 오래 걷는다. 스스로의 발걸음을 자꾸만 더디게 하는 것, 그것은 시적 진실에 다가가기 위한 위선환 시인의 방법론이다.

실제와 인식, 실제와 비유 사이의 거리를 확보하고 노출하는 기법은 위선환이 천착하고 있는 '허공'과 '틈'의 이미지로도 나타난다. 그에게 허공은 허무가 아니다. 허공은 사물과 아귀가 맞고, 마디가 맞으며(「마디」), 새가 잠드는 높이(「새의 잠은 어둡다」)이고, 딱딱하게 말라 '딱' 소리를 내는 단단한 것(「목어1」)이다. 그에게 허공은 물질적인 것이고 실체성이 있는 것으로 인식된다. 이 허공은 그냥 거기 존재하는 것이 아니라 '장인'의 노력으로 '만들어지는 것'이다. '허공'은 나무의 껍질을 벗기고 속을 죄다 파내고 깎아서 주둥이와 눈깔과 지느러미와 비늘을 새기고, 푸르고 붉게 색을 입힌 것(「목어1」)이고, 한 장인이 사다리를 딛고 올라가서 허공의 이쪽과 저쪽을 잡아당겨 둥근 통에 씌우고 질긴 가죽 끈으로 죄어 만든 큰 북 한 채(「목어2」)이다.

이렇게 공을 들여야만 만들어지는 허공은 '틈'의 이미지로도 나타난다. 시인은 감쪽같이 상식성을 뒤집어 씌워놓은 사물을 말리고 건조시켜서 사물과 상식 사이에 '틈'을 만들어 그것을 분별해낸다. 이런 과정을 통해 상식과 당위는 '허물'이 되고 실제는 허물을 뚫고 나간다. 물조차 단단한 유리판으로 인식되는 단단함에 대한 집착은 이런 메마름, 건조에 대한 시인의 의지를 담고 있다. 그는 「속도가 허물을 벗는다」에서 "말라붙은 나의 이마와 광대뼈와 턱뼈가 맨머리를 찢고 튀어나올 것이다, 라고 말한다"고 쓴다. 실제와 인식은 '말라붙음'을 통해 '틈-허공'이라는 거리를 확보하며 서로 분리된다. 그의 직절直切한 시어들은 바로 이런 '말라붙음'의 기교라고 할 수 있다.

위선환은 새로운 의미와 감각을 부여하기 위해 은유와 투사의 공식을 평평 적용하는 시의 방법의 반대 극점에 서 있다. 그는 인식과 은유와 투사를 실제로부터 분리해내고, 은유와 투사의 재료인 언어들을 그것의 당위성과 상식성으로부터 분리해낸다. 그의 시적 공간은 그러므로 매우 '협착(「협착」)'하다. 그는 일부러 스스로를 협착한 공간으로 내몰고 그곳에서 더딘 발걸음으로 움직이며, 자신의 더딘 발걸음을 더욱 더디게 발목 잡으며, 고투하고 있다. 그런데 이런 과정은 그 자체로 하나의 '낯설게 하기(defamiliarization)'가 된다. 당연한 것들을 새롭게 하기 위해 새로운 의미와 감각을 입히는 대신, 그 당연함을 분리하고 허물을 벗겨내는 작업은 낯설다. 그리고 이런 작업은 당연하다, 라고 인식하는 것이 결코 당연하지 않다는 시적 진실에 방법론적으로 다가가는 길이다.

> 그걸 알아보라고 했다. 꽃이 피기는 필 것인지를, 꽃 피는 날은 날이 개이고 하늘이 훨씬 가까울 것인지를, 그런 하늘에서라야 꼭 꽃이 피는지를,
>
> 장지에 눌린 창호지가 툭, 툭, 뚫리듯
>
> 머리 위 여기저기서 하늘이 뚫린다. 불쑥, 불쑥, 꽃봉오리들이 목을 빼 들이민다. 가득하게 한 입씩 햇살을 베어 문다. 이를테면 지금 백목련꽃이 피었다. 하늘은 파랗고 저렇게 꽃이 희다.
>
> ―「백목련꽃」 전문

위선환이 부리는 시어는 직절하고 낯설다. 그의 시어는 최소한의 몸에 담겨있으며, 최소한의 오해와 왜곡의 파장을 갖는다. 그의 시어는 단아하고 투명하다. 그가 장지에 눌린 창호지가 툭, 툭, 뚫리듯 머리 위 하늘이 뚫린다고 쓸 때, 우리는 참으로 낯설고 투명한 미적 체험을 하게 된다. 그가 자신의 시적인식과 실제와의 틈을 노출하며, 이를테면 지금 백목련꽃이 피었다, 라고 말할 때 그것은 역으로 존재론적 언어의 본질에 다가간다.

가장 멀리 가는 여행은 넘어지는 것

― 김복연, 『그늘』(문학의전당, 2007)

  물의 끓는점은 섭씨 100℃이고 어는점은 0℃이며, 물과 수증기가 서로 구분되지 않는 임계점은 374.2℃라고 한다. 사람은 얼마큼 뜨거워지고 차가워져야 경계를 넘을 수 있을까. 혹은 경계를 넘지 않으려면 얼마큼까지만 뜨겁고 차가워야 하나. 김복연은 이 경계에서 자전거를 타고 달린다. 그는 절망과 희망의 무게를 '아직도 계산 중'이라 경계를 넘어가지 못하고(「가벼워진다는 것」) 계속 자전거를 페달을 밟는다. '바보야 넘어져 보라니까', 라는 바람의 훈수를 들으며 달리지만 넘어지지 않는 실력 때문에 자꾸 멀리 나아가는 자신을 슬퍼한다(「너무 멀리 간다」). 그렇다면 김복연은 경계를 넘고 싶은 것일까. 그렇다고도 그렇지 않다고도 할 수 있다. 절망도 불화도 한 때의 꽃이라고 말하는 시인은 이미 삶의 경계를 넘어가버린 병자를 '서러움'이라고 명명한다(「거기에 선인장이 있었다」). 그는 경계를 넘기보다는 경계가 사라지는 임계점을 찾고 있는 듯하다.

늦여름 저물녘 호박죽을 끓인다
부엌창에 내린 노을
겉보다 속이 더 붉은 노을 한 자락
쓰―윽 베어다 죽 솥에 넣은 것 누가 알까
하늘 한 귀퉁이가 풀어지고 엉키고
붉게 솟구쳐 올라
나무주걱 쥔 내 손도 붉고
몰려드는 어둠 죽 솥에 눌어붙을까
걱정하시는 칠순 어머니도
한 십 년은 붉은
잘 익은 단내가 온 집안 진동이다
마당가에 엎드린 개와
어깨 갈기에 앉은 으스름 손질하던 나무도
지금은 다 부엌 쪽 향해 경배 중이다
아직 돌아오지 않은 식구들 몫까지
식탁 가득 붉은 호박죽
우주로 창을 낸 저녁이다

— 「호박죽」 전문

  김복연의 시에서 칠순 어머니는 경계가 사라진 지점에서 살고 있는 존재이다. 「호박죽」에서 어머니는 늦여름 호박죽을 끓이기 위해 노을 한 자락을 쓰윽 베어다 죽 솥에 넣는다. 그러면 하늘 한 귀퉁이가 풀어지고 엉키며 눋지 않고 잘 쑨 붉은 호박죽이 된다고 한다. 부엌에서 쑤어지는 호박죽과 늦여름 하늘에 쑤어지는 호박죽은 그 빛깔과 내음으로 온 집안과 우주를 풍요롭게 하며 완전히 일치되는 신비적 합일의 경지를 보여준다. 이런 어머니와 어머니의 공간은 신비롭고 성스러운 곳으로 여겨진다. 또한 「낮잠」에서 어머니는 삶과 죽음의 경계가 사라지는 지점으로 자유롭게 출입한다. 잠은 삶과 죽음의 혼돈이기에 모든 사물들 간의 경계, 그리고 분별의 경계가 사라지는 밤의 영역에 속한 것이다. 잠의 물질성은 부드럽고 어둡고 뒤섞이는 것이다. 하지만 어머니는 **빳빳하게** 풀먹인 이불호청과 물빛 하늘이 펄럭이는 한낮에도 잠을 불러온다. 잠은 죽음과 삶, 의식과 무의식, 일상과 꿈의 임계점이다. 그 지점은 '성한 다리로도 못가는 먼 곳'으로 지칭된다. 아무리 젊고 건강한 사람의 다리로도 못가는 그곳을 어머니는 '달게' 잘 다녀오신다. 어머니는 우주와 교감하고 함께 호흡하며, 삶과 죽음이 연결되었음을 실감하고 누리는, 고대적인 존재이다.

 시인은 고대인인 어머니와 같은 소통 능력을 욕망한다. 그래서 창 앞 '시멘트로 미장된' 화단에서 콘크리트를 걷어내 보지만 거기엔 걷어내지 못하는 단절이 실재하고 있다. 화단에 모종 심고 씨앗을 뿌리며 소식을 기다리지만 소식은 오지 않는다(「올드 보이」). 이런 단절은 저쪽의 무소식 때문이기도 하지만, 저쪽이 보내오는 소식을 내가 해독하지 못하기 때문이기도 하다(「황사」). 단절의 벽 안에서 벽 너머를 욕망하는 시인의 노력은 벽을 따라 달릴 뿐이다. 어린 시절 자전거를 타고 달리다 넘어지던 순간 바라본 파경의 하늘이 세상에서 가장 푸르고 아름다웠음을 기억하는 시인은, 단절된 일상을 넘어서는 방법으로 내심 '넘어지기'를 꿈꾸지만 이젠 넘어지지 않는 연륜의 실력이 슬프다. 어떻게 넘어지지 않는 실력의 일상을 넘어뜨릴 수 있을까. 시인은 일상을 넘어뜨려 멈추게 하고 상식적인 행동과 사유의 경계에서 벗어나기 위해 '여행'을 떠난다.

 김복연은 길을 묻고 목적지에 도착해서 그곳에 목적이 없음을, 과정이 목적임을 깨닫는 순례자이다. 시인은 탑리에 탑을 보러 찾아가지만, 날이 저물어 탑을 볼 수 없는 처지가 되어서야, 자신이 찾아 나섰던 탑이 또 다른—그토록 벗어나려 했던—두꺼운 상식과 고집의 벽임을 깨닫는다. 탑만 보러온 마음으로 볼 수 있었던 것은 두꺼운 저녁일 뿐이었지만 그 두꺼운 저녁을, 탑을 무너뜨림으로써 시인은 탑을 갖게 된다(「탑리 사원」).

탑을 무너뜨림으로써 탑을 갖는 것은, 스스로 넘어짐으로써 진실에 다가 감을 의미한다.

   시인은 자신의 유년 시절을 '멀리 가고 싶었다(「탱자나무」)'는 한 문장으로 정의한 바 있다. 어른이 되어서도 '멀리 가고 싶었던' 유년을 품고 있는 시인은 티베트의 도시 장체를 떠돈다. 일행과 떨어져 홀로 떠돌다가 세상이 '출구와 입구가 하나인 자루 속(「떠돌다」)' 같음을 깨닫는 것은 '세상에서 가장 멀리 가는 방법'이 '넘어지는 것'임을 깨닫는 과정이다. 그는 또한 낯선 땅의 사원에서 만난 라마승의 검은 눈빛에서 국경과 국적이 아무 소용없는 햇빛문자 바람문자를 발견한다. 이 햇빛문자와 바람분자는 라마승이 읊는 경의 소리에서 느꼈던 해독불가능의 벽을 단숨에 통과하는 불립문자이다. 이런 여행—넘어지기의 힘을 경험함으로써 시인은 자신이 끝내 걷어내지 못했던 벽이 다름 아닌 자신의 '고집'이었음을 깨닫는다. 시인은 자신의 동네 골목길에 있는 이층 양옥집 절인 청연사를 '낯설고 불편해'하는 자신의 마음을 넘어뜨린다. 왜 오래된 나무 밑동 같은 절만 절이라고 고집 하는가, 라고 자문하는 것이다(「속물」).

       대구광역시 불로동 고분군 주민은
       고유번호가 있다 179호, 126호, 158호
       산 사람도 누구나 엄연히 주민번호가 있어
       이 동네는 한통속이다 불로동 사람들
       무덤 사이로 오솔길 내고
       개를 데리고 산책하거나
       무덤 발치에 자투리 밭 갈곤 하는 것이
       마치 한순간 같다
       오래된 햇살과 갓 태어난 바람도
       결국 한 종족이었던 것처럼
       여기서는 낯선 게 아무것도 없다

이른 아침 골목 빼곡하게 세워둔 자동차들
한 대 두 대 동네를 빠져 나갈 때
고분군 무덤속도 텅 비어 있기는 마찬가지다
기척도 없이 종일 어디까지 길 내는지
밤이면 지름길로 와서 뜨는 수많은 별들
불로동에는 고대와 현재가
서로 호흡을 바꾸는 비밀이 있다
　　　　　　　―「불로동에는 고분군이 있다」 전문

　김복연은 세상에서 가장 멀리 가는 여행―넘어지기를 통해 '성한 다리로도 못갈 먼 곳'인 고대와 현재의 임계점에 도달한다. 그 임계점은 물리적으로 도달할 수 있는 곳이 아니라, 사유의 전복으로 제자리에서 넘어짐으로써 도달할 수 있는 곳이다. 이제 시인은 자신의 동네에서 산 사람도 죽은 사람도 모두 같은 권리―주민번호―를 가지고 살아가고 있음을 실감한다. 고분군 주민과 불로동 주민이 한 통속임을, 고대와 현재가 한 순간임을, 이심전심의 불립문자인 햇빛과 바람도 모두 한 종족임을 친근하게 받아들이고 있다. 불로동은 고대의 날숨을 현재가 들이 마시고, 현재의 날숨을 고대가 들이 마시는, 생생한 호흡으로 가득 찬다. 그곳은 살아 있는 것도 죽어있는 것도 모두 생생한 공간이다. 시인은 말한다. 돌멩이 속에 라싸의 밤하늘이 담기고, 강과 하늘이 몸을 바꾸는 곳(「라싸의 밤하늘」), 만월이면 몸 끌림을 경험하는 곳(「나는 달빛 신민이었다」), 별이 지름길로 내려오는 곳은 당신이 넘어지는 곳에 있다고.

'1초의 시학'과 즐거운 걷어차기

— 유홍준, 『나는, 웃는다』(창비, 2006)

깜박, 눈을 붙였다 깼을 뿐인데 누가 내 머리를 파먹었다면? 누가 숟가락으로 파먹다만 수박덩어리 같은 뒤통수에 솜뭉치를 쑤셔 넣고 주삿바늘을 꽂고 링거 줄을 꽂고 바퀴 달린 침대를 밀며 달린다면? 그리고 흉터에 립스틱을 바르고 흉터끼리 뽀뽀를 시킨다면? 이 무슨 정신없는 말들인가?

유홍준의 새 시집 『나는, 웃는다』는 상황을 분별할 수 없을 만치 빠르게 달리는 삶 속에서 '치유'와 '화해'라는 단어의 의미가 얼마나 터무니없을 수 있는지 보여준다. 유홍준은 '상처'보다는 '흉터'라는 말을 자주 집어 든다. '상처'가 치유와 화해에 대해 열려있는 데 비해 '흉터'는 그 가능성이 닫힌 말이기 때문이다. 그는 흉터에 대해 '바깥에 열쇠 구멍이 없는' '자물통'이라고 하지 않았는가(「그의 흉터」). '한 인간을 잠그고 있는' 흉터 속에 열쇠를 움켜쥐고 들어가 웅크리고 있는 사람들끼리 뽀뽀를 시킨다고 해서 화해될 리 만무하다.

시인이 화해와 치유의 힘을 완전히 부정하는 것은 아니다. '간장독' 같은 어머니는 독 안에서 울음을 '댕그랑 댕그랑' 소리가 나도록 맑히고 있다(「어머니 독에 갇혀 우시네」). '어머니-독'은 오랜 시간이 걸리는 발효의 과정을 통해 부정不正이나 천벌도 익혀내는 능력을 가지고 있는데, 익혀내고 맑혀내는 과정이 화해와 치유의 과정임은 두말할 필요가 없을 것이다. 그러나 팔만번의 발자국에 짓이겨지고, 천도의 불길에 달아올랐던 이 '독'의 존재 양태는 시인에게 범접할 수 없는 것으로 느껴진다. 그는 '한 번이라도 저 독 속에 들어갔다 나왔다면 나는 대시인이 됐을지도 몰라'라고 과장되게 말할 뿐이다. 즉, 시인의 삶과 시가 이런 '독'의 상태에 접근하려는 노력이 아님을 알 수 있다.

또한 술에 취해 어머니와 싸우다 집어던진 개다리소반의 부서진 조각들을 아교를 녹여 감쪽같이 수습하는 아버지 역시 화해와 치유의 힘을 가진 존재이다. 고단한 생계에 치여 가족을 부서뜨리기도 하는 아버지는, 자식의 뿔테 안경이나 플라스틱 명찰을 붙여주는 자상함으로 그것을 되붙이기도 한다(「아교」). 그러나 부성애로 나타나는 화해는 아버지를 심어 자라난 포도나무에 열린 아버지를 따먹는, 죽음과 희생제의적 이미지로 가능하다(「포도나무 아버지」).

다시 말해 유홍준에게 화해와 치유는 아버지와 어머니, 혹은 고향집으로 나타나며 그것들은 모두 현실과 동떨어진 과거, 꿈, 혹은 죽음의 이미지와 결합되어 있다. 옛집은 '기왓장들 비늘처럼 반짝이는' 한 마리 검은 물고기로 나타나며, '보름달처럼 할아버지 할머니 아버지 근심 걱정 없이' 물고기 등에 올라타고 망망대해로 흘러가는 아름다운, 동화적 이미지로 그려지기도 한다. 하지만 시인은 고향의 옛집을 멀고 먼 바다로 흘려보낼 뿐이며 그나마도 꿈속에 볼 뿐이다.

현실에서 시인은 적막을 견디지 못하는 '소음 중독자'로 나타난다. 그는 자신의 생계와 시 쓰기에 관련된 종이공장의 제지기계 베어링 돌아가는 소음이야말로 자신의 삶이며 노래라고 외친다(「소음은, 나의 노래」, 「기계는 기계의 염주 베어링을 돌린다」). 그는 소음 없는 고향에선 잠을 이룰 수 없어 도망쳤노라고 말한다. 빠르게 돌아가는 기계의 소음 같은 현실을 사는 시인에게 소음이 없는 고향은 생生이 부재한 곳으로 인식되기 때문이다. 고향집을 탈출하여 정든 소음굴로 돌아왔다는 말은, 그러므로 장난스런 엄살이 아니라 현실을 살아내려는 진지한 고백이다.

그렇다면 시인은 기계 돌아가듯 소음으로 가득 찬 현실을 어떻게 살아내고자 하는 것일까. 그는 '싱겁고 희멀건 삶엔 소금이라도 더 치고 맵고 짠 다대기라도 더 넣어주어야' '합격도장'을 받을 수 있다고 믿는다(「푸른 도장」). '더 맵고 짜게' 삶에 가속도를 붙이고 있는 것이다. 이 '맵고 짠 가속도'는 그의 시에서 두 가지로 나타나는데, 그것은 '1초의 시학'과 '즐거운 걷어차기'라 명명할 수 있을 것이다.

시인은 자신이 지난 사십년간 간절히 바래온 것이 '직방(「직방」)'이었다고 한다. 그의 삶이 찾는 약은 오랜 시간이 걸리는 치유와 화해가 아니라 '직방으로 듣는 약'이다. 그는 '주석 없이 1초 만에(「주석없이」)' '너'를 이해해버린 자신을 이해해달라고 한다. 삶을 1초 만에 이해하며 직방으로 가려는 것은 무서운 속도와 가속도, 소음과 굉음을 동반할 것이다. 시인은 그럼에도 '가시 속에 살아도 즐거운 새'처럼 경계를 무시하겠다고 한다. 이런 속도위반과 무단횡단은 「벚꽃나무」에서 모든 '경로'를 무시한 '즐거운 걷어차기'로 나타난다. 그것이 '죄-위반'일지라도 만개한 벚꽃나무를 걷어참으로써 아름다움을 재미와 즐거움으로 바꾸겠다는 것이다. 이것이 이 시집의 표제인 '나는, 웃는다'의 의미이리라.

수사修辭와 아름다움을 걷어차는 위반, 그리고 직방으로 1초 만에 '살아가기-시쓰기'로 요약될 수 있는 유홍준의 시는 어떤 소실점을 목표로 하고 있다. 그 소실점이란 바로 '억지 웃음(「지구의 가을」)'과 억지 화해,

억지 치유, 억지 수사로 가득한 문명을 유쾌하게 지우며 '문맹(「문맹」)'이 되는 지점이다. '제지공'이 만드는 '백지'로 표현되는 '문맹'의 경지는 시인이 웃으며 '미사여구에 밑줄 긋는 저 독자놈의 뒤통수를 갈기는(「벌레 잡는 책」)' 지점이고, '벙어리'가 되어 딸아이에게 '종달새'를 먹이는(「오월」) 지점이기도 하다. 그러나 '백지'가 다시 문자를 위해 만들어진다는 점에서, 유홍준의 시가 추구하는 소실점이 단지 '억지 문자'들을 걷어차고 지우는 것이라고만 볼 수는 없다. 그것은 나아가 '갇힌 영혼의 문을 열어'주려는 '열쇠구멍(「문 열어주는 사람」)'이고자 한다. 억지가 사라지는 열쇠구멍을 향해 삶이라는 시끄러운 기계를 가속해가볼 일이다.

'고요'의 주파수 잡아내기

— 신덕룡, 『소리의 감옥』(천년의시작, 2006)

'화이트 노이즈'라는 말이 있다. 소음이 있어야 마음이 편안해지고 더 집중이 잘된다는 현대인들이 만들어낸 용어이다. 소음의 바다에서 소음에 귀를 푹 적신 채 살아가야 하는, '생(生)이 곧 소음'인 사람들은 오히려 '적막'에 낯설어하며 견디기 힘들어한다(「만보(漫步)」). 하지만 여기 불행하게도 예민한 귀를 가진, 남들이 듣지 못하는 또 다른 어마어마한 소리에 갇힌 사람이 있다.

신덕룡은 『소리의 감옥』에서 자신의 몸 안에서 나는 소리인 '이명'과 '고요'에 대한 놀라운 청력을 보여준다. 그에게 '소음'은 자동차가 내달리고 비행기가 지나가는 것과 같은 외부의 소리가 아니라 자신의 몸 안에 존재하는, 보다 내면적인 것이다. 육신은 소음을 가두고 있는 '소리의 감옥' 혹은 '소리의 서식지'이다. 몸속의 소리는 징역처럼 무거운 갈증과 설움의 생生으로 나타난다. 시인은 귓속에 '소음측정기(「물―소리의 감옥1」)'를 가지고 있다고 한다. 이 소음측정기가 잡아내는 이명은 평범한 귀를 가진 사람들에겐 실로 낯설고 황홀한 그리고 고통스러운 감각을 전해준다. 그것은 '휘잉휘잉' 몸속을 훑고 지나가는 휘파람의 '시퍼렇게 높은 소리'이다(「빈 소주병」). 온 몸이 빈 소주병이 되어 나뒹굴며 깨지는 듯한 '시퍼렇게 높은 병 소리'에 신경이 아파온다면 '봄밤에 꽃물처럼 번져가는 징소리'가 '저릿저릿 먹빛으로' 스며드는 감각은 어떠한가(「가시-소리의 감옥3」).

시인은 자신의 내부에 존재하고 있는 이 고통스러운 '소리의 서식지'를 찾는 데에 집중한다. 그리고 이명을 치료하기 위해 질척이는 귀 주변에 날카롭게 번쩍이는 침을 맞는다. 하지만 이는 다시 안개 속에 파묻힌 늪 주변을 뒤적이며 안테나를 세우고 주파수를 맞추는 일로 변주된다(「늪과 침」). 이는 이명의 치료가 소리를 없애는 것이 아니라 고요를 찾는 것에 있다는 시인의 탁견 때문이다. 그리고 '고요'를 찾기 위해 안테나를 세우고 주파수를 맞추는 까닭은 '고요'마저도 소리의 일부로 파악하는 시인의 놀라운 인식 때문이다.

이는 고요가 소리의 일부이듯이 고요로 상징되는 죽음도 소리로 상징되는 삶의 일부이며 그것에 연결된 것이라는 인식으로 이어진다. 때문에 신덕룡의 시에서 죽음은 부정적인 의미가 아니다. 오히려 소음이 피로한 것이고 고요가 평안한 것이듯이, 삶은 무거운 것이고 죽음은 얇고 가벼운 것으로 여겨진다(「고인돌 공원」). 죽음은 가진 것을 모두 털어낸 가벼움을 의미하기 때문이다. 또한 '죽음-고요'를 '삶-소음'의 일부로 파악하는 태도는 자주 노인의 '졸음' 이미지로 나타난다. 삶과 죽음의 경계적 이미지인 졸음 속에서 고요는 '달콤한 고요(「소리가 만든 집」)'로 표현된다. 「파리」에서는 졸고 있는 구십 족히 된 노인이 군데군데 멍들어 쪼그라든 복숭아의 이미지로 그려진다. 삶과 죽음이 부드럽게 삼투된 이 노인의 입가에 맴도는 파리는 '복사꽃밭을 황홀하게 걷는 꿈이야 죄 될 게 있겠냐는 듯' '달큰한 꿈-저승길'을 맴도는 것으로 그려진다.

　소음과 고요, 삶과 죽음의 소통은 이제 '안과 바깥'에 대한 다양한 시적 고찰로 나타나기도 한다. '안팎의 경계가 뚜렷한 길을 벗어나(「문상가는 길에」)'거나 '안팎이 같아지는 시간(「우포늪의 몽상」)'을 이야기함으로써 '소음-생'과 '고요-죽음'이 어떻게 소통하고 연결되는지 보여주는 것이다. 시인은 이 '안팎'의 소통이 '그리움'과 '날 선 언어'를 통해서 가능함을 역설한다. '꽃 진 자리마다(「네비게이터」)', '봄볕이 내려앉는 가지마다(「옹성산기」)' 막힌 길을 트는 것은 '그리움'이며, 망설임 없이 쑥, 쑥 꽂던 날카로운 '침-안테나'와 시원을 향해 거슬러 오르는 '날 선 언어(「놀림낚시」)' 역시 안팎의 막힘을 뚫고 있는 것이다.

　삶과 연결되고 소통하는 죽음의 이미지는 「동지(冬至)」에서 무채색의 시각 이미지와 놀랍도록 아름다운 청각이미지로 그려진다. 시는 폭설로 시작된다. 폭설은 집으로 가는 길을 지우며 단절을 만든다. 이 폭설의 안과 밖이 시인의 현실 안쪽과 바깥쪽이며, 생과 그 너머에 있는 죽음을 의미하는 것은 물론이다. 폭설로 지워진 길 너머에는 어둠과 죽음과 고요가 있다. 그러나 시인의 예민한 눈과 귀는 그 어둠과 고요 속에서 흐릿하나마 아름다운 풍경과 소리를 건져낸다. 비록 시인은 자신의 눈과 귀에 들리지 않고 보이지 않는다고 쓰고 있지만 이는 폭설이 만들어낸 단절을 의미하는 것에 불과하다. 시인은 '안개에 파묻힌 소리(「침과 늪」)'를 찾아내듯이, 폭설 너머의 어둠과 고요 속에 파묻혀있지만 실존하는 풍경과 소리를 '이쪽'으로 끌어오고 있다. 거기엔 굽은 허리의 어머니가 그림자처럼 일어나 홀로 팥죽을 끓이고 있다. 검붉은 팥죽이 끓는 모습에 시인은 '숭얼숭얼'이라는 소리를 붙여주는데, '중얼중얼' 보다 덜 언어적이며 더 가벼운 소리이다. 이 죽 끓는 소리를 두고 시인은 긴 겨울밤들을 건너가는 주문呪文이라고 했다. 이 주문을 듣는 시인의 청력에 의해 폭설의 저쪽과 이쪽, 죽음과 삶, 고요와 소음이 연결되고 무탈하게 건너가는 데에 이르면 독자들은 시인의 고통이자 축복인 청력에 감탄하고 감사하지 않을 수 없을 것이다.

동심과 놀이, 사랑스러운 결점들
― 공광규의 『말똥 한 덩이』(실천문학사, 2008)

　공광규 시인은 완전한 인간(perfect man)이 아니라 온전한 인간(whole man)을 그리고자 한다. 그는 결함을 외면하거나 타파해야 할 악이나 추로 규정하기보다는 그것을 따스한 눈길로 받아들이고 삶의 한 모습으로 인정함으로써, 흠이 있을망정 찌들지 않은, 어린아이 같이 맑고 깨끗한 눈을 가진 건강한 자아를 보여준다.
　시래기 한 줌을 빼서 코에 비벼보았던 소박한 그리움에 절도죄라는 누명을 씌워 한 몫 잡으려는 세상에게, 그런 것이 먹히는 세상의 질서―경찰 앞에서 "그래, 그리움을 훔쳤다, 개새끼야!"라고 욕하며 주먹을 휘두르는 거친 사내의 모습 역시 천진함을 지니고 있는 사내의 솔직한 분노를 보여준다는 점에서 감싸주고 싶은 결함으로 여겨진다(「시래기 한 움큼」). 이 사내는 술에 취한 귀가 길에 이웃집 여자를 보고 싶어 하기도 하는데 이런 흠을 가진 사내의 발자국은 폭설이 덮어서 지워준다(「폭설」). 폭설조차 그의 시에서는 폭력적이지 않다. 그것은 결함 있는 인간을 감싸주고 씻어주는 따스한 눈길이다.

공광규 시인의 시가 때론 동시 같기도 한 것은 그가 어린아이 같이 맑고 깨끗한 눈, 천진난만한 동심을 가지고 있기 때문이다. 그의 시가 동심에 닿아갈 때 시 쓰기와 세상살이는 신기한 발견, 하나의 놀이의 경지로 거듭난다. 그의 시에 나타나는 인간적인 결함들이 오히려 천진난만해 보이고 그것을 덮어주고 싶은 이유는 역시 그것들이 너무나 아이 같기 때문일 것이다. 그의 시가 아내와의 잠자리에 대해 말할 때에도, 어머니의 요도에 대해 말할 때에도 그것이 맑고 아름다운 이슬로 맺혀 반짝이는 이유도 거기에 있다.

「무량사 한 채」에서 아내는 '나를 얼만큼 사랑해?'라고 천진난만하게 묻고, 그는 마치 신혼 첫날인 것처럼 묻는 아내가 '어처구니가 없다'면서도 '무량한 만큼' 사랑한다고 말함으로써 그 신혼 첫날의 놀이에 동참한다. 그런데 시인이 아내를 '무량한 만큼' 사랑한다고 말하고 나자 그는 아내를 '무량사 한 채'로서 새롭게 바라보고 경험한다. 아내는 그가 술 먹고 늦게 온 날은 목탁처럼 큰소리를 치다가도 아이들이 공부 잘하고 들어온 날은 맑은 풍경소리를 내고 침대 위가 훈훈한 밤에는 대웅전 꽃살문 스치는 바람 소리를 내는 절 한 채가 되는 것이다. 삶의 자질구레한 일상이 아름다운 사찰의 풍경과 소리로 거듭나고 있다.

공광규 시인의 시는 쉽고 친절하고 아름답고 깊다. 그의 시들은 시와 삶이 분리되어 있지 않은 까닭이다. 그의 시 특유의 자연스러움은 바로 이런 시작법에서 기인한다. 일상어와 시어가 따로 있지 않고 일상어를 시적으로 사용하면 시의 언어가 되듯이, 그는 일상의 경험을 시적 경험으로 살아가며 쓰고 있다.

이런 시인에게 세상은 바짝 다가와 말을 걸고 함께 놀자고 청한다. 그는 미루나무가 하늘에 그림을 그리다가 실수로 별이나 풀꽃을 그리는 것을 엿보고, 허공에 쓰는 글씨를 읽는다(「미루나무」). 강물은 몸에 하늘과 구름과 산과 초목을 탁본하고, 모래밭은 몸에 물의 겹손을 지문으로 남기며 새들은 발자국 낙관을 마구 찍어대는 「놀란 강」 역시 이런 지순하고 천진한 놀이의 세계를 보여준다. 또한 세상은 온통 음악으로 들려온다. 그는 하늘에서 땅으로 이어진 빗줄기의 현鉉과 수만 개의 나뭇잎 건반, 그리고 손이 보이지 않는 연주가인 바람의 환상곡을 듣는다(「雨鉉환상곡」).

「제부도에서」는 자연과 온전히 하나가 되어 있는 시적 자아의 모습과 모든 것이 놀이가 되는 경지를 보여준다. 모래톱으로 바다를 온종일 톱질하는 바닷가 목수의 아이가 되고 싶다는 시인은 갈매기처럼 도요새처럼 까불까불 놀면서 톱밥을 헤쳐 먹이를 줍고 싶다고 한다. 아침 바다에서 건진 해를 가지고 온종일 공놀이하다 지친 저녁이면 노을로 짠 빨간색 이불을 덮고 말똥말똥 이웃집 여자아이를 생각하고 싶다는 데에 이르면 그 아름다움에 가슴이 먹먹해질 정도이다.

솔직하게 분노하는 시, 위선이나 어깨 힘이 들어가지 않은 시, 쉽고 아름다운 시를 통해 내면의 아이처럼 세상을 다시 감각하고 싶다면 공광규 시인의 새 시집을 권한다.

두 눈을 뜨고 한 눈을 가리다

— 김종철, 『못의 귀향』(시학, 2009)

　　김종철 시인이 시력 40년을 맞아 『못의 귀향』을 묶어냈다. 시인은 이순耳順의 인생을 돌아보며 '이제는 망치를 들어도 좋을' 그리하여 '한 밤에 못질 되어도 좋을 나이(「망치를 들다」)'라고 읊조린다. 어떤 높이, 혹은 어떤 장소를 존재의 목적이나 의미로 규정짓는 것을 '못 박음'이라 한다면, 시인은 '내 생의 모든 것 향하면 모두 빗나갔(「함부로 쏜 화살을 찾으러」)'다면서 실패에 대해 담담히 고백한다. 그는 '외눈박이 세상이 저토록 눈물겨운 것은 두 눈으로 겨냥할 수 없기 때문(「텔은 사과를 쏘지 않는다」)'이라면서 비정한 세상에 대한 날카로운 인식과 연민 어린 부드러운 시선을 동시에 보여준다. 의미를 겨냥하는 일, 무언가를 목적으로 시위를 당기는 일은 '다른 것들을 포기하는 선택'에 다름 아니다. 다른 것들에 대해 눈을 감아야지만 하나를 조준할 수 있는 세상의 이치는 그 자체로 '외눈박이'로 표현되는 장애를 전제한다. 그런 외눈으로 겨냥한 것이 무엇이라 한들 벌레 먹은 사과처럼 이미 내부에 실패를 담고 있는 것이다. 그런 사과를 겨냥하여 맞추었더라도 그것은 이미 시인이 애초에 겨냥했던 사과에서 '빗나간' 것이다.

시인은 이런 날카로운 인식들을 시집 곳곳에 뿌리고 있지만 선지자나 예언자가 되어 단언하기보다는 회고의 형식을 통해 그것을 담담히 전하고 있다. 그의 시들은 빛을 뿌리며 독주해나가지 않지만, 그렇다고 참회와 고해성사로 눈물 젖어 있지도 않다. 김종철의 시들은 다만, 조금 더 높은 것을 바라보며 반보 먼저 걸어간 사람의 경험담으로 독자에게 다가온다. 그는 '창창'했던 시절부터 지금까지 '시'를 향해 열어 둔 '창가'에서 40년째 살아가고 있는 사람일 뿐이고(「창을 연다」), 밤새 그의 창문에 머리를 부딪치며 부질없이 '못질'하는 부나비 소리가 가슴에 못이 되어 박히는 사람일 뿐이다(「귀향」). 그는 아직도 간절히 누군가 지팡이로 길을 열어 자신을 이끌어주기를(「깨진 유리창의 법칙」), 피리 부는 소년을 따라 이 세계를 떠나 다른 성스러운 곳으로 가기를 바라고 있다(「피리 부는 소년」). 그는 순례의 길에 오른다.

시집의 첫머리에는 김종철 시인의 고향마을인 초또마을에 대한 연작시들이 수록되어 있다. 그는 '사용설명서' 한 번 제대로 읽어보지 않고 살아온 인생에서 수없이 외눈으로 겨냥하여 못 박았던 것들을 뽑아내어 다시 존재의 못자리를 보려 한다. 이 못자리를 찾는 순례길은 치유의 샘물이 흐르는, 원죄 없이 잉태한 성모가 현현했던 성지로 향하고(「벨라뎃다에게」, 「마사비엘 동굴에서」), 결국 시인의 고향마을인 초또마을로 이어지고 있다. 초또마을이야말로 시인이 찾은 '원죄 없는 잉태' 그 자체이기 때문이다.

필자는 별을 보러 천문대에 간 적이 있다. 그곳에서 연구하는 사람들이 말하기를, 별을 선명하게 잘 보기 위해서는, 한 눈을 감아서는 안 되고 두 눈을 모두 뜨고 한 눈을 손으로 잠시 가린 채 망원경을 보는 것이 좋다고 했다. 시인이 외눈박이 세계를 벗어나 순례를 간 곳이 그의 고향마을

이라는 점이 두 눈을 감아 버린, 유아기적 퇴행이나, 현실도피로 오해되어서는 안 된다. 그는 현실의 삶과 시가 지향해야 하는 '별-못자리'를 가장 잘 보기 위해 두 눈을 뜨고 한 눈을 가린 채 탐험하는 것이기 때문이다. 이는 초또마을 시편들이 과거의 생생한 재현과 그것이 현실로 연결되는 교감의 형식을 취한다는 점에서도 알 수 있다.

초또마을 시편들에서 시인은, 여섯 살 배기 울보 소년이 세계에 대하여 감각-인지해가는 과정, 두려움과 신기함의 편린들이 발가숭이 같은 천진한 웃음으로, 어린 바다와 같은 눈부심으로 되살려내며 마을의 구석구석을 완성하고 있다. 늘 병상에 계시다 일찍 돌아가신 아버지는 어느 날 일어나 장작을 패던 모습으로, '쩍 쩍 빠개지는' 무거운 장작의 생나무 냄새로 건강하게 기억되며(「나무젓가락」), 외항선을 타고 떠난 키 작은 형 역시 울먹이는 동생을 불러내 눈을 부라리며 '절대 졌다 카지 마래이!'(「마, 졌다 캐라!」) 맹세시키는 강건한 모습으로 살아있다. 고단한 삶에 지친 누나 역시 화가 나면 '뼈등 뼈등한 몽둥이'로 거듭나는 언 빨래로 기억된다(「빨래」). 이복동생과, 닭까지도 가족으로 여겨지는, 연대와 화합의 마을은 어머니가 휘휘 손으로 비벼주시는 '비빔밥'이 만들어지는 과정과 그 맛의 감각으로 선명해진다(「비빔밥」).

시인은 이런 회고를 통해 과거의 '원죄 없는 잉태'의 상태, 부활과 치유의 상태를 현실로 끌어오고 있다. 상실된 것을 그리워하는 것이 아니라 현실적으로 그것과 '포옹'하는 것이다. 고향의 부둣가에서 어린 시절 친구인 복태를 우연히 만나 뚜벅뚜벅 걸어가 누가 먼저랄 것도 없이 힘껏 포옹했다는 「복태 아부지」에서 시인과 친구 복태의 포옹은, 그의 아버지와 복태 아버지의 포옹으로, 다시 빛나는 바다와 유년과의 포옹으로 시인에게 '실감'되고 있다. 초또마을 부둣가에서 가족과 유년과 친구와 바다와 현실이 포옹하는 곳에 못자리가 반짝인다.

반복과 번복의 곱씹기

– 김기택, 『껌』(창비, 2009)*

  김기택 시인은 『껌』에서 사소한 것들에 대해 집요하게 관찰하고 기록하고 사유하는 것 자체가 하나의 '낯설게 하기' 기법이 되어 버릴 수 있음을 보여준다. 이런 그의 시적 방법은 타자에 대한 관심과 생각이 '낯선' 것이 되어버린 시대의 거울로서, 그 자체로 우리의 머리를 심장을 두드리고 있다.

  이상은 그의 소설 「날개」에서 무엇에 대해서건 '5분만 생각하면 지쳐버리'는 동물적 자아에 대해 이야기 한 바 있다. 마치 우화와도 같은 이 이야기는 오늘날 현실이 되어버린 것 같다. 우리는 타인에 대해 관심을 갖지 않는다. 세상엔 너무 많은 정보들이 있고, 우리는 스트레스에 약한 존재들이며, 5분만 생각해도 지쳐 쓰러지는 것은 당연한 일이니 어쩔 수 없는 일이다. 그러니 껌이 백 개씩 들어있는 통 채로 구매하여 하루에도

---

* 피치 못하게 두 잡지에서 같은 시인에 대한 서평을 쓰게 되었다. 김기택 시인에 대한 이 서평은 ≪애지≫ 여름호에 수록한 필자의 서평을 수정 보완한 것이다. 같은 시인의 시집을 읽고 전혀 다른 두 개의 글을 쓸 수 없었다는 변명으로 송구스러움을 전한다.

몇 개씩이나 껌을 씹고 단물이 빠지면 뱉어버리는 것에 대해, 그렇게 많은 단물을 섭취하고도 치아 건강을 지켜야 한다는 생각에 무설탕 껌을 고르는 것에 대해 누가 뭐라고 할 수 있을 것인가.

하지만 김기택 시인은 구석구석 껌을 씹고 이쪽저쪽으로 달리 씹으며, 단맛에 가려져 있던 껌의 미세한 맛들을 변별해낸다. 그리고 그 마저 사라지고 나면 씹히는 껌의 탄력의 변화를 읽어내고 씹는 동작과 리듬에 대해 사유하며, 껌을 씹고 있는 이빨의 뿌리 깊숙이 잠들어 있던 기억과 무의식의 문을 열고 그것들을 관찰하고 기록한다(「껌」). 이쯤 되면 시인이 어떤 소명감을 가지고 힘든 일을 자처하고 있는 성인이거나, 보통 인간을 넘어서는 감각과 지구력을 지닌 초인이 아닌가 생각해볼만 하다.

그는 수동적으로 단순히 껌에 대해 관찰하고 기록하는 사람이 아니다. 그의 씹기는 누가 씹는가, 왜 씹는가, 어떻게 씹는가, 언제 씹는가, 씹는 사람은 어떻게 되는가, 씹히는 껌은 무엇처럼 되는가, 등등으로 이어지는 꼼꼼한 사유의 목록들로 이루어져 있다. 단순히 단물이 나오는가 아닌가와 같은 기준으로 껌의 쓸모를 나누고 사용하고 버리는 행동이 무차별적이고 무분별한 폭력으로 여겨진다.

이런 방법론은 이 시집의 시들에서 집요하게 실험된다. 시인은 늘 '그와 눈이 마주 친'다(「그와 눈이 마주쳤다」). 그(들)은 복잡하게 빠르게 돌아가는 세상에서 존재의 본질이 제대로 헤아려지지 못한 채, 이상한 기준으로 분류되고 오해된 수많은 '어색한 존재들'의 대명사이다. 시인은 고양이 가죽 속에 들어가서는 어색해서 어쩔 줄 몰라 하는 '그'와 눈빛을 교환한다. 시인은 고양이로 분류된 '어색한 고양이'를 바라보며, 그 속에 들어있는 존재의 본질을 헤아려주고 기억(록)하려고 노력한다. 그런데 이런 노력을 기울이는 것은 시인 역시 자기 자신의 존재를 어색하게 느끼고 있기 때문인 듯하다. 그는 거울 속에서 자신의 모습을 매우 낯설게 발견한다. 또한 그는 사진 속의 자신을 보면서도 '사진 속의 나', 그 '사진을 보고 있는 나'로 자신을 분리하여 관찰 기록하는 것도 이 때문이다.

이것이 김기택 시인의 독특한 시적 방법론이고 세계관이다. 그는 타자들, 일반적으로 늙고 힘없는 존재들, 무차별적이고 무분별한 속도 속에서 대충 뭉뚱그려진 것들에 대해서 세심하게 사유하고 관찰한다. 그 시적 사유의 방법론인 '곱씹기―반복'은 시에 음악성을 만들어내는 기능을 하기도 한다. 리듬을 타며 '반복'은 자연스럽게 '달리 씹기―변주'를 가져오고 반복은 바로 그 사이에 일어난 '차이'에 대해 사유하게 하는 것이다. 반복은 음악성과 사유를 낳는다.

고양이의 몸속에 든 그, 뭉개진 음성 속에 든 말, 노인의 몸속에 든 품위, 긴장, 죽음에 대해 관찰하고 '교감'하는 것이 시인의 소명이라고 할까. 시인은 언제나 정성을 다해 이 일을 수행하지만 섣불리 그것을 위로하거나 동정하거나 자신의 감정을 덧입혀 쓰우지 않는다. 그저 교감하기 위한 집요한, 관찰과 사유가 있을 뿐이다. 시인의 이런 정신력에 우리는 감사해야 한다.

시인이 자주 소재로 삼고 있는 운전―속도 그 자체가 우리의 삶이다. 시인조차도 그 속도를 포기하기 힘들 것 같다고 고백한 바 있다(「죽거나 죽이거나 엉덩이에 뿔나거나」). 조심스러운 시인조차 브레이크를 당겨도 속력은 브레이크를 밀고 나아가버린다(「고양이 죽이기」). 속도는 정신적인 물리적인 폭력 그 자체이다. 속도는 고양이 한 마리를 부드러운 잇몸 같은 타이어로 순식간에 삼켜버린다. 완충장치로 인하여 마치 슬슬 녹는 고기를 씹지도 않고 삼키듯이 삼켜버리는 것이다.

시인은 이런 속도의 폭력성, 무차별성을 경계하고 있다. 그런 면에서 그의 시에 '노인'이 자주 등장하는 것은 자연스럽다. 노인은 계단을 하나 오르기 위해서도 자신의 신체 기관들에게 올라가주겠냐고 부탁하고 그들을 달래며, 신체 기관들은 그것을 허락하고 협조한다. 그는 자신의 몸을 생각하고 묻고 달래고 부탁하며 한 계단에 생이 느껴지는 경지를 살고 있는 존재이다(「계단 오르는 노인」). 이런 생의 무게를 느껴보지 않고, 죽음에 대한 품위를 생각해보지 않고 죽게 되면 우리는 토막토막 잘려진 채로 어쩔 줄 몰라 하는 '산낙지'처럼 볼썽사나워 질 것이다(「산낙지 먹기」).

  우리는 '피로해도 감을 수 없는 눈', '눈꺼풀이 없는 눈'으로 고통 받는 시인에게 감사해야 한다. 그가 색깔이 비슷한 짝짝이 양말을 같은 것으로 보아 버리는 사소한 실수에 진심으로 화를 내는 것에 우리도 뜨끔해야 한다(「회색양말」). 김기택 시인은 폭주하는 속도로 살아가는 삶에서 슬로우비디오로 세상을 감각한다. 그의 눈에 귀에 코에 의해서 미세하게 변별되고 읽혀지는 차이들을 통해서 우리는 세상의 정교함에 감탄한다. what a difference! 남다르군! 얼마나 다른가! 이런 문장들은 항상 감탄문이다.

원소는 불멸의 자세를 가졌다

— 허만하, 『바다의 성분』(솔출판사, 2009)

　의미는 번지며 다른 의미들과 닿고 부드럽게 섞인다. 그래서 우리는 가벼이 눈으로만 지나며 훑어도 의미를 파악하고, 이심전심 의사소통을 하는 것이 가능하다. 하지만 허만하 시인의 시어들은 단숨에 읽히지 않는다. 그것들은 '망설임 없이 쏟아지는 은빛 소나기에 젖고 다시 강렬한 햇빛에 몸을 말리(「사금」)'는 사금처럼 하나하나 눈이 타버릴 듯한 강렬함을 가지고 있다. 눈을 감아버리지 않고 그 강렬한 빛을 상대하여 시어를 읽고나면, 그 시어들이 엮어내는 풍경을 재구성하기 위해 지성을 사용하는 과정을 거쳐야 한다. 그러고 나면 그 풍경의 생생함과 원시성에 숨이 막혀온다.
　허만하 시인은 사람들이 주관의 그물을 던져 함부로 세계를 포획하여 가두는 행위—파악의 오류를 냉철히 지적한다. '말을 타고 지나는 나그네여 세계를 이름 없는 그대로 두라 말의 감옥에서 세계를 풀어주라(「빙하에서 피는 꽃」)'는 것이다. 그러나 시인이야 말로 '말을 타고 지나는 나그네'일 터인데, 세계를 '주관의 명명'으로부터 건져낼 수 있을까.

그는 고유명사를 거의 사용하지 않는다. 동물도 식물도 강도 산도 어떤 특정한 고유명사나 이름보다는 그냥 물, 불, 강, 나무, 열매 등과 같은 보통명사를 사용하는 것이다. 이런 보통명사들로 강렬하고 생생한 풍경을 그릴 수 없을 것 같지만 조강석이 정확히 지적하였듯이 허만하의 시는 엄청난 밀도와 무게와 생생함으로 '육박하여 온다'. 그것은 그가 사용하는 시어 하나하나가 원소의 상태를 지향하기 때문이다.

여러 주관과 이해와 오해를 박박 벗겨낸 보통명사들은 시인의 집요하고 정확한 관찰을 통해 원소로 제련된다. 이를 테면, '먹이를 본 표범이 뛰어내리기 직전에 드러내는 육감적인 웅크림(「불멸의 자세」)'은 주관과 감정이입의 올가미를 모두 벗겨낸 표범의 가장 특징적이고 생생한 '불멸의 자세'이다. '얼음덩이 끝에 번들거리는 그들 여정 끝이 있기에' '순록이 일제히 한 방향으로 줄지어 걷는(「순록이 한 방향으로 줄지어 걷는 것은」)' 것도 그렇다. 시인은 이처럼 세계의 모든 것에서 주관을 벗겨내고, 그것이 가진 가장 생생한 '불멸의 자세'를 찾아낸다.

포획되어 결박되거나 박제된 의미나 언어가 아니라, 살아있는 시어들이 그들 각자의 불멸의 자세를 취하는 순간을 기다려 써진 그의 시편들은, 한 편 제작을 위해 몇 년의 집요한 관찰이 소요되는 다큐멘터리 제작 과정과도 같은 품이 들 것이다. 그렇게 찾아지고 정제된 생생한 원소들은 야성적이고 탄력 있고 아슬아슬하다.

그는 「화천강 여름 아침」에서 한 마리 말이 강가에서 물을 마시고 있는 곁으로 '어느새' 또 한 마리의 말이 붙어 서서 물을 마시고, 안개 속에서 끊임없이 말이 나타나서 찰싹찰싹 대는 서늘한 여름 아침 강물을 핥고 있는 풍경을 그린다. 이 누가累加적이고 몽환적이며 생생한 풍경은 그러나 '그늘처럼 겹쳤던 말들이 한 마리씩 사라진 다음 목을 축인 최후의 한 마리가 원래의 강변 풍경이 되는 순간'이 되어서야 과거 어느 해보다 싱싱한 최초의 여름으로 원소화된다. '여름 아침 강물'의 불멸의 자세는 최초의 말 한 마리가 강가에서 물을 마시고 있는 것이기 때문이다.

이 시는 허만하 시인이 추구하는 불멸성에 대해서 두 가지를 알려준다. 하나는 가장 생생하게 존재의 고유성과 야생성을 드러내는 자세로서의 불멸성이고, 다른 하나는 시간이 흘러도 다시 최초의 상태로 돌아오기에 가능한 불멸성이다. 후자는 '불멸의 자세'와 '원소'의 개념이 박제된 듯 한 지속성이나 불변성이 아님을 의미한다. 그리고 이런 불멸성은 사라진 최초를 그리워하는 것이 아니라 현재와 최초를 유비하거나 그렇게 되찾은 현재-최초와 미래를 유비하는 사유로 이어진다.

허만하 시인이 집요한 지적 작업과 관찰을 통해 찾아내는 세계의 원소성과 존재가 가진 불멸의 자세들로만 한 행 한 행 써지는 시들을 읽을 수 있다는 것은 감사한 일이다. 대가의 지성知性/至誠과 강건한 의지가 일으키는 세계는 경이롭다.

가장 낯선 세계, '늙음'의 복원

— 홍신선, 『우연을 점 찍다』(문학과지성사, 2009)

　공포와 불안을 통해 감정을 정화시킬 수 있다는 아리스토텔레스의 카타르시스[1] 이론은 미−추에 대해서도 다시 생각해보게 한다. 아름다움에 민감함 사람은 추함에 대해 섬세한 감각을 지닌 자일 것이다. 삶과 죽음 또한 이런 짝이 아닐까.
　홍신선 시인의 『우연을 점 찍다』는 늙음과 병마와 죽음에 대해 본격적으로 탐구한 시집이다. 그의 시 속에서 늙음과 죽음과 병은 적나라하고 파격적이며 때로는 아름답고, 어디에나 무엇에나 존재한다. 생의 절정이라고 할 수 있는 푸르디푸른 하늘은 아버지가 세상을 떠나신 날 본 '치매 앓아 온갖 일 까맣게 잊은 듯 잡생각 없는 단색으로 투명(「소한 무렵」)'한 하늘이다. 또한 앞산의 녹음은 '응결된 내상들 화농해 쏟아져 나

---

[1] 아리스토텔레스는 비극을 통해 감정의 카타르시스를 느낄 수 있다고 하였다. 즉, 악의 없는 과오 때문에 주인공이 몰락하는 비극을 읽게 되면 우리는 경악에 가까운 감정(phobos)를 느끼게 되고, 또한 그런 주인공의 불행이 나에게도 일어날지 모른다는 강렬한 감정이입 상태(eleos)를 느끼게 된다. 이 공포와 경악, 파멸에의 감정이입을 통해 고양된 강렬한 감정(pathos)을 배설(katharsis)함으로써 정서가 순화된다는 것이다.

오듯(「매화」)' 쏟아진다. 또 생의 축제와도 같은 벚꽃의 낙화는 '임자 없는 모가지들 자욱하게 끊어져 날리는' '대살육판(「벚꽃 대전」)'으로 여겨지거나, '토막 기침' 혹은 '대기의 자궁 속에 몸 말고 들어 있는 낙태된 태아(「낙화」)'로 그려진다.

　이렇듯 그의 시들을 읽다보면 처음에는 늙음과 죽음, 그리고 병의 상상력이 충격적이고 놀랍다가도 그것이 어디에나 무엇에게나 존재함을 깨닫게 되면서 차차 자연스럽게 느껴진다. 시인은 이런 시적 작업을 통해 세계에 '늙음'을 복원하고 있다. 늙음이 권위를 가지고 죽음이 막강한 권력을 휘두른 시절도 있었지만, 오늘날은 단연 젊음과 삶이 중요시된다. 한 때, 죽음이 삶을 지배하고 짓누르고 왜곡하였듯이, 오늘날 사람들은 100%의 삶과 '그 끝=죽음'이라고 단순화하고 삶에서 탄생과 젊음을 과장하는 것 같다. 하지만 우리는 탄생하기 전부터 존재하며 생성되고, 태어나고, 성장하고, 노화하고, 죽고, 흩어져 존재하게 된다.

　이렇게 왜곡된 세계에 늙음을 복원시킨 시인은 늙은 매화 등걸에 핀 꽃을 관찰하거나, 성인용품점 앞을 지나는 심정을 담담히 이야기하며 '배설'과 '성'의 문제를 파격으로 그려낸다―그의 파격은 언제나 품격 있다. 생의 대척점으로 하나의 '상징'이 되어버린 '죽음'으로서의 '병', '죽음'으로서의 '성'이 아니라 현상이며 현실인 '늙음으로서의 병', '늙음으로서의 성'에 대해 이야기하는 시편들을 통해 그는 낯선 세계를 일으킨다.

　늙음과 병, 죽음, 배설과 성의 문제는 젊음, 건강과 함께 이미 존재하는 것이다. 시인에게 살아가는 일, 시 쓰는 일은 세상에 이미 존재하는 것들을 서판書板으로 이미 존재하는 경전을 베끼는 과정이다. '몸이란 한때 유동하는 근기들 판형 따라 집합했다가 다시 해판되는 것(「낙엽 사경(寫經)」)'이라는 과학적이고 선적인 인식 앞에서 생명이 잉태되고 늙고 죽어 분해되는 것에 무슨 우열이 있겠는가.

시인은 그 모든 것을 서판으로 삼아 경전을 베끼는 그의 삶을 '마음경' 연작으로 빚어낸다. 그가 베껴내는 마음경은 세계를 '사유화하지 않는 사유'로 베끼는 '세계 지도'이다. 가장 낯선 세계, 은유와 상징으로만 언급되던 세계가 복원된 지도의 일독을 권한다.

의미의 중력을 덜어 낸 상상력의 산란(産卵)
— 최하연, 『피아노』(문학과지성사, 2007)

1. 검은 창, 뒷면에 대한 사유

검은 창을 내다 본 적이 있는가. 검은 창은 거울이 되어 나의 모습을 되비칠 뿐, 그 뒷면은 삼킨 채 보여주지 않는다. 은폐된, 혹은 인지 능력이 닿지 않는 검은 창의 안쪽에서 우리는 사유하고 상식하고 관습하고 생활한다. 우리는 감각능력이나 지적능력 혹은 포용능력이 미완성인 부분을 그저 검은 칠 해놓았다. 그리고 '안전선(「노란색 순환버스」)'의 바깥부분은 밤, 심해, 우주, 암혹, 비상식 혹은 역사 이전, 미개, 악, 심지어 존재하지 않는 것으로 검은 칠하고, 괄호쳐내고, 잊는다.

이 검은 창의 경계를 서성이며 그 너머의 공간에서 무언가를 긁어 올리고, 귀 기울이는 사람들이 있다. 검은 공간과의 내밀한 교통은 때론 본인의 의지와 상관없는 것이어서 고통스러워하는 경우도 있지만, 최하연 시인에게 이런 교통이란 상식과 의미의 구심력에서 벗어나 가벼워지고 느긋해지고 즐기기 위한 방법론이다.

바람이 눈을 쌓았으니
바람이 눈을 가져가는 숲의 어떤 하루가
검은 창의 뒷면에서 사라지고
강바닥에서 긁어 올린 밀랍 인형의 초점 없는 표정처럼
나무나 구름이나 위태로운 새집이나
모두 각자의 화분을 한 개씩 밖으로 꺼내놓고
그 옆에 밀랍 인형 앉혀놓고
여긴 검은 창의 경계
얼어 죽어라 얼어 죽어라
입을 떼도 들리지 않는 숲의 비명
뒷면들마다 그렇게 모든 뒷면들마다
입 맞추며 먼 강의 물속으로
가라앉으리

— 「무반주 계절의 마지막 악장」

『피아노』에서 가장 무겁고 불길한 이미지를 보여주는 「무반주 계절의 마지막 악장」이 시집의 맨 처음에 놓인 것은 그것이 검은 창 밖에 대한 사유를 담고 있기 때문일 것이다. 보아도 보이지 않는 표정과 들어도 들리지 않는 비명, 존재하지만 사라지는 것들로 이루어진 이 시는 '마지막 악장'이라는 제목처럼 한 곡의 음악이다. '나의, 나를 위한 마침표는, 언제나 나의 시작 전에 찍히고 있어요(「피아노」)'에서 알 수 있듯이 이 시집은 '무반주 계절의 마지막 악장'으로 시작하는 음악인 것이다.

이 마지막 악장은 위태롭고 무겁다. 시인은 자신이 키우는 화분을 검은 창의 밖에 꺼내놓는다. 이 때 강바닥에서 긁어 올린 밀랍 인형을 화분 옆에 앉히는 일은 검은 창 너머와의 소통을 도모하는 방법이다. '강바닥'은 '검은 창'과 마찬가지로 그 표면 경계의 너머를 알 수 없는 검은 공간이기 때문이다. 그러나 검은 창 너머에 대한 사유와 소통에의 실험은 '무반주 계절의 마지막 악장'이라는 곡에서 실패한 같다. 창 너머의 숲이 '얼어 죽어라 얼어 죽어라'는 들리지 않는 비명을 지르며 창의 뒷면에만 입 맞추고 강물 속으로 가라앉는 것으로 시가 마무리되기 때문이다. 하지만 최하연은 이 실험 실패를 통해 비명과 소리의 풍경을 삼켜버리는 검은 창과 강에 대해 분명히 인식하게 되고 새로운 음악, 안전선 밖의, 소리가 들리지 않는 음악을 확신하고 그것을 연주하고자 한다.

2. 의미의 볼륨을 낮춰라, 시적 방법론에 대한 소신

안전선 밖의 음악, 소리 나지 않는 음악의 정체는 표제작 「피아노」에서 찾아볼 수 있다. 화자는 눌러도 소리가 나지 않는 건반을 책상 위에 그려놓고 귀를 기울이고 있다. 건반을 책상 위에 그려놓았다는 암시는 피아노와 자판을 '두들기'는 행동의 유사성으로 겹쳐지고 마침내 피아노를 연주하는 것이 경전에 활자를 찍어놓는 행위로 옮아가고 있다. 이 피아노곡은 시 쓰기에 다름 아니다.

> 눌러도 소리가 나지 않는 건반을 책상 위에 그려놓고, 가만 귀 기울이고 있어요, 당신의 소원은 검은 건반에서 뛰어내리는 것, 그리하여 일생일대의 화음으로 나를 부활시키는 것, 당신의 경전마다 엉터리 활자를 찍어놓고, 페이지를 봉인하고 있어요, 나는 나의 다음 페이지가 무조건 될 수 없다는 것, 우주를 한 바퀴 돌아 신발을 벗으며 '그것 참'이라고 고백할 수 있다면, 당신이 떨어지고 있는 바로 그 순간, 나도 당신이 있던 그곳을 향해 뛰어오를 수 있다면, 당신의 멈칫함이 나를 일깨우는 바로 그 주문이길, 두들겨라, 두들겨라, (나의 건반은 아직 완성되지 않았어요) 나의, 나를 위한 마침표는, 언제나 나의 시작 전에 찍히고 있어요, 도돌이표 마디마다 당신은 돌아오고 있겠지요, 가로지르는 모든 것들로 하여금, 당신을 향한 나의 좌표를 잃게 만들고 싶어요, 당신은, 또다시 그 높은 절벽, 검은 건반에 올

라서서 눈을 감고 있네요,

— 「피아노」

　검은 건반은 흰 건반을 전제한다. 경계를 이탈하여 검은 건반에서 뛰어내리면 결국 흰 건반으로 갈 것인데 이런 연주의 과정은 검은 창과 그 너머의 눈보라 이는 숲(「무반주 계절의 마지막 악장」)을 소통시키는 시인의 시 쓰기 과정이다. '당신'이 뛰어 내리는 이유는 일생일대의 화음을 내기 위함이라지만 건반은 책상 위에 그려놓은 것이므로, 소리가 나지 않을 것이 자명하다. 소리가 나지 않는 일생일대의 화음을 꿈꾸며 '그 높은 절벽'으로 여겨지는 검은 건반에 눈을 감고 올라서 있는 모습은 일종의 희생제의적 숭고함을 느끼게 한다.
　'당신이 검은 건반에서 뛰어 내리는 투신의 순간 나도 당신이 있던 그곳을 향해 뛰어 오를 수 있다면'이라고 비장하게 쓴 구절은 피아노를 연주하는 손가락들을 슬로우 비디오로 잡아 온 묘사한 것이다. 연주되는 멜로디나 화음보다 '뛰어내리고 뛰어 오르는 과정'에 초점이 맞추어진 묘사는 그의 '연주—시 쓰기'가 '소리—의미'를 위한 것이 아님을 보여준다. 시인은 서문에서 "시를 배달하러 나간다, 처방전은 태고부터 지금까지 달랑 한 장. 누구의 사인도 들어 있지 않은 처방전을 받아 들고, 그 언니, 시를 지으시네, 배달을 나가시네"라고 썼다. 자신의 시작방법을 스스로 '시 배달(시집 서문)'이라고 칭한 것은 시의 의미나 내용보다는 전달하는 과정을 중요시하는 시작 태도를 담은 것으로 보인다. 그 배달의 방법을 처방한 처방전이란 시를 쓰는 방법론일 것인데, 거기 누구의 사인도 받지 않았다는 것은 자신의 시적 방법론에 대한 자부심일 수도 있고, 혹은 그것을 거부하거나 의심할 잠재적 독자들에 대한 자각을 언급한 것일 수도 있다.

한편, 최하연은 자신의 시 쓰는 방법을 '느긋'하고, '부드러우며', '힘주지 않고', '밸런스를 맞추'는 것이며, '즐기'는 것이고 '틈틈이 간단한 장애물들을 뛰어넘는' 일이라고 묘사하고 다시 한 단어로 '유영'이라고 규정한다. 그러나 그 '유영'이 '저항'을(뒷표지글) 유발할 것이라는 언급은 자신의 시적 방법론에 비장한 소신을 내비친 것으로 보인다.

3. 산란한 이미지와 귀족적 미학의 경계

최하연은 의미와 상식으로 이루어진 경계 안쪽에 작용하는 중력을 최대한 가볍게 느끼고자 한다. 그리하여 의미로 생산되는 텍스트가 아니라 상상력과 유희가 산란散亂하는 텍스트를 산란産卵한다. 산란은 무수한 죽음을 전제하는 출산이다. 생산으로 이어질 확률이 낮은 생식이며, 수많은 변수의 과정이 존재하는 미완의 생식이라고 할 수 있다. 생산이 의미를 생산하는 것이라면 시인은 의미를 벗어난 수많은 '아이들'을 낳는 생식—시 쓰기를 추구하고 있다.

> 우리 이제 시침과 분침의 정관을 묶고
> 초침에서 태어나는 아이만 키우는 거예요
> 똑, 하는 순간 아이가 군대를 가고
> 딱, 사람들이 아이의 무덤에 떼를 입히고 있네요
> 다시 한 번 똑, 이 돌아오는 동안
> 활자 하나가 모니터에서 사라지고
> 텍스트의 바깥에선
> 비아그라를 먹은 달들이 망부석 하나씩 안고
> 절벽 끝으로 달려가지요
> 이 줄엔 아이들의 프로필을 써넣을 작정인데요
> 아, 벌써 줄이 지나가고 말았네요

장례를 마친 초침이 순간 움직이지 않아요
건널목 위의 노란 버스가 움직이지 않고
불타는 합숙소의 불꽃이 움직이지 않고
비브라토의 마지막 떨림이 움직이지 않아요
하지만 커서는 여전히 깜박이고
나는 다음 줄을 계속 써넣어야 해요
정수리 위로 까마득히
텍스트만이 알고 있는 만큼
그만큼 멀리서
누군가 핀셋을 뻗어와 빌딩들을 집어내고 있네요
아스팔트를 뚝뚝 부러뜨려 들어 올리고 있어요
이 글의 다음 줄은
원심분리기 속이에요
비커에 절여진 아버지들이
빛의 속도로 달리기를 하고 있네요
딱, 은 아직 오지 않았는데
달리기를 마친 아버지들이
원자번호 몇 번째로 저장되는지
당신과 내가 끝까지 볼 수 있을까요
다음 줄은 쓰고 싶지 않아요
그다음 줄도 정말,

— 「산란」 부분

    인용한 시는 이상李箱의 '오감도(烏瞰圖)'를 떠올릴 만큼 현란한 속도와 시간 이미지, 생산력이 없는 성性의 상징으로 가득하다. 이는 모두 의미화를 위한 글쓰기로부터 탈주하고자 하는 장치들이다. 이는 시인의 시 쓰기에 대한 메타적 시인데, 거칠게 말하자면 자신의 아이들—이미지의 프로필을 쓰는 일이란 의미를 부여하고 구성하는 일이라고 할 수 있을 것이다. 그러나 시인은 속도를 핑계 삼아 그런 작업을 하지 않는다. 대신 그는 의미를 원심분리 시켜서 빛의 속도로 달려오는 아버지들을 분리해낸다. 원심분리기는 원심력에 의해 무거운 것을 가장 먼 곳으로 보냄으로써 비중이 같은 것끼리 분리해내는 기계이므로, 가장 무거운 아버지들-의미들은 달리기를 마치고 분리된다. 그러나 시인은 그들에게 원자번호를 매겨서 저장하지 않고 '다음 줄은 쓰고 싶지 않다'면서 그런 작업을 거부하고 있다.

시인은 의미 전개를 위해 이미지를 구성하는 것이 아니라 이미지만으로 이루어진 유희적 시 쓰기를 마음껏 보여준다. 터널의 양끝, 동쪽 능선, 서쪽 바다 수평선 등등 곡선-나비-자크가 열린 것의 이미지로 캡처 해내는 「버터플라이」나 '토마토'연작 '물구나무'연작이 그러하다. 오르테가 이 가제트J. Ortega Y Gasset는 『예술의 비인간화』에서 '유명인사의 죽음'을 관찰하는 아내, 의사, 기자, 화가의 심리적 거리를 예로 들며, 창작을 촉발시키는 대상에 대해 시인이 체험하고 느끼는 거리의 정도를 탁월하게 비유한 바 있다. 아내와 의사와 기자는 편차는 있지만 모두 어느 정도 유명인사의 죽음에 감정을 가지고 있지만, 화가는 그의 눈앞에서 벌어지는 사건에 무관심하다. 그는 다만 눈앞의 풍경을 구성하는 빛과 색채에만 관심이 있을 뿐이라는 것이다. 가제트는 감정의 개입도가 가장 낮은 화가의 '순수관찰-비인간화된 관찰'이 현대예술의 특징이며 우수한 것이라고 주장한다.[1] 현대예술의 난해성을 옹호하고 예술의 대중성보다는 귀족성을 강조하고 있는 것이다. 최하연의 작업들은 독자들로 하여금 가제트가 말했듯이, 현대예술의 특성을 한 극점을 느끼게 한다. 그러나 시인이 스스로의 시적 작업을 '시 배달'로 칭한 바, 시 배달은 누구의 '두들겨라 두들겨라(「피아노」)는 주문 혹은 주문呪文이 있어야 한다. 시인은 스스로도 의미의 중력을 덜어내는 일이 의미의 중력 안에서 이루어져야 함을 잘 알고 있는 듯하다.

---

[1] Ortega Y Gasset, 박상규 역, 『예술의 비인간화』, 미진사, 1995, 63~67쪽.

5분 간,

— 박남철, 『제1분』(문학수첩, 2009)

1. 차이와 반복, 2차원에 3차원의 정보를 담는 시적 형식화

박남철 시인의 신작 5편은 연작의 형식을 취하고 있다. 이 시들은 마치 길고 실험적인 한 편의 작품 같다는 느낌을 준다. 각각의 시에다 『금강경』의 형식대로 '제1분'부터 '제5분'까지라는 식의 제목을 달았을 뿐만 아니라, 또 모두가 각각 제1절과 제2절로 나누어진 일관된 형식을 취하면서 한 편의 이야기를 전개시키고 있기 때문이다. 또한 각 시의 제1절에는 시인이 직접 번역한 『금강경』의 분절들이 인용되어 있으며, 그 내용은 잘 알려져 있듯이, 석가모니와 수부티의 대화로 구성되어 있다. 각 시의 후반부인 제2절에는 제1절에서 인용한 경전 내용에 대한 후세의 깨달음—발견—발화의 방식을 그 내용으로 하고 있다.

각각의 작품들은 연작의 맥락에서 꺼내어 따로 읽어도 여전히 펄떡이며 살아있는 한 편의 작품이며, 연작시로 한꺼번에 읽을 때는, 마치 냇물에 풀어준 물고기처럼 리드미컬하게 물을 차고 있는 듯도 하다. 이러한 효과가 가능한 이유는 이 연작들이 내용-방법론적인 차이와 반복을 동시에 구현해주고 있기 때문이다. 이 차이와 반복은 '영원하며 매번 새로운 법칙', 다시 말해 '영원한 자연의 법칙=우주율=깨달음=진리'가 '매번 새로이 발견'됨으로써 이어지고 전해지는 방식을 시각화한다.

연작 속에서 시인은 2500여 년에 달하는 시간을 공시적인 것으로 재창조하고, 또한 공시성[각 시의 제1절 부분]과 통시성[각 시의 제2절 부분]을 한 화면씩 동시에 구성해놓고 있다. 「제1분」의 제2절에서는 현재를 살아가고 있는 시적 자아가 깨달음을 느끼는 순간을 쓰고 있으며, 「제2분」부터 「제5분」까지의 제2절에서는 각각 당나라 시대의 황벽 스님, 송나라 시대의 청원 유신 스님, 고려 말의 경한 스님, 그리고 마지막으로는, 1981년, 성철 스님이 깨달음을 발화하는 순간을 이야기하고 있는 것이다. 이 띄엄띄엄한 통시적 시간들은 매번 각 시의 제1절에서 행해진 석가모니와 수부티가 대화를 나누는 순간으로 다시 소환된다. 이는 2차원적인 평면의 이미지에다 3차원적인 정보를 담은 그림처럼, 얼핏은 모순 같아 보이지만, 분명한 진리를 보여주고 있는 형식이다. 박남철은 이러한 방식으로 '진리의 시간'인 '순간적 영원' 혹은 '영원한 순간'을 형식-방법(론)적으로 재창조하였다고 볼 수가 있다. 영원은 단지 지속성을 의미하지도 않으며, 언제나 순간의 시간이라는 것이다. 그의 시 속에 사진이 들어가는 것도 바로 이러한 '순간적 영원'을 시가 시각적으로 포착하기 위해 일찍이 시도해왔던 방법(론)적 실험이라 할 수가 있는 것이다.

그러면, 이러한 형식-방법(론)적 시쓰기가 의도하고 있는 것은 무엇일까.

2. 주관의 적멸, 세계-인식-언어의 방생

그리하여, 이 연작시들의 시간은 앞서도 언급했듯이, 석가모니가 설법을 시작하기 전에 몸소 제자들의 앞장을 서서 걸식을 하고 돌아와, 공양을 마치고 난 다음에, 수부티가 가르침을 청하여 설법을 시행하고 있는 순간으로 모두 소환된다. 연작시들이 보여주는 2,500여 년이라는 시간의 길이란 후세에 석가모니의 가르침을 따른 자들 가운데서 깨달음을 얻은 자들이 찍어놓은 점들을 이어놓은 선의 길이이다. 그런데 이 후학들이 깨달음의 순간에 소환되는 시간이 정말 석가모니가 설법을 하고 있는 2,500여 년 전의 바로 그 순간일까. 석가모니가 처음 그것을 파롤parole로써 발화하여 점을 찍어놓았었지만, 석가모니는 진리를 창조한 것이 아니라 존재하는 진리를 깨달음으로써 발견-발화-창조해놓은 것이다. 때문에 이러한 진리를 깨닫는 자들은 석가모니의 시간으로 소환된다기보다는 본디 존재하는 우주율의 시간-순간적 영원으로 소환된다고 보아야 한다. 그리고 그들이 깨달음을 통해 매번 새롭게 발견-발화-창조하는 진리란 다름 아닌 '자연의 법칙'이다. 그런데 진리를 발견하고 발화함으로써 창조하는 방식은 다름 아닌 '시의 언어'가 '존재의 본질'에 다가가서 그것을 고스란히 재생해내는 방식의 새로운 방향으로 제시된다.

박남철의 시들은 부처님의 말씀이 처음 발화된 순간의 뜻이 지금까지 고스란히 그대로 이어지고 있음을 방법(론)적으로 보여준다. 그것은 때 묻거나 낡거나 휘발되지 않으며, 깨닫는 자에게 매번 새롭게 재생되는 진리이다.

시적 자아는 자신을 '신용불량자(「제1분」)'라고 명명하는데, 어찌 보면 이 호칭은 오늘날의 대부분의 시인들에게 해당되는 것이 아닐까. 그것은 현실적인 경제적 어려움을 직접적으로 의미하기도 하지만, 동시에 파산 난 언어와 비루한 인식과 파탄 난 세계의 잔고를 의미하기도 하는 것이다. 시인은 존재의 본질에 다가가기 위해 끊임없이 새로운 언어를 창조-생산하여 인식과 감각을 새롭게 하고, 이 새로이 닦은 두 개의 렌즈로 힘겹게 세상을 바라본다. 다시 말해, '언어-인식-세계'의 방식으로 전개되는 이 피라미드의 바닥을 지지하고 있는 '언어'는 언제나 신상품으로 재고가 가득해야 할 것이다. 그러나 언어는 많아도 역시 쓸 만한 언어는 언제나 부족하다. 새로운 인식을 가져오는 새로운 언어는 부족하고 피라미드는 자주 역 피라미드의 비극[顚倒夢想]을 낳게 된다. 거대한 세계를 인식할 능력은 부족하고 그 인식력을 일깨워줄 언어는 희소하여 뾰족한 피라미드에 찔린 시인은 고통스럽고 비대한 세계는 기우뚱거리게 되는 것이다.

　러시아의 형식주의자들은 '낯설게 하기'라는 기법을 이야기하였지만, 언어를 통해 인식을 새롭게 하고, 그것으로 다시 세계에 새롭게 다가가려는 방법은 사실 소모적이고 소비적일 수가 있다. 그것은 세계의 본질을 충분히 인식하지 못하는 주관의 끝없는 도전일 것이다. 실체화라는 명목으로 붙잡아 낼 수 없는, 입체적이고도 변화무쌍한 세계에 끝없이 새로운 언어-인식을 던지는 일이기 때문이다. 주관의 그물로 계속 덧씌우거나, 새로운 언어로 포장하고, 벗기고, 포장하고 벗겨지는 소모적이고도 소비적인 수사의 남발일 수도 있다는 말이다. 이러한 막대한 소비를 감당할 만한 잔고를 가진 시인이 과연 얼마나 될까.

　박남철은 차이와 반복을 통해 "산은 산이요[,] 물은 물이다[!]"라는 쉽고 단순한 법어-어법이 시의 본질에 닿아 있음을 보여준다. 이 평범한 언어는 언어-인식-세계가 아니라 세계-인식-언어의 방식으로 유통됨으로서 세계의 본질에 다가간다. 모두가 다 잘 아는 이야기이겠지만, 일찍이 청원 유신 스님은, "내가 30년 전에 참선을 시작하기 전에는, 산은 산이고, 물은 물인 것으로 보았다. 그러다가 그 후에 선지식을 친견하게 되어 참선에 들어서서는, 산은 산이 아니고, 물은 물이 아닌 것으로 보았다. 그리하여, 이제 와서는, 일개 휴헐처라도 얻고 나니, 다시 전과 마찬가지로, 산은 다만 산이고, 물은 다만 물인 것으로 보인다!"[老僧三十年前未參禪時, 見山是山, 見水是水. 乃至後來親見知識有入處, 見山不是山, 見水不是水. 而今得箇休歇處, 依前見山祇是山, 見水祇是水.](「제3분」)는 깨달음을 상당 법어로써 내놓았다.

 산은 산이 아니라는 부정은 주관에 의해 포착된 객관이 존재하지 않는다는 것에 대한 깨달음이다. 끊임없이 변화하는 오온五蘊일 뿐인 존재에 "'나'가[는] 없다[!]"는 아상我相의 부정은 대상을 자신과 동등하게 바라보게 한다. 즉 내가 다른 존재들보다 우월하다는 인상人相마저도 부정하게 되는 것이다. 그러면 결국 장수를 바라보는 수자상壽者相 역시 부정하게 되고, 내가 생명을 가진 존재라는 중생상衆生相 또한 없음을 깨닫게 되어, 마침내는 세계가 주관으로부터 무한한 방생을 얻게 되는 것이다. 물론, 우리는 또한 이 대목에서 '아상', '인상', '중생상', '수자상'의 개념이 이토록 단순하기만 한 개념도 아님을 또한 잘 알고 있기도 하지만, 하지만, 어쨌든, 이러한 자율성의 세계, 그 자체로서 존재하는 세계를 바라보고, 그것을 인식하고, 법어로써 언어화하는 방식은 존재의 본질에 직결되는 시적 세계−인식−언어의 새로운 방식임을 시인은 '벼락 치는 듯한 소리(「제1분」)' 그 자체들로써 잘 역설해놓고 있다는 것이다. 그러니, 신용 불량한 시인들이여, 이제는 우리가 이 글을 이쯤에서 맺기로 하면서, 다시 한 번만 더 '벼락 치는 듯한 소리'나 들어볼 때가 되었다는 것이다. 신용 불량한 시인들이여, 이제, 알겠는가? 산은 산이고, 물은 물이로다!

2. 시의 손잡이

푸른 당나귀를 탄 돈키호테는
스키테(schythe)를 가졌다

― 원구식론

부父살해 모티프는 그리스 창세 신화에서도 등장하니, 문학이 아비 죽이기를 노래한 역사는 유구하다. 기성세대의 가치관과 제도에 스키테 schythe[1]를 휘두르는 것은 새로운 세대가 새롭게 세상을 이끌어가기 위한, 창세의 의미인 것이다. 80년대 이후 한국 문학은 사회학적·미학적 권위와 정전의 성전들을 무너뜨리며 아비 죽이기―창조를 실천해왔다.

하지만 오랫동안 군림했던 아버지 죽이기에 성공한 이후, 그 다음은 어떠했는가. 이미 어느 틈엔가 아버지가 되어 버린 소년들이나, 성장하길 거부한 몇몇 소년들에 대한 이야기는 생략하자. 아이들이 난무한데, 스키테를 든 경우가 드물다는 데에 문제가 있기 때문이다. 배설에서 쾌감을 느끼는 항문기적 자아나, 씹고 뜯으며 말을 쏟아내는 데에서 쾌감

---

[1] 우라노스(하늘)와 가이아(대지)의 아들인 크로노스(시간)의 상징물. 아들에 의해 살해당할 것을 두려워한 우라노스가 가이아와 낳은 티탄족 자식들을 모두 가이아의 뱃속에 넣어두자 가이아는 속이 불편하였다. 아들 가운데 가이아는 크로노스에게 스키테(낫)을 주며 설득하여 우라노스를 거세하게 하였다. 이로써 하늘과 땅이 영원히 갈라지게 된다.

을 느끼는 구강기적 자아, 그리고 자신의 트라우마에 집착하는 유아기적 자아들이 문학과 현실, 온-오프라인에 넘쳐나는 상황에 때론 눈살이 찌푸려지고 우려된다. 현실을 직시하되 센티멘털하거나 유아기적이지 않은, 선 굵은 목소리의 행방이 궁금할 때가 있다.

원구식 시인의 「어둠의 경로」는 놀랍고 아름다운 언어의 유희로 시작한다. 그것은 인터넷에서 불법으로 자료를 다운로드 받는 사람들이 접속하여 사용하는 대표적인 시스템인 '당나귀'와 '프르나(Pruna)'를 '푸른 당나귀'로 재창조하면서 시작된다―청록집의 '청노루' 이후, 한국 시에 주목할 만한 환상 동물이 없었다는 점을 생각해보면, 이 인터넷에 존재하는 푸른 당나귀의 디지털적 이미지는 아름답고 서정적이며 의미심장하다. 청노루가 사는 청록집의 세계가 시인이 구체적인 지도까지 만들어놓은 마음속 공간이었던 데 비해, 푸른 당나귀가 사는 공간은 가상적이면서도 현실적인 디지털 공간이라는 차이가 있지만 말이다. 그러니 이 시를 디지털 환경에 능숙한 시인이 '어둠의 경로'인 '당나귀'를 통해 자료를 불법 다운로드를 받다가 컴퓨터가 바이러스에 감염된 경험을 쓰고 있다고 글자 그대로 해석하는 것은 어리석은 일이다. 시인은 어떤 직·간접의 경험을 쓰지 않고, 그것을 채택하여 재창조하기 때문에, 시인은 언제나 독자가 그 두 개의 단면을 투시하며 읽기를 요구한다. 다시 말해 어둠의 불법 체류자가 푸른 당나귀를 타고 무한공유를 꿈꾸는 곳과 '희망'의 결합이 생산하는 낯설고 아름다우며 건강하고 신선한 감각 말이다.

불법 체류자들은 법이라는 권위와 규율 외부에 존재하는 자들로, 그 어두운 외부에 머물며 무한공유를 통해 살아가고 세력을 키운다. 나무가 어두운 땅에 뿌리를 박듯, 이들은 어둠의 경로에 뿌리를 박고 생명수를 나누는 것이다. 이 생명수―삶의 젖줄은 다름 아닌 '정보'이며, 그것은 무료로 무한공유 되기에 서로 나누면 나눌수록 그 정보량이 기하급수적으로 늘어나는 폭발적인 생명력을 지녔다. 마치 스스로 성장하는 블랙홀과도 같은 '시간의 검은 구멍'에 접속한 불법 체류자인 시적 자아는 그곳에서 '자폐 기관차'와 '싸움'을 시작한다. 낯선 이미지인 '기관차'가 갑작스럽게 등장하는 이유는, 인터넷에서 자료를 다운로드하는 기회를 제한하는 경우 '200인승 기차'[2)]와 같이 표현하기 때문인 듯하다. '자폐'는 기관차로 비유되는데, 기관차는 다시 거대한 철갑을 두른 야수처럼 묘사된다.

여기서 시인이 의도적으로 '돈키호테'를 패러디 하고 있음을 알 수 있다. 시적 자아는 푸른 동키-당나귀를 타고서 '자폐 기관차'라는 거대한 적에게 달려드는 돈키호테이다. 그는 인터넷의 무한공유를 통해 자폐를 넘어서려는 것이다. 이 자폐와의 싸움에서 푸른 당나귀는 바이러스를 보내 나를 감염시킨다. 지독한 '희망' 바이러스에 감염된 나는 자폐 기관차와의 싸움을 통하여 그것을 다시 무한공유하고, 세상을 전복하고자 한다.

독자는 인터넷 프로그램인 당나귀와 불법 다운로드, 돈키호테의 내러티브, 그리고 언어유희를 통해 창조된 의미 사이를 오가며 퍼즐을 맞추는 게임을 즐길 수 있다. 그리고 그 퍼즐이 맞아떨어지면서 완성되는 이미지의 신선함에 놀랄 것이다. 이 시는 마지막까지 반어를 통해 퍼즐을 모두 맞춘 독자를 시의 처음으로 소환하여 의미를 재구성하게 한다. 절망으로 썩어문드러진, 뒤집어 버려야 할 세상이 '밝은 세상'이라는 반어는 다시금 시의 제목이 '어둠의 경로'임을 환기시키면서, 소외된 자들의 연대를 강조하는 것이다. '밝은 세상'의 규율, 자본주의의 원리 등에서 벗어난 그늘진 곳에서 무료로 무한공유 되며 증식하는 '정보'와 그로 인한

[2)] 200번만 다운로드 받을 수 있도록 횟수를 제한해 놓았다는 인터넷 상의 표현. '기차에 탑승 시켜 달라'거나 '100인승 기차 출발' 등등의 표현 역시 다운로드와 관련하여 사용된다. '기차'는 종종 '버스'로 대체하여 사용되기도 한다.

연대가 거대한 자폐적 파편적 소외를 극복할 것이다. 언어유희와 패러디와 반어가 반짝이는 시이다.

  한 가지 더, 인터넷과 디지털 문명이 아직 낯선 것이었을 때, 그것은 다양한 소재의 차원에서 시 속에서 사용되었다. 그것의 이름을 언급하는 것만으로 시인과 독자는 신기하고 비인간적인 문명을 매력과 거부의 차원에서 경험하였다. 디지털 문화와 인터넷이 생필품으로 흡수되고 일상이 되면서 누구도 그것에 이물감을 느끼지 못한다. 원구식 시인은 이렇게 삶으로 육화된 디지털 문명과 디지털적 감수성을 보여준다. '디지털 문명에 대한 시'가 아니라 '디지털을 문명을 통해' 전복과 구원과 연대를 꿈꾸는 '디지털적인 시'이다. 여기, 푸른 동키를 탄 돈키호테는 디지털 스키테를 가졌다.

포스트 아포칼립스(post-apocalypse)적 상상력
– 박청륭론

'나는 죽고 싶다'.

무릎이 귀에 닿도록 늙어 쪼그라든 쿠바이의 무녀 시빌은 '너의 소원은 무엇이냐'고 묻는 아이들에게 이렇게 말했다. 태양신 아폴론은 시빌을 무척 총애하여 소원을 하나 들어주겠다고 하였다. 시빌은 영원한 삶을 기원하였는데 그만 젊음을 함께 달라는 요구를 잊어버린 탓에 영원히 늙어가면서 죽지 못하는 처지로 전락했다. T. S. Eliot의 「황무지」에 에피그래프로 등장하는 이 이야기는, 살아있어도 죽은 것과 다름없는 상태가 지속되는 것, 죽지 못하는 자의 비극성을 보여준다.

죽음이 삶의 가장 큰 축복이라는 말이 꼭 악마주의적 슬로건은 아니다. 박청륭 시인은 죽음과 생명, 악마주의와 신성함, 성서적 묵시록적 상상력, 저주와 구원의 상상력, 전쟁-죽음의 이미지와 성性적인 이미지 들을 결합시키는 데 주저하지 않는다. 그의 시에 나타난 초이분법적인 사유는 철저한 이분법을 전제로 하고 있는데, 양극적인 이미지와 상상력의 결합은 폭발적인 긴장감을 가져온다.

「카인의 부적」은 얼핏 1과 2가 단절적으로 보인다. 1이 황폐한 풍경을 통해서 죽음의 상상력을 보여주고 있다면, 2는 여러 편의 SF 영화에 나올 법한 돌발적이고 기괴한 이미지들을 병치하고 있어 다른 두 편의 시를 붙여놓은 듯이 느껴지기 때문이다. 그러나 1과 2는 '불'과 '죽음'의 상상력이라는 통일성을 갖는다. 즉, 시의 전반부가 아포칼립스적 상상력을 보여준다면, 후반부는 포스트 아포칼립스적 상상력을 보여준다는 점에서 단속斷續적이다.

1에서 비는 진눈깨비로 변한다. 진눈깨비는 눈처럼 희고 포근하고 가볍게 날리지 않고, 검고 차갑고 무겁게 하강한다. 생명을 상징하는 어린 짐승은 악마적 이미지인 '박쥐'로 나타난다. 이 세계는 진눈깨비와 어둠에 젖어 하강하고 있으며, 새벽이 되어도 날이 새지 않는 곳이다. 날이 새지 않고 밤이 지속되는 이 공간은 살아있어도 죽은 것과 다름없는 상태로 살아가는 무녀 시빌의 비극성이 가득한 세계이다. 시인은 이것을 진정한 죽음의 세계로 판단하고 있다.-죽음을 이야기한다고 해서 모두 죽음이 아니며, 죽지 못하는 것이 진정한 죽음이라는 점을 시인은 영화의 한 장면처럼 재현하여 보여준다(이 시는 시극이나 시무용에 공연에 그대로 사용될 수 있을 만큼 대본으로도 손색이 없다).

무거운 돌 소리 가득한 폐허에서 시적 자아는 돌로 자신의 발등과 무릎을 번갈아 찍는다. 죽음으로 점철된 세계에서 자해하는 것은 세계에 대한 강한 부정이며 의지이다. 그는 잿더미-세계에 다시 불을 붙여 보려한다. 이 때 불은 정화의 불이고 리비도이며, 검고 차갑고 무거우며, 젖어 하강하는 세계를 불살라 상승시킬 수 있는 비상飛翔의 상상력을 갖는다. 그러나 알맹이-씨앗-생명의 정수가 사라진 쭉정이 뿐인 세상에서 불은 불을 일으키지 못하고, 시적 자아는 잿더미 속에서 뼈를 발견할 뿐이다.

이렇듯 죽음의 상상력이 질식할 듯 가득한 세계에서 등불을 든 나비가 몇 개의 섬을 징검다리 건너는 이미지는 선명하고 아름답다. 이 곱고 여린 날개가 꿈꿀 수 있는 비상의 유일한 매체라면 애처로운 일이지만, 그럼에도 그것이 성큼성큼 징검다리로 어둠을 건너가는 모습은 그 무엇보다 선명한 느낌을 준다. 이 작고 선명한 영혼—나비는 프시케psyche 곧 영혼이다—은 죽지 않는 세계를 죽음으로 분명히 인식하고 있는 시인의 퍼스나이다.

2에서는 포스트 아포칼립스적인 세계가 재현된다. 제목을 성서에서 가져온 것으로 보아 '7년의 기근' 역시 성서 속 이집트에 들었던 기근의 이야기에서 차용해온 듯하지만, 이는 곧 수백 킬로 오일 파이프에 붙은 불의 이미지로 이어지며 이라크 전쟁을 떠올리게도 한다. 시인은 전쟁과 SF 영화적 이미지와 성서 모티프와 성性적 이미지—그는 일찍이 오일 파이프를 전립선에 비유한 바 있다—를 뒤섞어 상승과 생명의 상상력을 역동적이고 속도감 있게 형상화하고 있다.

1이 정적인 이미지와 하강의 상상력을 보여주었다면 2는 시속 400킬로의 어마어마한 속도감과 굉음, 오일 파이프에 불이 붙은 상태의 폭발할 듯한 긴장감과 역동성을 보여준다. 뜨거운 불길 속에서 태양이 출렁이는 이 공간은 현실의 사막이고, 현대문명의 황폐함이고, 정신의 사막이지만 동시에 성적 충동과 생명이 들끓는 사막이다. 관능과 정념이 불타오르는 사막은 어마어마한 힘을 가지고 있으며, 그것은 우주 깊숙한 핵 저장고를 건드리고 온 우주를 다시 폭발—세포분열하게 한다. 폭발은 끝이 아니라 시작이고, 죽음의 상태를 깨뜨려 생명의 불을 붙이는 일이다.

마지막으로 제목 '카인의 부적'에 대해. 성서에 따르면 카인은 인류최초의 살인자이다. 누구도 해치거나 죽이지 못하도록 표식을 내려준 신의 용서로 인해 죽지 못하는 존재가 된 카인을 가져와서, 시인은 죽지 못하는 것이 이미 죽음의 상태와 같다는 이야기를 하고 싶었는지 모른다. 혹은 죽음의 상태와 다름없는 현실을 파괴하고 죽이는 것이 진정 생명을 일깨우는 일임을 말하고 싶었을 수 도 있겠고, 카인처럼 시적 자아가 쫓겨나 방황하게 된 세계가 죽음의 상태와도 같음을 지적하고 싶었을 수도 있다. 아니 '카인의 부적'은 이 모든 것을 상징하고 있는 듯하다.

신화의 용광로, 연금술적 시성(詩性)의 신화
- 김백겸론

「침묵의 창세기」는 신화의 멜팅 폿melting pot과도 같다. 중국의 건국신화이자 창세신화인 반고이야기와 장자, 기독교 창세신화, 그리고 아즈텍 신화, 불교와 주역과 고대의 연금술 등등에서 모티프를 취하여 새로운 '시(인)의 창세기'를 들려주기 때문이다.

시는 "태초에 말씀이 있었다"는 기독교 신화의 구절을 "태초에 어두운 뱀의 알 같은 침묵 한 점이 있었다"로 바꾸어 놓는 데에서 시작한다. 시인이 침묵에서 말과 노래가 분화되어 나오는 것으로 인식하고 있기 때문에, 이 새로운 '시(인)의 창세기'는 '말씀'부터 시작하는 기독교 신화의 태초보다 더 '앞선 태초'를 기술하고 있다. 또한 태초에 존재하는 침묵-신적 존재가 '어두운 뱀의 알 같은' 것으로 묘사되고 있는데, 시인은 '침묵-신적 존재'를 에덴을 파괴하는 조종자인 (어두운) 뱀에 비유함으로써 '침묵의 창세기'를 기독교 신화와 분리한다.

'뱀의 알과 같은 침묵 한 점'은 어느새 깨어나 '날개가 돋아나기 전의 검은 붕새'와 동일시된다. 장자에서 곤이라는 물고기가 붕새로 변신하듯, 침묵은 변신을 전제로 하고 있다―사실 이런 변신의 상상력은 '알'이 미지가 본래적으로 품고 있다. 침묵이 말이 없는 상태가 아니라 말을 품고 있는 알로 비유되는 것은 상당히 근사하다.

　붕새―침묵의 두 눈이 각각 태양과 달로 변했다는 것은 중국의 반고신화에서 취한 것으로 보인다. 반고는 땅을 딛고 하늘을 받친 채로 1만 8천년 동안 키를 키워서 그 둘을 분리하고는 쓰러져 죽었는데, 그의 왼쪽 눈이 태양이 되고 오른쪽 눈은 달이 되었다고 한다.[1] 또한 세상에 빛이 생겨나니 침묵에서 말과 노래가 자라고 그것이 침묵―붕새의 날개 깃털처럼 펼쳐져 우후죽순으로 삼라만상이 일어났다는 1연의 마지막 부분은 태극에서 양의가 나오고 양의에서 사상이 나오고, 사상에서 팔괘가 나와 만물이 생겨났다는 주역의 내용을 패러디 한 듯하다. 침묵으로부터 분절되고 분화된 것들, 언어와 빛이 삼라만상을 생성하고 있다.

　붕새―침묵은 다시, 에덴에서 날개가 달린 뱀으로 변신하는데, 이는 아즈텍 신화에서 가장 강력한 신 케찰코아틀Quetzalcoatl의 이야기를 취하고 있다. 케찰코아틀은 '날개달린 뱀'이라는 뜻으로 하늘에 살며 세계의 창조와 파괴에 관여한다고 한다. 시인은 기독교에서 사탄으로 지목되었던 뱀에게 세계의 창조와 파괴를 조종하는 신적 존재의 이미지를 부여하

---

[1] 반고신화에서 세상은 원래 알이었다. 그 알 속에 반고(盤古)가 자고 있었는데 눈을 떠보니 암흑이라 옆에 있던 도끼로 알을 후려쳤다. 알이 깨지고 나니 알 속에 있던 가벼운 것들은 위로 무거운 것들은 아래로 가라앉았는데 이들이 다시 혼돈이 될 것을 걱정하여 반고는 무거운 것을 밟고 서서 가벼운 것을 두 팔로 들었다. 그리고 그 둘이 합쳐지지 못하게 키를 키웠는데 1만 8천년 동안 그렇게 하여 9만 리의 거리를 벌려놓을 수 있었다. 그리고 반고는 쓰러져 죽었는데 반고의 숨결은 바람과 구름이 되고, 목소리는 우뢰가 되고, 왼눈은 해가, 오른 눈은 달이 되었다. 손과 발은 산이 되고 피는 강물이 되고 힘줄은 길이 되었으며 살은 논밭이, 머리털과 수염은 별이, 몸의 털은 수풀이되었고, 이와 뼈는 쇠붙이와 돌이 골수는 보석으로 변했으며, 땀은 비와 호수가 되었다.
반고 신화는 인물에 초점을 맞추는 여타 동양권의 신화와 달리 창세에 초점을 맞추고 있다는 점에서 특이하다. 북유럽의 이미르 신화가 거인신화이고 거인이 죽어 그 몸으로 세상을 만드는 창세신화라는 점에서 반고신화와 흔히 비교된다.

고 있는 것이다.

재미있는 것은 시인이 아담을 말의 아들로, 이브를 노래의 딸로 보고 있다는 점이다. 이성과 감성으로, 로고스-아담과 예술-이브에게 에덴을 파괴하는 힘을 가르친다는 내용이다. 그렇다고 오해하지 말자. 시인은 기독교 신을 부정하는 자가 아니라 새로운 신화를 창조하기 위해 기존 신화들을 차용하고 있을 뿐이다. 이 시를 반기독교적으로 읽는 것은 철저한 기독교적 독법일 터이다. 시인은 수많은 신화의 모티프들을 가져다가 그것들을 원래 신화 속에서의 의미로부터 문이 여닫히는 방식으로 새로운 신화를 쓰고 있다는 점을 잊어서는 안 된다.

그렇다면 에덴의 파괴는 동시에 다른 것을 의미한다고 볼 수 있다. 이상적이고 행복한 에덴을 '빛이 얼음처럼 식은 꿈 동산'이라고 알려주는 침묵의 가르침에서, 그것이 파괴해야할 대상으로 지목되는 이유를 짐작해본다. 시인은 인간이 평온하고 습관적인 일상에 젖어 진리를 구명하지 않는 상태를 꼬집고 있는 것이다. 인간이 마음대로 금수와 초목의 이름을 지으며 만물의 영장의 위치에 서서 기억과 함께 노니는 광경은, 사물의 본질이나 세상의 진리와는 상관없는 유아적이고 자기중심적인 퇴행이다. 에덴이 어두운 시간에 핀 아름다운 꿈-연꽃이라는 시구는 역설적 불교적 상징으로 보인다. 더러운 진흙 속에서 피어난 연꽃은 깨달음을 의미하지만, 그것은 진리를 망각한 헛된 꿈에 불과하다는 의미로 사용되고 있다.

날이 밝으면 꿈이 깨듯, 연꽃이 지면 침묵에서 분화된 인간은 다시 침묵으로 돌아간다. 침묵과 인간은 각각 '밤하늘에 꽃밭으로 누운 은하수'와 '캄캄한 마음속에서 꿈틀거리는 용암'이라는 뱀 이미지로 묘사되며, 천상과 지상에서 평행하게 같은 원리로 움직이는 대칭적 이미지로 나타난다.

마지막 5연에는 연금술의 상징인 우로보로스의 이미지가 등장한다. 우로보로스는 시작이자 끝인 존재, 스스로 창조하고 파괴하고 다시 태어나는 순환을 통해 영원성을 획득하는 존재이다. 침묵―뱀은 선사先史부터 '말―아담―이성'과 '노래―이브―예술'에서 분화해간 인간의 역사歷史를 지켜보았다. 시인은 역사를 헛된 '꿈 시간'이라 표현하고 있는데, 침묵은 그것을 다시 태초의 상태―뱀의 알로 되돌리려 이빨을 박아 뱀독을 흘려 넣는다. 뱀독을 넣어 죽음―파괴를 부르는 것은 파탄을 꾀하는 사악한 음모가 아니라 새로운 탄생을 위한 순환론적 과정이다.

전 세계 신화의 용광로와도 같은 이 시는 다양한 신화들을 차용하여 이른바 '순환론적인 시(인)의 창세기'를 창조―기술하고 있다. 이런 시적 방법은 언어를 통해 언어 이전에 닿아가야 하는 시(인)의 모순된 운명을 보여주기도 한다. 시는 세계를 태초의 것으로 되돌리고 갱신하여 새롭게 함으로써 영원하게 하는 연금술과 관련된다. 김백겸 시인은 이런 다양하고 복잡한 신화와 우주의 원리를 자유자재로 부려 장중한 시(인)관을 창세기의 형식으로 창조해놓았다. 동서양의 창세신화에 대한 배경지식을 요구하지만 그것으로부터 자유롭게 여단히는 방식으로 읽히는 「침묵의 창세기」는 그래서 매우 익숙하고 또한 낯설다. 일상 속에서 아주 작아진 현대의 미분적 시들과 달리, 김백겸은 장중한 신화적 상상력을 통해서 연금술적 시성詩性의 신화를 그리고 있다.

잘 만들어진 미궁, '신비한 불결'의 성

― 조연호론

　미로에서 길을 잃는 것이 목적일까, 길을 찾는 것이 목적일까. 다이달로스Daedalus는 크레타 왕 미노스의 명령으로 괴물 미노타우르스를 숨겨놓을 미궁迷宮 라비린토스를 지었다. 미로는 무언가를 은폐하기 위해서 만들어진다고 볼 수 있다. 하지만 미노스 왕과 달리, 다이달로스에게 미노타우르스는 중요하지 않았다. 왕에게 미로가 괴물을 숨기는 수단이었다면, 명장名匠에게 미로는 그 자체 하나의 창조적 건축―발명품이었을 것이다.
　「고전주의자의 성」은 잘 만들어진 미궁迷宮이다. 이 성城은 희미한 의미와 감각, 언어유희의 미로로 만들어진 성性적 공간이다. 이 시는 굳이 '더 굵고 긴 악몽에 향기 나는 콘돔을 씌우고'라는 구절을 언급하지 않더라도 시 전체가 성적인 이미지로 가득하다. 사실 인용한 구절은 어쩌면 가장 비성적인 이미지라고 할 수 있다. '그'는 '괄태충처럼 사라질까봐 두렵다'는 종류의 산문과 운문을 생의 모든 부분에서 반복했다고 '나'에 의해서 평가된다. 하지만 시에서 독백하고 있는 '나' 역시 같은 문장을 반복하고 있으므로, '그'와 '나'는 동일인물이다. 이런 설정은 지금까지 '이런 종류의 산문과 운문을 생의 모든 부분에서 반복'해온 자신을 객관화한다. 객관화란 일종의 거리 두기이기에, '나'는 '지금까지의 나'와 거리를 두고 싶어 한다는 것을 알 수 있다. 그렇다면 '괄태충처럼 사라질까봐 두렵다'는 종류의 산문과 운문'은 무엇일까.

먼저 문장 그대로의 의미를 짚어보면, 괄태충括胎蟲이란 민달팽이를 의미한다. 야행성이고 자웅동체이며, 발의 앞 끝에서 점액을 분비하여 미끄러지며 이동하는 연체동물이다. 이런 종류의 산문과 운문이란, 자연의 비유를 들어 그것을 굳이 괄태충이라고 부름으로써 낯설게 하고, 거기에 두렵다는 감정을 입히는 방식의 고전(주의)적1) 미적 규범을 지키는 산문과 운문이라고 추측해볼 수 있다. 혹은, 그냥 사라지는 것이 아니라 '괄태충처럼' 사라진다는 것에 초점을 맞추어 짐작해볼 수도 있다. 끈적끈적한 점액을 분비하여 흔적을 남기고, 느리게 흐물거리며 사라지는 종류의 희미해짐, 무력해짐에 대해 두려움 말이다. 사실 시의 마지막 행에 '괄태충'의 의미가 상당히 인상적으로 등장하는데, 그것은 '신비한 불결'로 명명된다.

시적 자아는 '그대'에게 하루에 하나씩의 문밖을 던졌다고 말한다. 구체적일수록 더 생생하게 감각을 환기시키는 것은 분명하다. 하지만 조연호 시인은 이런 선명함 대신에 모호함과 희미함을 선택한다. 문밖이란

---

1) 고전주의(자)라는 말로 여러 가지 의미를 지칭할 수 있겠지만, 정형화된 형식을 특징으로 하는 예술 사조중의 하나라는 가장 범박한 정의로 파악하고 있다. 이런 고전주의(자)에 대비되는 개념이 낭만주의(자)인데, 낭만주의는 예술을 미의 법칙으로 규제하고 그 틀을 벗어나는 것을 금지하는 것에 반하여 생겨난 자유롭고 정서적인 사조이다. 8행에 등장하는 쇼팽은 부드러운 선율과 자유로운 불협화의 낭만파적 곡들과, 반음계, 페달의 사용 등 독자적인 연주법을 남겼다.

'고전주의자의 성문-규칙'의 밖, 모든 것들이 아닐까. 그 외부에 존재하는, 규범에서 벗어난 것들을 그대에게 던졌고, 그것에는 방문객이 없었다는 것은 아직 그것을 이해하는 사람들이 없었다는 의미로 짐작된다. 문밖은 '타인이 연주하는 쇼팽'으로 이름 붙여지기도 한다. 쇼팽이 다양한 낭만파적 소품을 작곡하였고, 부드럽고 자유로운 선율과 불협화음과 반음계 사용을 거침없이 사용했다는 점을 떠올려본다면, 그것은 분명이 문밖에서 들려오는 '타인의 쇼팽'이다. 시적 자아는 이런 자유롭고 부드러운 '탈규범'이 '나'의 '감정의 일부'를 부숴놓기도 했다고 고백한다.

무력하고 희미하고 흐물거리는 것은 부서지지 않지만, 시의 중간에부터 단단한 이미지들이 등장하기에 이런 부서짐이 가능하다(사실 시적 자아는 흐물거리는 존재가 아니라 흐물거림을 두려워하는 존재이다). 구름의 위쪽 단추까지 채우는 이미지는 격식을 차리는 딱딱한 이미지이며, 구름이 더 이상 비로 내리지 않는 건조함의 이미지이기도 한 것이다(멋진 표현이지만, 사실 조연호 시의 이런 문장들은 그것의 의미를 생각하기 전에 즉각적으로 그 자체 미적인 즐거움을 느끼게 한다).

시적 자아는 자신의 감정이나 창이 부서지고 깨지는 일에 대해서 고통스러워하거나 놀라지 않는다. 그가 두려워하는 것은 오직 괄태충처럼 흐물흐물하게 사라지는 일 뿐이다. 어쩌면 '그-고전주의자'가 두려워하는 '괄태충-신비한 불결'이야말로 그가 꿈꿔야 할 대상인지도 모른다.

다시 미로에 대해 생각한다. 미로를 찾는 이들은 헤매는 것을 원할까, 길을 찾는 것을 원할까. 조연호의 시는 읽기 쉽지 않다. 많은 것을 생각하게 한다는 점도 한 이유이겠지만, 그런 방법론이 궁극적으로 의도하는 것이 무엇인지 찾아내기 어렵다는 데에서 아포리아를 경험하게 한다. 하지만 연거푸 읽다보면 그것이 무언가를 은폐한 미로가 아니라 미로 자체, 건축물임을 깨닫게 된다. 우리는 잘 만들어진 미로를 체험하러 가서 무언가를 찾는 어리석음을 범하지 말아야한다. 비록 막다른 골목 앞에서는 일이 반복되어 조금 외롭고 지치더라도 우리는 예술의 향수자, 놀이를 즐기는 자가 되어야 한다. 아니면 치즈를 찾는 쥐로 전락할 것이다.

언어 이전을 찾는 고고학자의 화살

– 박형준론

    시인은 언어 이전을 찾는 고고학자다. 그 언어 이전에 있었던 것을 '꽃'이라 부르기로 한다면 그는 과거의 꽃을 찾아 캐내 오려는 자다. 살아있는 유물을 발견하려한다는 점에서 시인은 불가능한 고고학자처럼 보이기도 한다.
    시인은 이 꽃이 생생하고 그득했던 때를 회상하는데, 그 꽃의 시절엔, 세계는 모두 생생히 살아 있고 이어져 있었으며, 부드럽게 서로를 안고 안겨 있었다. 「무덤 사이에서」는 시 전체에 걸쳐 이 아늑하고 행복한 세계를 섬세하고 아름답게 묘사하고 있다. '추수가 끝난 들녘이 목울음을 울면 그것이 하늘에서 먼 기러기의 항해로 이어지'는 묘사는 늦가을 들녘의 풍경을 황량하고 쓸쓸한 것에서 부드럽고 아늑한 것으로 바꾸어 놓는다. 들녘은 수동적이고 죽은 존재가 아니라, 자신을 비워낸 자리에 목울음을 울어 기러기를 부르는 존재로 되살아나고 있다. 들녘의 목울음 소리를 들은 기러기는 수천 킬로미터의 항해를 통해 날아와 들녘을 품는다. 서로 관계가 없는 듯 보였던 천상과 지상의 풍경은 서로가 잇달아 일어나는 관계로 거듭나며, 이런 관계 속에서 모든 것은 서로 이어져 있는, 서로를 안고 안기는 상태가 되는 것이다.

'서리에 얼어붙은 이삭들 그늘 밑'에는 추위와 죽음만이 있을 것 같지만, 그곳에는 '별 가득한 하늘 풍경보다 더 반짝이는 경이가 상처에 절리며 부드러운 잠을 자고 있'었다고 한다. 의외의 곳에서 서리가 반짝이는 모습의 아름다움이 선명한 시각적 이미지로 고스란히 담겨있는 구절이다. 시인이 발견한 이 '경이로움'이 바로 그가 찾아 나섰던 '꽃'임을 알 수 있다. 그는 '경이'가 잠자고 있는 곳에서 자신이 날려 보낸 생의 화살을 줍곤 했다고 쓰고 있기 때문이다. 이 '날려 보낸 생의 화살'이라는 표현은 참으로 절묘하다. 시인은 경이로움을 찾아, 꽃을 찾아내기 위하여 아마도 생의 많은 나날들을 (헛되이) 날려 보냈을 것이다. 하지만 결국 '경이로움-꽃'을 발견하고 자신이 (쏘아) 날려 보낸 생의 화살을 줍고 있음을 너무나 간단히 표현하고 있는 것이다.

시인은 이제 천상과 지상, 나아가 지하까지 서로 연결되어 있는 세계의 이야기를 들려주고, 거기서 자신이 찾아낸 꽃에 대해 이야기한다. 그는 '청춘의 불빛들로 이루어진 은하수를 건지러 자주 우물 밑바닥으로 내려가곤' 했다고 한다. 거기 겨울이 되어 우물이 얼어붙어도 얼음 속에 신성함의 꽃다발이 꽃씨들로 있었다고 회상하고 있다. 은하수-꽃을 건지기 위해 그것이 비친 우물 밑바닥으로 내려갔다는 말은, 비현실적인 꿈을 가진 현실주의자로서 시인의 세계관을 보여준다. 그는 하늘을 꿈꾸며 지하로 내려가 그것을 구하는 사람이다.

시인은 회상으로부터 현실로 돌아와, 꽃이 필 수 없는 겨울인 '지금', 들녘을 헤매이며 '꽃'을 찾고 있다. 살아있는 미라를 찾아다니는 것 같이 불가능해 보이는 이 고고학자의 탐험은 그의 밝은 눈에 의해 실마리를 찾는다. 논과 밭 사이에 있는 무덤들을 발견한 것이다. 그는 밭가의 무덤을 살아있는 사람들을 위해 차려놓은 밥상의 밥그릇 같다고 생각한다. 이런 상상력은 죽음을 삶과 분리된 것이 아닌 늘 곁에 있는 친숙한 것으로 만든다. 사람들은 밭일을 하다가 허기가 지면 무덤가에 와서 새참을 먹고, 어린 아이들도 그곳에서 놀이를 하기도 한다. 삶과 죽음이 분리되지 않은 밭가의 무덤에는 죽음과 삶, 죽음과 놀이와 노동, 아이와 어른과 조상이 이어져 있다.

시인은 이 삶과 죽음의 심연 속으로 들어가 꽃을 찾으려고 한다. '밭가의 무덤' 사이에 얼마나 밝은 잠이 흘러가는지, 그 심연 속으로 들어가 꽃을 캐내겠다는 것이다. 이는 죽음의 찬양이 아니라, 기꺼이 생의 화살을 비록 그것이 헛되이 보이더라도 쏘아 날려 보내겠다는 의미로 읽힌다.

박형준 시인은 시를 제작하고 만들어내는 사람이 아니다. 그는 임의로 단절과 함축을 만들어 '겨울에 피지 않는 꽃'을 '환기'하려는 시인이 아니다. 그는 눈과 귀를 맑게 하고 세계가 하는 말을 읽어내고 전해주는 커뮤니케이터와 같다. 낭만주의의 영매적 시인이 영감이 오기를 기다렸다면, 그는 겨울 들판에 생의 화살을 날려 보내는 '삶이라는 헤매임'을 통해 '한겨울 추위 속의 딱딱한 꽃'을 발견하고 잔뿌리까지 상하지 않도록 조심스레 캐오는 시인이다. 그 덕분에 우리는 진짜 꽃을 본다.

나쁜 피를 지닌, 질주하고 고뇌하는 구름의 탄생

— 윤의섭론

　구름은 가볍고 유유하며 자유롭고 초탈한 존재, 혹은 변화하고 흩어지는 무상無相한 것이었다. 그런데 윤의섭 시인은 가장 독특하고 인간적인 구름을 탄생시켰다. 「구름의 율법」은 '지상으로도 대기권 너머로도 이탈하지 못한다'는 구속감에 괴로워하는 구름을 보여준다. 구름의 자유가 실은 '궤도' 안에서 이루어지는 것이라는 '앎' 때문에 그는 비극적인 존재이다. 떠도는 것이 진정한 '자유'이기 위해서는 자유의지로 '갈 곳'이 있어야 할 것이다. 우리는 광막한 공간에서가 아니라 작은 문을 열 때 최대한의 자유를 느끼지 않는가. 그런데 구름은 상승과 하강이 불가능한 위상에 갇혀 있다는 '앎'과, 갈 곳 없이 부유하고 있다는 사실로부터 벗어나기 위해 질주하고 그러다가 달콤한 휴식을 그리워하기도 한다.

　이전의 구름이 유유자적한 삶, 초원의 풀을 뜯는 양떼 같은 편안함을 습관적으로 의미해왔다면, 이제 구름은 인간적인 고뇌와 고통으로 질주하기도 하고, 피로한 하루하루의 삶과 맞서기도 하는 존재이다. 시는 '파헤쳐보면 슬픔이 근원이다'라는 말로 시작하고 있는데, 이는 구름이 성찰하고 사색하는 존재임을 보여준다. 그는 석양의 붉은 해안을 거닐며 자신의 존재의 근원, '저주의 혈통'에 대해 생각해보기도 하는 것이다. 석양의 붉은 해안은 지상과 천상에 밤과 잠과 휴식이 물드는 시간이고 공간이다. 이때에도 그는 잠들지 못하고 서성이며 자신의 존재와 운명에 대해 생각하고 또 생각하는 것이다. 구름은 생각 끝에 '언제 가라앉지 않는 생을 달라고 구걸한 적이 있던가'라며 자신의 '저주받은 혈통'을 원망하기도 한다.

구름이 원망하고 있는 이 '나쁜 피'의 계보에 위대한 시인들이 자신의 피로 이름을 새겼음을 떠올려본다. 보들레르가 그러했고 서정주가 그러했다. 이들이 저주받은 이유는 '고뇌'를 이마에 얹어 놓음으로써 그것을 자신의 왕관으로 삼았기 때문이다—보들레르는 「축복」에서 고뇌의 신비로운 왕관을 이마에 얹어 놓았으며, 서정주는 「자화상」에서 피가 섞인 시의 이슬을 이마에 얹어 놓았다. 이들의 왕관은 신성함과 세속의 삶을 둘 다 포기 하지 않는 데에서 생겨나는 고뇌와 고통이다.

구름이 이들처럼 저주받은 이유는 지상의 아름다움에 곱고 순한 풍경이 되어 물들 줄 아는 존재이면서 동시에 천둥소리의 본성을 가진 존재이기 때문이다. 보들레르 식으로 말하자면 고뇌이며, 서정주 식으로 말하자면 꽃향기의 이슬과 천둥소리라는 본성의 피가 섞여있는 것이다. — 일반적으로 '지상적인 것'이 피로 상징되는 본성 같은 '육체성'을 의미하고, '천상적인 것'이 아름다움이나 이상 같은 '정신성'을 의미하는 경우가 많다. 하지만 「구름의 율법」에서는 하늘로 비상하려는 것이 '본성—피—육체성'으로, 지상의 아름다움이 정신성으로 전도되어 있는 것도 특이하다. 이로 보아 윤의섭 시인의 시적 자아는 아름다움에 감동하고 동화되어 그것과 일부가 되기도 하지만 천둥소리를 가진 더욱 숭고한 자아임을 알 수 있다.

구름은, 한 떼의 구름 무리가 텅 빈 초원을 찾아 떠나가고 나서 남겨진 자들의 최후를 담담히 보고한다. 뿔뿔이 흩어지거나 태양에 맞서다가 죽거나 지상을 떠올리며 사라지는 각양각색의 구름의 최후. 니체는 양떼와 같이 풀을 뜯으면 편안하지만, 무리로 부터 떨어져 나와 풀을 뜯으면 고통과 고뇌에 맞서야 한다고 하였다. 구름은 무리로부터 떨어져 나와 자신이 갇혀있는 생의 굴레를 절감하면서도 그것을 벗어나기 위해 포기하거나 타협하지 않는 자이다. 구름은 지상과 천상의 어느 한 쪽을 포기한다면 중간에 갇혀있는 굴레의 상태를 벗을 수 있을 것이며, 무리와 함께 한다면 보다 편안할 수 있을 것이다. 그러나 그는 노예적인 삶에서 벗어나기 위해 굴레를 직면하고 하루하루를 묵묵히 나아가는 존재이다.

마침내 구름은 자신이 떠도는 현생이 구천이며 너무 무거워도 너무 가벼워도 살지 못하는 중천이라 여기기로 한다.[1] 그리고 비극적인 생을 긍정하는 것이다. 그는 지상의 초원을 찾아간 한 떼의 무리들의 행방을 알지 못하지만 그들이 사지를 찾아간 코끼리 떼와 같았으리라 생각한다. 성스러운 곳은 끝에 있기에 아무도 알지 못하는 것이다.

율법이라는 말은 해야 한다는 강제조항과 하지 말라는 금지조항들로 이루어진 규범이다. 시인은 구름과 율법을 결합시킴으로써, 구름은 유유

---

[1] 구천과 중천은 각각 여러 가지 동음이의어들을 가진 단어인데 작품 내에서 한글 표기로만 되어 있어 사실 의미가 명확하지 않다. 구천은 하데스와 같은 황천을 의미하기도 하고, 불교에서 말하는 가장 높은 하늘을 일컫기도 한다. 또한 중천은 하늘의 한 복판을 의미하기도 하고 불교에서 9개의 위계를 가진 하늘 가운데 중간 정도 높이 있는 하늘을 의미하기도 하며, 죽은 자가 내세에 환생하기 전에 49일 동안 머무는 곳을 의미하기도 한다. 그런데 문장의 구조상 구천과 중천은 대등한 의미로 사용되었음을 알 수 있다. 중천은 너무 무겁거나 가벼우면 살지 못하는 곳이라고 하였으니, 중간 정도 높이의 하늘을 의미한다고 보는 것이 타당하다. 이로 미루어 보아 구천 역시 가장 높은 하늘의 의미는 아닐 것이다. 그렇다면 시인은 구천을 죽은 자들이 가는 곳의 의미로 사용하고 있는 것이며, 이는 '현생'이라는 말과도 잘 어울린다. 또한 환생을 위해 죽은 뒤에 49일간 머무르는 장소가 중천임을 떠올려 볼 때, 이 부분은 현생을 죽은 뒤에 잠시 떠도는 곳이라는 의미로 써졌다고 보는 것이 합당하다.

히 떠다니는 뜬구름에서, 굴레에 갇혀 저주의 몫을 살아야 하는 인간적인 존재로 바꾸어 놓은 것이 놀랍다. 이 질주하고 고뇌하며 감동하고 천둥소리를 본성으로 품은 젊고 강건한 구름은 숭고함과 아름다움을 찾아 무리로부터 떨어져 나오기를 주저하지 않는다. 당신의, 나의 머리맡에 언제나 구름이 있기를.

비정한 세계를 여행 – 거주하는 히치하이커를 위한 안내서

― 박후기론

1. 관찰 기록, '사랑'을 추억하게 하는 힘

박후기 시인을 처음 만난 것은 어느 연말 모임에서였다. 부드러운 미소에 가려져 있지만 그는 매우 날카로운 눈매를 가지고 있다. 시인은 묵직하고 검은 카메라를 자주 가지고 다니는 듯했다. 매의 눈을 가진 시인과 그 눈이 포착한 대상을 기록하는 검고 묵직한 카메라.

박후기 시인의 시는 비관적인가? 그의 시의 색채는 어둡고 그의 감광지에 인화되는 세상은 '느닷없는 칼바람'에 한해살이풀로 표현되는 비정규직 노동자들의 목이 가차 없이 날아가는(「한해살이풀」) 동정 없는 세상, 비정한 세상이다. 그러나 그는 세상에 대해 분노하는 사람들과 더불어 분노하거나 탄식하는 사람들과 더불어 탄식하거나 통곡하는 사람들과 더불어 통곡하지 않는다. 그는 관찰자이며 여행자이다.

여행자는 그 때 그 장소에 있지만 다르게 느끼는 사람이라는 점에서 경계인이다. 그는 삶을 조금 떨어진 곳에서 관찰하고 느끼며, 일상인이 느끼지 못하는 것들을 섬세하게 느끼고 중요하게 발견하기도 한다. 여행자가 여행에서 새로이 발견하는 것은 어쩌면 익숙함으로 덮어씌워진 존재의 본질에 다가가고 그것을 구현해내는 언어행위와 닮아 있다. 낡아빠진 의미와 관념과 관습과 상식을 소비하는 여행이 아니라 낯선 감각과 의미를 발견하는 여행은, 그러므로 시적이다.

박후기는 세계에 대해 주장하기 보다는 관찰하고 느낀다는 점에서 여행자이다. 하지만 면밀히 관찰하며 진심으로 느끼고 기록한다는 점에서 그는 누구보다 이 세계 거주하고 있다. 그는 거주자이며 여행자인 것이다. 담담히 세계의 비극성을 묵직하게 담아내는 그의 카메라가 초점을 맞추는 대상들은 자연물이며, 그는 관찰과 기록에서 나아가 대상이 지닌 '흔적-추억'을 찾아내는 시인이다.

처음의 질문으로 돌아가 보자. 박후기 시인의 시는 비관적인가? 아니, 세계가 비정하다.

> 막장은 벽만 있을 뿐, 바닥이 없었다
> 발밑을 파내려가도 눈앞엔 검은 벽, 바닥은 어느새 궁륭이 되었다
> 아버지는 앞만 보고 살았지만, 언제나 뒤가 무너졌다
>
> 나는 페치카 옆의 카나리아, 연탄가스 마시며 놀았다
> 구멍보다 틈이 무섭다는 것을 나는 안다
>
> 죽음의 生家가 텅 비어 있다
>
> —「폐광」부분

생계를 위해 언제 무너질지 모르는 위험한 막장으로 들어가야 했던 삶

은 파내도 파내어도 검은 벽만을 맞닥뜨렸을 것이다. 아무리 파내어도 벽이 사라지지 않고 더 깊은 지하로만 빠져드는 삶, 아무리 파내어도 한 줄기 빛이나 파란 하늘을 바랄 수 없었던 생애는 이제 종말을 맞았다. 발밑을 파내려가도 바닥이 무너져 내리는 삶에서 아버지는 뒤돌아보거나 돌아갈 수 없었다. 하루 벌어 하루 살기 위해서 매일 목숨을 걸고 내려가는 삶에서 뒤는 무너져 내렸기 때문이다.

그러나 시인은 아버지가 캐낸 것은 검은 석탄만은 아니라 생의 의지이며 희망인 시인 자신이었음을 추억해낸다. 아버지는 검은 석탄을 캐서 생을 불 피우고 그것으로 따스하게 데운 가정이라는 공간에서 아들을 키우고 노래하게 했다. 페치카 옆에서 노래하며 놀았던 카나리아는 아버지가 탄광에서 캐낸 금보다 더 귀한 것이다. 그러나 안락함이 자리한 집은 아버지가 하루하루 목숨을 걸고 겨우 지켜내는 것이라는 점에서 하루하루 미세한 균열이 생기고 있었다. 그는 연탄가스가 새어나오는 미세한 틈이 눈에 보이는 커다란 구멍보다 치명적임을 이야기한다. 거대한 검은 구멍-죽음-주검이 되는 것보다 미세한 균열들을 견디며 하루하루 살아가는 일이 더 무서운 일이다.

아버지의 삶을 살아가게 한 것이 탄광이라면, 이제 모두 폐광이 되어 버린 광산들은 아버지의 주검과 겹쳐지며 '죽음의 生家'로 표현된다. 이 마지막 구절은 여러 가지로 해석된다. 죽음이 태어난 집, 죽음이 살아있는 집 등등. 인간은 태어날 때 누구나 죽음의 생가가 된다. 생명의 증거인 피와 살이 자람에 따라 죽음의 증거인 뼈가 내부에서 자라나기 때문이다. 인간의 생명이 종말을 맞게 되면 피와 살은 소멸되고 뼈만이 남는다. 인간이 죽음의 생가임을 인식하며 그것을 기록하는 시인의 시선은 극도의 슬픔의 순간에도 대상에 대한 심리적 거리를 보여주며 관찰자적인 태도를 견지하고 있다.

그는 검고 무거운 세계를 여행하고 기록하며, 그것의 비정함을 현상하고 거기에서 사랑을 추억한다. 그가 보여주는 감정의 여백 상태는 독자로 하여금 빈 곳을 상상하게 하는 힘으로 작용한다. 그는 '끝-죽음-주검'을 거슬러 '시작-생-사랑'을 추억해가도록 안내하는 시인이다. 이런 모순의 공존은 그의 시에서 다양한 비례 · 반비례의 상상력으로 나타나며 독자들을 여백 채우기-추억으로 이끈다.

> 점점 흐려지는 시력을
> 탓해 무엇 하랴,
> 넓어진 강폭만큼이나
> 우리는 서로 멀어져만 가고
> 더 이상
> 이생의 하류에
> 파문은 일지 않는다
>
> ―「내린천」 부분

많아지는 것과 옅어지는 것, 넓어지는 것과 멀어지는 것의 대비가 절묘하다. 살아가는 날들이 많아질수록, 가진 것이 많아질수록 생은 많은 것을 삼킨다. 굽이치던 청춘과 열락을 잠재우고, 신념을 둥글리며 표정과 꿈을 매끈한 얼굴로 지워간다. 멀어진 것은 사랑하는 사람뿐이 아니라 나의 꿈과 신념과 밝은 눈과 열락과 청춘이다.

이미 이 생의 하류에 와버린 하류인생에서 스스로의 의지는 삼켜지고 휩쓸린다. 맑고 깨끗한 내린 천일지라도 하류에 이르면 그것은 하강-막장의 이미지, 죽음의 상상력으로 변질된다. 고요하고 깊은 강물-죽음의 표면장력을 깨뜨리며 일순간 그것을 구겨버릴 수 있는 힘이 나타나지 않을 것이라는 시인의 진술은 비극적이다. 그것이 사실이기에 시를 읽고 공감하는 독자들의 심경은 더욱 착잡해진다. 하지만 시인은 섣불리 생의 비극성을 극복할 수 있다고 만병통치약과 같은 희망을 이야기하기보다, 철저히 사실을 관찰 기록하는 데에 집중한다. 그리고 그 철저한 비정함에 대한 인식이 큰 파문이 되어 독자로 하여금 상실된 것들을 상상하고 그리워하도록 이끌고 있다.

2. 참을 수 없는 좀비의 가벼움

박후기 시인의 시가 죽음의 상태를 관찰 기록하고 감정을 비워냄으로써 상실의 된 것들을 추억하게 하는 힘으로 작용한다는 것을 앞에서 살펴보았다. 그런데 그가 못 견디게 괴로워하며 안타까운 감정을 비치는 경우가 있으니 그것은 살아있되 제대로 살아있지 못한 상태, 좀비와도 같이 살아있는 죽음의 상태이다.

> 3
> 주검이 주검을 끌어안고
> 한세상 건너가는데
> 살아남은 사람들은
> 서로 끌어안지 않았다
> 사랑하지 않았다
> 눈보라에 얼어붙은
> 삼나무들만이
> 가지와 가지를 묶어버린
> 얼음 결박을
> 결속으로 바꿀 뿐이었다
>
> ─「다랑쉬오름」부분

제주도의 다랑쉬오름은 4·3사건 때 주민들 10여 명이 난리를 피해 오른 산의 이름이다. 그곳의 동굴에서 수십 년이 지난 뒤 시신들이 발견되었다는 기사를 본 적이 있다. 동굴 입구에서 나오지 않는 사람들을 잡기 위해 불을 피웠기 때문에 발견된 시신들은 서로 끌어안은 채, 얼굴을 땅에 파묻고 질식사한 것으로 밝혀졌다는 것이다. 폭도들로 매도되어 죽음을 합리화했던 지난 정권의 주장과 달리, 발견된 시신들은 여자들과 아이들이었으며, 함께 발견된 것들은 무기가 아닌 밥솥 같은 생활용품이었다고 한다. 피신처이자 목숨을 이어가려던 장소가 그대로 무덤이 된 것이었다.

시인은 비극적인 사건을 품은 현장에 찾아가 그 사건을 담담히 떠올리고 기록한다. 흰 눈에 덮인 산에서 피로 물든 붉은 색채 이미지를 떠올리고, 희생자들의 죽음에서 삶의 흔적을 떠올린다. 시인의 생각은 주검-죽음이 주검-죽음을 끌어안고 한세상을 건너간 모습을 떠올리고는 살아있음에도 서로 끌어안지 않고 사랑하지 않는 사람들의 모습을 떠올린다. 생=사랑이 성립하지 않고, 살아있는 것들이 사랑하지 않으며 죽음의 상태처럼 되어가는 것을 진심으로 마음 아파하고 있다.

시인은 죽어서 썩지 못하고 살아있는 것과 같은 상태로 남아있는 것에 눈을 돌린다. 폐가 주변을 정리하다가 땅 속에서 발견한 뱀술(「벌초」)은 술이라는 용액에 방부 처리된 채, 죽은 것도 산 것도 아닌 상태로 남아 있는 존재를 그리고 있다. 시인은 이 산 죽음의 상태, 썩지 않는 죽음의 상태야 말로 가장 견디기 힘든 것으로 지목한다. 그리고 죽음의 상태를 깨뜨리는 힘은 단연 '사랑'이다.

다랑쉬동굴 주변의 삼나무 숲이 눈보라에 서로 얼어붙어버린 것을 보고 비정한 칼바람에 견디기 위해 사람들이 진정 사랑하지 않고 서로를 권력이나 힘으로 결박하고 있음을 관찰하는 시인의 눈은 쓸쓸하다. 그나마 세상에 존재하는 손잡음이란 이런 결박을 결속이라는 이름으로 바꾸는 눈속임이나 자기 최면 정도에 불과하다는 인식은 우리를 더 없이 막막한 공백 앞으로 소환한다. 비정한 세상에서 사랑을 추억해내도록 막막한 공백을 보여주는 것이야 말로 시인이 할 수 있는 가장 큰 일이 아닐까. 투명한 유리관에 담겨서 갇혀있다는 인식도 없이, 죽었다는 것도 모른 채 권력의 최면과 술의 보존제에 의존하고 있지는 않은지 돌아볼 일이다.

3. 시인의 의자

클리셰와 접속하는 전복적 유희의 상상력

– 오은, 윤진화, 서효인의 시

    시인은 클리셰가 되어버린 생각과 감각과 감정들을 새로이 말갛게 씻어낼 수 있는 깨끗한 언어를 찾아다닌다. 이 성수聖水와도 같은 언어는 인디아나 존스처럼 특수한 장소로 모험을 떠나서 찾을 수 있는 것이 아니다. '정결한 물'에 '축성'을 하면 그것이 성수로 거듭나듯이 깨끗한 언어에 시적 사유와 방법을 용해시키면 그것은 시적 언어가 된다. 시인들은 언어로 언어를 넘어서려는 사유와 형식에 대해 고민하는 만큼, 때가 덜 탄 깨끗한 언어를 찾는 데에도 집착한다.

    그런데 여기, 굳이 오래되고 먼지 앉은 물, 혹은 불소 냄새 폴폴 나는 수돗물 같은 언어들을 가지고 새로운 시도를 하는 젊은 시인들이 있다. 그들은 거리낌 없이, 아니 전략적으로 관습의 때가 찌들어 굳어진 언어를 선택한다. 오은과 윤진화와 서효인의 작품을 통해 관습적 언어가 전복적 상상력과 접속하는 세 가지 양상을 살펴볼 수 있다.

1. 지성과 위트, 반어의 포즈와 형식화 – 오은의 시

오은 시인은 전략적으로 각종 클리셰들을 시 속에 배치한다. 능동적인 '당신'과 수동적인 '나'의 관계, 그리고 경어법의 사용은(「탄성한계점」) 익숙한 연시풍이다. 그는 직장에서 일상적으로 나눌 법한 대화를 가져다가 배치(「패시브-어그래시브」)하기도 하고, 아예 대놓고 속담 같은 관용어구들을 수집하고 찢어 붙이는 말놀이를 원고지 6매가 넘도록 이어간다. 이런 선택과 배치들은 오은의 시인관을 보여준다. 그는 '위대한 시인'을 부정하며 다만 주변의 언어들을 선택 배치 구성하는 작업만을 수행하는 작은 시인관을 형식화하고 있는 듯하다. 그렇다면 클리셰를 짜맞추고 있는 오은의 시가 나름의 시인관, 시관을 가지고 있는 시인이 쓴 '시'로서 성립하는 근거는 무엇인가.

오은 시의 가장 중요한 키워드는 평범함을 가장한 일방적 폭력적 관계에 대한 차가운 시선과, 그 관계에서의 이탈하기 위한 일탈이다. 그는 이 일탈을 매우 가볍게 거침없이 장난기와 웃음기 있는 언어 배치로 엮어낸다. 그의 시는 아주 귀여운 고슴도치 같아서 귀엽고 재미있고 만져보고 싶지만, 뜨끔하다. 오은의 시는 세상에 대한 지적 성찰과 소심한(?) 복수를 품고 있다. 위트에 의해 갈등이 상쇄되어 있지만 오은 시의 시적 주체는 폭압에 대해 차갑게 인식하고, 뜨겁게 견디고 있으며, 복수와 일탈을 이야기한다. 폭압과 권력을 부정하고 세상과 독자의 **뺨**을 후려칠 수 있는 그의 유쾌하고 명쾌한 '놀이 같은' 시는, 2000년대의 시인들 가운데서 독보적이고 특별한 위치를 차지한다.

> 당신의 두 손에 온몸을 맡기겠습니다. 절대 놓지 마세요. 밀고 당기는 데 필요한 탄성계수는 내가 구하겠습니다. 나를 놓으면 걷잡을 수 없게 된

다는 사실만 명심하세요. 당신의 뺨을 후려칠 수도 있습니다. 그게 한번 늘
어난 자의 운명입니다

— 「탄성한계점」 부분

'나'는 당신의 손에 온몸을 맡긴 수동적 존재이다. 신이건, 세계이건, 상관이건, 사랑하는 사람이건 간에 당신—외부의 힘은 나를 잡아 늘였다는 문제가 있다. 당신—힘은 내가 삶을 '살아가도록' 두지 않고 고무처럼 쭉쭉 '늘어난 상태를 견디도록' 만들었다. 이 시의 1연에서 마침표가 부정되고 쉼표가 '무서운 기호'로 등장하는 것은 중의적이다. 이는 시를 함축적으로 쓰지 못하는 것에 대한 고백 이상의 의미를 지닌다. 인생을 관계를 종결하고 싶은데 마침표를 찍지 못하는 것은 참으로 무서운 일이다. 쉼표는 종결을 불허하며 계속 '쭉쭉 늘어난 상태를 견디도록' 종용하는 기호이기 때문이다. 쉬엄쉬엄 가라면서 '나'를 놓아주지 않고 착취하는 당신은 나의 운명을 틀어 쥔 사람이다. 이 관계—권력의 구도는 표층적으로 볼 때, 나에게 절대적으로 불리하도록 일방적 폭력적으로 짜인 듯하다.

그런데 화자는 오히려 자신을 '절대 놓지 말라'고 경고한다. 당신과 나의 관계에서 탄성계수는 '내가 구하겠다'며, 관계의 주도권을 찾아오고 있기 때문이다. 이제 당신은 나를 함부로 놓을 수 없는 처지로 전락하여 계속 나를 잡아 늘일 것이고, 내가 탄성한계점에 도달하면, 나는 더 이상 원래의 형태를 회복하지 못하고 끊어질 것이다. 이제 탄성彈性은 탄성歎聲으로 전환될지도 모른다.

그러나 다시 살펴보면 내가 당신에 대한 통제권을 가지고 있는 것은 아니다. 다만 당신이 손을 놓게 되면 나는 걷잡을 수 없게 될 것이고 그것이 당신의 뺨을 후려치는 것이 될 수도 있다는 가련한 위협(?)을 하고 있는 것이다. 잡아당긴 자와 늘어난 자는 관계의 감옥 속에서 팽팽히 신경

전을 벌이며 서로 힘을 주고 있음이 분명하다. 이런 힘의 관계는 (passive-aggressive)는 그의 시 「passive-aggressive」에서도 노골적으로 나타난다. 오은 시인은 자아를 억압하거나 규제하려는 모든 것에 대한 반항 심리를 절묘하게 시적 방법론으로 완성시켜가고 있다. 폭압적 대상을 희화화하는 것이다. 이런 희화화를 통해서 그는 어른들(「환절기」)로 상징되는 힘의 구조를 일시에 추방하고 쾌재를 부르며 쏜살처럼 달려 나간다. 오은의 냉소는 반어의 포즈인 수동적 공격성으로 나타나며, 이는 클리셰와 접속하여 형식화된다.

2. 거울이 아닌 혀, 생명파적 원시주의─윤진화의 시

벤야민은 모든 글은 도자기와 같아서 글쓴이의 지문이 묻어난다고 했다. 치부를 거침없이 드러내고 엽기를 표방하는 것이 젊은 시인들 사이의 한 유행이라면 거칠고 거침없는 윤진화 시의 상상력과 원동력은 그 흘러나온 산의 계곡이 전혀 다르다. 거침없는 젊은 시인들은 대부분 매우 깔끔하고 계산된 시를 쓰며, 시의 절정을 이루는 부분에 금기를 파괴하는 배설적 언어와 정서를 노출한다. 부정적으로 말하자면 그런 시는 그 배설의 말 외에는 볼 것이 없으며, 그것이 하나의 포즈일 뿐이라서 시인의 지문을 찾아볼 수 없다는 이야기이다. 이런 시들을 읽으면 왠지 불쾌하고 간질간질하고 씁쓸한 느낌을 받는다.

윤진화의 거칠고 거침없음은 포즈가 아니라 스타일이며, 그의 스타일은 생명파적 야수파적 원시주의에 맥이 닿아있다. 이는 수련이나 사상에 의한 것이라기보다는 기질적 생래적인 것으로 보인다. 이는 물론 윤진화의 시가 자연발생적 시상을 여과 없이 말한다는 말이 아니다. 희곡작가이기도 한 시인은 상황적 배치와 상징의 사용, 그리고 무엇보다 화자와 시 속 캐릭터를 구현하는 화법과 어조의 구사에 능란하다. 윤진화 시 역시 자주 클리셰와 접속하는데, 대부분 시 속의 캐릭터를 분명히 하기 위한 극적 장치로 사용된다. 그의 시가 상황의 상징성과 시 속 등장인물의 상징성에 지나치게 치중하는 경우 그것은 클리셰를 선택하는 것과 클리셰에 빠져드는 것 사이에서 줄타기가 되는 경우도 있다. 그럼에도 걸쭉한 사투리로 된 희한한 관용어구(?)를 능란하게 구사하거나, 뛰어난 시적 인식을 과감한 표현으로 쏟아낸다는 점에서 윤진화는 그 자체 보호해야할 시종詩種이다. 이를 테면 다음과 같은 시가 보여주는 과감하고 생생한 감각은 놀랍다.

> 첫사랑이 내 품에서 뛰쳐 나갔어 밤이었어 깜깜한 밤 거룩한 밤 시계는 열두시로 가고 큰 바늘은 작은 바늘을 덮쳤어 온종일 큰 바늘은 작은 바늘과의 정사를 기다렸을꺼야 작은 바늘은 오븐 속에 드러누운 사과파이를 기억해야 했어 녹는다는 것과 겹친다는 것은 같아 사과파이를 보면 알 수 있어 밤이 왔어 사과파이를 먹는 밤 내 몸을 먹는 밤 큰 바늘이 작은 바늘을 덮칠 때 울리는 열두 번의 비명 열세 번이 울리면 추억들이 찾아오지
>   －「불면증」 부분

「불면증」은 사랑을 잃어버린 화자가 맞이하는 밤의 감각을 보여준다. 첫사랑의 상실은 자연스럽게 멀어지거나 세련되게 이루어지지 않는다. 그것은 격렬하게 품에서 뛰쳐나갔으며, 때문에 심장과 가슴과 팔의 안쪽에는 상실감이라는 사랑의 부재가 신체적 감각으로 생생히 현존한다. 나의 일상은 그로 인해 깜깜하고 거룩한 밤이 된다. 거룩하다는 것은 단순한 반어로 사용된 것이 아니다. 그것은 거룩함을 위해 만들어진 건물의 아치형 창문이나 높은 천정, 그리고 빛을 보기 위해 어둡게 만든 내부처

럼 무거움의 감각을 끌고 오며, 거룩하고 높은 것에 비해 상대적으로 추락한 존재의 죄의식을 부과하는 시어이다.

이런 감각들을 가진 단어들을 선택하여 계산적으로 배치한다는 것은 거의 불가능하다. 감각의 목록이 있다면 이성적으로 서로 교환되지 않을 목록들에서 단어를 선택하고 있는 것이다. 윤진화는 충돌하는 단어들, 그 단어들이 이끄는 감각의 두 번째, 세 번째 쯤 되는 것들을 자유자재로 가져다가 부려놓는 재능을 가졌다. 툭, 툭, 튀어나오는 시어들과 연상 작용은 본능적인 감각으로 이루어진다는 점에서 주목된다(이는 작은 바늘이 기억하는 오븐 속 사과파이의 경우도 마찬가지이다. 윤진화의 시에서 이런 특이한 사건은 자주 기대해도 된다. 독자는 숲에서 동물을 만나는 것처럼 그런 일들을 경험할 것이다).

화자는 거룩한 밤에 이루어지는 강간사건을 이야기하는데, 그것은 시계의 시침과 분침 사이에 일어나는 사건이다. 시침과 분침이 겹쳐지는 12시라는 시간은 입을 다물라는 의미의 손가락 동작과 닮아 있는데, 때문에 이 강간 사건은 비밀로 함구되어야 한다는 느낌을 준다. 이 강간의 의미는 '상실'과 '강탈'일 것이다. 첫사랑과 강간은 참으로 멀리 있는 단어 같지만, 첫사랑을 잃어버리고 실연한 자아가 자신이 소중히 생각하는 청춘과 사랑을 강탈당한 것 같은 강간의 감각으로 고통 받고 있다는 점에서 시의 수면 위로 떠오른 것이다.

사랑을 잃은 시인은 연인이 나의 감정과 상관없이 사랑을 파기한 것을 강간의 감각으로 경험한다. 이런 감각은 밤이 깊어 열두시에 최고조에 이른다. 이제 시인은 스스로를 오븐 속의 사과파이로 생각한다. 컴컴한 오븐 속 뜨거운 불과 열의 고통 속에서 숨이 죽고 녹으며 달콤해지는 사과들. 자아는 겹쳐지고 녹은 자기 자신을 먹어치우는 카니발적 상상을 한다. 이는 엽기라기보다는 그런 자신을 지워버리고 싶은 의지가 아닐까.

그의 시는 선과 악, 옳고 그름, 좋고 나쁨, 여성성과 남성성의 구분을 초월하여 생과 생기, 생명력을 구현해낸다. 이는 생식 기관인 꽃이 치부를 드러내고 있듯이(「밤에 피는 꽃」) 말이다.

윤진화 시인은 '바람을 이야기하고 꽃을 이야기하고 죽음을 이야기하고 들짐승을 이야기하는 혀(「내 혀를 팝니다」)'를 가졌다. 윤진화의 혀는 자신의 속을 숨긴 채, 독자나 세상이 듣고 싶어 하는 말을 그대로 반사해 보여주는 거울이 아니다. 그것은 독립적이고 살아있는 혀이다.

3. 리좀적 연상법과 르뽀 – 서효인의 시

서효인의 시는 글로벌하고 생태적이고 원시주의적이며 휴머니즘적인 소재와 주제를 표방한다. 하지만 그것이 서효인의 핵심은 아니다. 그런 묵직하고 커다란 것들은 클리셰가 되어버렸고, 그런 작업들은 수없이 이루어지고 있다. 서효인의 시는 크리스토퍼 놀란이라는 감독이 메멘토라는 영화에서 충격적으로 선보인 것과 같은 특이한 전개 방식을 보여준다는 점에서 주목된다. 서효인의 시는 아주 멀리서 출발한다. 그것은 에콰도르, 페루, 갈라파고스 제도, 적도, 열대에서 시작하기도 하고, 리모델링 공사 현장의 점심시간에서 시작하기도 한다. 그의 시는 띄엄띄엄 다가오며 사건을 실체를 밝혀간다. 때문에 그의 시들은 대부분 시 전체가 역순으로 읽어도 무방하다는 특징이 있다. 실제 시는 마지막에 제시되는 하나의 사건을 목격한 데에서 출발한다.

우리는 열대에서 왔다. 우리의 태생은 낙천과 낭만의 이름, 메리메리. 누가 열대를 슬프다고 했나, 우리는 적도가 지나가는 자리에서 성탄마다

뜨거운 파롤을 교환하며 익느라

　　　　슬플 틈도 없이 뜨거웠다. 페루의 고지대부터 갈라파고스 제도까지 우
　　　리의 교환은 성탄트리처럼 저민다. 우리는 컨테이너 박스에 담겨 변덕의
　　　대지로 넘어왔고, 못생긴 몽골리언의 리어카에 실렸다. 우리는 랑그만이
　　　가득한 거리를 탐색하느라

　　　　슬플 틈도 없이 황망하다. 이국의 성탄은 산란기 바다거북의 꼬리처럼
　　　바빠 보인다. 노란 파란 붉은 열망들이 거리의 침엽수에 매달려 성탄의 원
　　　칙과 격률을 전파했다. 난 거리의 문법에 익숙한 사내의 동족에게 간택되
　　　어 검은 비닐에 담겼고 동포와 헤어지느라
　　　　　　　　　　　　　　　　　　　　－「메리메리 바나나 이산기」 부분

　이 시는 뜨거운 파롤을 나누는 태양의 열대와 랑그만이 가득한 한 겨울의 도시가 대비되며, 적도에서 팔려온 바나나가 자신의 경험을 이야기하는 식으로 전개된다. 파롤이 구체적인 상황에 따라 달라지는 발화행위, 즉 대화를 의미한다면, 랑그란 발화되기 전의 언어 체계를 의미한다. 도시에서 사람들은 어조와 억양과 상황－진심과 맥락이 배제된 겉치레의 말을 나누는 것이다. 특히 성탄절 즈음에 거리에 쏟아지는 사랑, 이웃, 용서, 성스러움, 거룩함, 행복함, 따스함, 즐거움 등등의 말은 성탄절이 하나의 소비적 축제로 자리 매김 된 공간에서 랑그로만 존재할 뿐이다. 그래서 이국의 성탄은 바나나에게 슬플 틈도 없이 황망하고 춥다.
　이 시는 성탄절에 여관방에서 바나나로 허기를 때우고, 하룻밤 추위와 외로움을 때우려는 남녀의 모습을 슬픔의 감정으로 바라보는 시점에서 출발한다. 그러나 이 사건을 보도하기 위해서 시인은 적도에서 뜨겁게 파롤을 나누던 바나나에서부터 출발하는 것이다. 시인은 드러난 현상으로부터 그것이 품고 온 '과정'과 그것이 '원산'을 상상하고 추적하여 다시 순차적으로 재구성한다. 이런 리좀적 상상력을 가능하게 하는 원동력은

시인의 통찰력과 동음이의어나 유사한 단어들을 유추하는 언어유희의 클리셰라고 할 수 있다.

'정오의 디제이는 희망곡을 배달하고 배달된 자장은 희망을 모른채, 분다'는 식이나 자장이 부는 것에서 연상된 '지구의 자장이 연주하는 그의 코(「감자의 낮잠」)' 등등. 이런 언어유희는 시의 제목으로 격상되기도 한다(「무좀비어르신」). 시인이 목격한 사건—낡은 건물 지하에서 늙은 사내의 시신이 발견되었고, CCTV에도 찍혔지만 누구도 관심이 없다는 것에서 시작된 시는 그것을 추적하고 르뽀한다. 시인은 리좀—모든 법칙을 장악—무좀—세계에서 가장 유력한 좀—원시의 욕망을 소화하는 영원불멸의 병증—좀비—영생을 얻어 떠도는—노인으로 이어지는 연상을 보여주는 것이다.

르뽀는 보고자가 자신의 식견을 배경으로 심층취재하고 그 사이드 뉴스를 포함시켜 종합적인 기사로 완성하는 기록문학이다. 기록문학은 왜 기록하는가, 무엇을 기록하는가의 문제가 중요하다. 시인은 언어유희와 리좀적 상상력을 통해서 소외된 사건을 기록하고 보고하고 그것을 소외하는 세상을 고발을 하고 있다. 서효인은 무거운 현실의 땅과 가벼운 유희의 공중에서 자유로이 비행하고 있다. 그가 앞으로 어떤 고도를 취할지 더 궁금해진다.

눈, 고독이 주는 축복

— 김은경, 김정임, 천서봉의 시

> — They flash upon that inward eye
> Which is the bliss of solitude
> by Wordsworth, The Daffodils

1. 축제

계절이 흥겹다. 세상은 온통 최선을 다하는 것들의 축제이다. 떠들썩함과 흥성스러움, 지글지글하고 고소한 냄새가 여기까지 가득하다. 불꽃놀이라도 시작된다면, 누구든 달려 나가지 않고는 배기지 못할 것이다. 하지만 이 열광적인 축제에 동참하지 않고 돌아눕는 사람도 있으니 바로 시인들이다. 시인은 아름다운 것들을 보러 뛰쳐나가 그것에 자신의 감탄을 바치지 않는다. 그들은 방안에 고독히 머물며 자신의 마음에 비치는 아름다운 것들을 '창조'한다. 보들레르는 정신에 의해 창조된 것이 물질보다 생생하다고 하지 않았던가. 여기 세 개의 고독한 눈이 바라고 보고 창조해낸 생생함이 있다.

2. 작곡과 연주 – 김은경의 시

　김은경의 시는 뛰어난 음악 같다. 그는 말을 부릴 줄 아는 시인이다. 굳이 시력詩歷을 찾아보지 않더라도 시인으로서의 수련 기간이 길었음을 짐작할 수 있는 능수능란함이 시에 배어있다. 그런 숙련됨은 윤기가 되어 시에 사용된 어휘, 의성어 의태어 외에도, 자연스러운 어투와 어법에 어른어른 거린다.

> 수상한 저녁이 올 때
> 문 뒤로 숨고 싶은 사람들은 저마다
> 한갓진 부엌에 혼자 서서 수제비를 끓인다지
> 가장 먼 하늘을 달려온 눈가루를 뭉쳐 반죽하고
> 말랑말랑 차진 달의 살점을 떼어내듯
> 숭숭 수제비를 뜯어 넣는 거야
> 어떤 건 귀가 찢어져 나가고 어떤 한 점은
> 까마귀 파먹은 해골박
> 못 먹을 시름도 뜨거운 양철냄비 안에서는
> 간간히 우려지지
> 벌레 묵은 푸성귀의 쌉싸래한 시간들을
> 싹둑싹둑 저며 넣은 수제비는
> 가난하고 쓸쓸하지 그래서 더 쫄깃하지
> 　　　　　　　　　　－ 김은경, 「수제비를 끓이는 저녁」 부분

　인용된 시에는 수상한 저녁, 숨고 싶은 사람들, 수제비, 숭숭 수제비의 '수'의 반복과 변주, 쌉싸래한 시간들, 싹둑싹둑, 쓸쓸의 '싸(ㅆ)'의 반복, 떼어내듯, 뜯어 넣는, 한갓진, 차진 등으로 반복되고 변주되는 유사음들이 시에 음악성과 리듬을 살리고 있다. 어투 역시 '끓인다지, 넣는 거야, 우려지지, 쓸쓸하지, 쫄깃하지' 등으로 이어지며 자연스러운 독백체를

구사한다.

　이 시의 자연스러움은 언어의 사용뿐만 아니라 상상력의 논리와 비약, 전개와 단절이 매우 적절하고 안전하게 이루어진다는 점에서도 구현된다. 수제비를 끓이는 저녁-가장 먼 하늘을 달려온 눈가루 반죽-달의 살점을 떼어내듯 뜯어냄-얼굴-찢겨진 귀와 까마귀가 파먹은 해골박-못 먹을 시름-우려지는 국물로 이어지는 상상력의 전개를 따라가는 일은 마치 잘 설계된 계단이나 징검다리를 걷는 것처럼 편안하게 경험된다. 그러나 이런 능수능란한 요리는 시를 마무리 할 때 어떻게든 결론 내려야 한다는 시인의 의지(?) 때문에, 혹은 음악성에 대한 강박으로 인해 클리셰라는 고명이 뿌려지는 것 같다. 「수제비를 끓이는 저녁」이 보여준 사랑시의 유려함이 뒷부분에서 '허기진 목숨을 거두어 먹이는 일보다 더 징글징글한 일은 세상에 없는 법'이라면서 결론을 내리면서 익숙하고 평범하게 멈춰버린 것은 서운한 일이다.

　「어떤 이유」는 대중가요(임재범의 '너를 위해'와 조용필의 '킬리만자로의 표범')를 패러디하여 가져오고, 허수경 풍의('꺌꺌, 당신이라는 외계의 구멍'이라는 도발적인 시구는 즉시 허수경의 '큭큭 당신이라는 말 참 좋지요'를 떠올리게 한다) 시구를 도발적이고 노골적으로 변주하여 삶(사람)에 대한 일방적인 사랑이 주는 지독한 외로움을 구현하고 있다. 이 시의 대부분을 차지하고 있는 반복은 「수제비를 끓이는 저녁」과 달리 음악성에 생기가 돌지 않는다. 이는 어떤 번복이나 변주가 없이 이어지는 반복과 글자 수의 자수율을 맞추는 데에 음악성의 초점이 맞추어지면서 지루해진 탓이다. 그러나 이는 시인의 실수라기보다는 시인은 이 시가 추구하고 있는 '지루하고 견고한 외로운 일상의 끝없음'이라는 주제를 형식적으로 구현해내고 있는 것으로 보인다. 이 시의 대부분을 할애하여 시인이 구현해낸 지루하고 견고한 외로운 일상은 시의 끝부분에 놓인 도발적인 시구로 인해 외려 충격적으로 느껴지기 때문이다. 「어떤 이유」에서 아쉬운 부분은 '오늘도 결핍이 나를 밀어간다'와 같은 요약과 정리이다. 시인은 뛰어난 작곡가이다. 하지만 독자들은 객석에 앉아서 박수만을 치는 존재가 아니다. 독자는 무대에 올라 음악을 연주하는 존재로 승격된 지 오래다. 시는 시인이 쓰기를 마칠 때 완성되는 것이 아니라 독자가 어떻게 읽느냐에 따라 다르게 완성되는 것이다. 시인이 시의 결론을 요약 정리해서 알려줌으로써 연주까지 마칠 필요는 없다.

3. 꽃과 사과의 성분 – 김정임의 시

김정임 시인은 눈앞의 대상을 바라보면서 동시에 창공을 보는 듯한 깊고 광활한 눈, 현실과 삶의 비의에 듀얼 포커스를 맞추고 있는 성숙한 눈을 가지고 있다. 그의 시 세 편은 모두 삶과 죽음에 대한 특별하고 깊이 있는 인식을 단아하게 보여준다. 「숨 쉬는 모래시계」는 그 제목만으로도 많은 것을 말하고 있다. 숨 쉬는 모래시계란 주어진 시간이 빠져나가고 있는 존재이며 살아있는 존재, 그 구성 성분이 모래인 존재, 바로 우리들이다. 시인은 '나'를 '나라는 실체'로 바라보지 않고, 잠시 '나라는 존재를 구성하고 있는' 성분으로 바라본다는 점에서 철학적이고 과학적이며 생태시적인 면모까지 보이고 있다.

시인은 자신의 존재를 이야기하기 위해 먼 곳에서 날아왔을 모래들의 여정부터 사유하기 시작한다. 모래는 멀리서부터 부서지고 깎이며 날아다니는 정처 없는 것들이다. 이 정처 없는 것들은 어느 순간 서로가 서로를 불러들여 잠시 거처를 만든다. 존재란 정처 없는 것들이 잠시 서로를 부르고 응답하여 머무르는 사구砂丘인 것이다. 생명을 품을 것 같지 않은 모래 언덕에도 꽃이 핀다—생명을 산 것과 죽은 것으로 바라보지 않고 생명으로 구성되는 것과 생명으로 구성되어 존재하기를 멈추고 흩어진 것으로 바라보는 이런 시선은 죽음과 삶의 구분을 무색하게 한다. 이런 시선은 산 것과 죽은 것, 나와 나 아닌 것의 경계도 뛰어넘게 되어 모든 것을 존중하되 어떤 것에 집착하지 않는 세계관에서 비롯된다.

시인은 모래언덕이 이슬과 빗방울을 머금을 수 없으니 애증의 깊은 샘을 파 내려갈 일이 없다고 생각한다. 물을 머금지 못하여 갈증이 가득할 것이라고 생각하지 않고 애증의 샘을 갖지 않을 것이라는 인식의 깊이는 성숙한 내면의 눈이 짚어내는 삶의 이면이다. 그러나 이런 성숙의 눈을 갖기까지 얼마나 고독한 부서짐과 정처 없음이 있었을까. 워즈워드는 내면을 성찰할 수 있는 눈은 고독만이 줄 수 있는 축복의 눈이라고 하였다. 김정임 시인의 시는 고독에서 어떤 물기와 통증의 감각을 제거한 차원을 보여준다.

이 모래가 피운 꽃잎은 시간의 꽃잎이다. 시간이 흐르면 모래시계 속의 모래는 자꾸만 흘러내려서 존재를 투명하게 비우는 순간이 온다. 시인은 이 생의 끝을 존재가 투명하게 비워지는 순간으로 빛나게 그리고 있으며, 그것으로 존재하길 멈춘 모래들이 다시 자유롭게 떠다니게 될 것이라고 믿는다.

꽃문이라는 의미의 「화문」 역시 죽음과 생이 이어지는 과정적 세계관을 보여준다. 「숨 쉬는 모래시계」가 모래로 구성된 삶에 대해 말했다면, 이 시는 흙과 먼지로 구성된 죽음에 대해 쓰고 있다. 무덤은 사구처럼 멀리서 온 흙먼지들이 잠시 모여 이룬 언덕이다. 흙과 먼지는 죽음으로 잠시 존재하기 위해 무덤의 구성성분이 된 것이다. 이 무덤 위에도 꽃이 핀다. 죽은 존재조차도 '꿈을 머리맡'에 키우기 때문이다. 이제 죽음과 생의 경계가 흐릿해지는 것이 아니라 죽음과 생의 개념이 새로워지고 있다.

죽음과 생은 모두 흙과 먼지 모래 같은 성분들이 잠시 죽음으로 잠시 생으로 존재하기 위해 서로를 불러 모인 것에 불과하다. 살아있는 존재만이 시간이 지나면 비워지는 것이 아니라 죽음도 시간이 지나면 덜어진다. '불룩한 무덤은 시간이 지나면 평온'해진다.

 죽은 이의 꿈을 보고 싶어 화문의 문고리―꽃을 당겨보지만 어둔 문틈으로 돌아눕는 긴 신음소리만이 들릴 뿐이다. 우리는 생을 통해서 죽음을 엿볼 수는 없으리라. 다만 시인의 예리한 관찰과 깊은 성찰이 보여주는 세계의 구성 원리를 통해 '움켜쥐고 있던 마른 흙을 풀어 놓'을 수는 있을 것이다. 그렇다면 생은 이렇게 메마른 것일까. 꽃과 열매는, 육체는 존재는, 영혼은 무의미한 것일까.

> 푸른 잎사귀 사이 사과는 투명하고 눈부신 햇살을 끌어당기고 있었어요 눈부신 햇살이 사과의 눈썹까지 금빛으로 물들여 가고 레미디오스 바로의 사과같이 햇빛은 팽팽히 부풀어 올라 빨간 살갗이 툭, 소리 내며 터질 것만 같았어요 사과 속 수 만개의 금빛 햇살이 탄력있게 내 가슴과 머리에 직선으로 꽂혀요
> ― 김정임, 「궤적」 부분

 인용한 시에서 사과는 투명하고 눈부신 햇살을 끌어당기고 있다. 생은 참으로 탐스럽고 붉고 푸르고 투명하고 금빛 눈부시며 팽팽하고 부풀어 오르며 가득하다. 살갗이 터질 것 같다는 표현을 쓸 만큼 싱싱한 육체와 물기와 향기와 빛과 색으로 가득 찬 축제적 존재인 것이다. 죽음에 대해 생각할 때 생은 가장 생생하다.

4. 권태와 마법 – 천서봉의 시

천서봉 시인은 낭만적 아이러니를 품고 있는 낭만적 시인이다. 그는 자신의 시 속에서나마 마법을 원하지만 그것이 현실적으로 불가능하다는 것을 너무나 잘 알고 있어서 고통 받고 있기 때문이다. 「행성관측 2 – 원룸」에서 시인은 놀라운 비유와 시적 인식들을 보여준다. 그의 참신한 시구들은 아름다운 은유와 아쉬운 직유를 불안하게 오가고 있다.

그는 지하 원룸들이 이어진 호수를 읽으며 그 하나하나가 홀씨들 같다고 또 혹성 같다고도 쓴다. 이 단독자들의 고독한 방벽에는 실금이 가득하다. 그는 지하인간의 캄캄한 생에 아침은 햇살을 끌어다 담장 너머로 던져주는 집배원을 말간 손가락 '같다'고 쓴다. 이 직유는 말간 집배원이 매일 아침 햇살을 던져주는 세계를 꿈꾸는 자, 그렇지만 그것이 불가능함을 알고 있는 자의 주저함을 드러낸다. 마법을 원하지만 믿지 않는 사람이 외는 주문과도 같은 것이다.

> 깊고 천박하여 내 잠은 알지 못했네. 밤이 어디로부터 와서 열병 앓는지. 서늘한 아궁이 속, 하얀 운석의 사리들을 긁어 대문 밖에 내다놓는다. 푸른 쓰레기차를 보낸다. 저 빛을 따라가고 싶어, 벽마다 뿌리가 자라는 방이라면 금 너머 어딘가 숲이 있었다는 뜻일까. 메아리 깊은 방, 하나를 말하면 하나가 벌거벗고 돌아오는 방.
> – 천서봉, 「행성관측 2 – 원룸」 부분

인용된 부분은 천서봉의 시가 직유를 사용하지 않을 때, 얼마나 황홀한 빛을 보여주는가 알 수 있게 한다. '벽마다 뿌리가 자라는 방이라면 금 너머 어딘가 숲이 있었다는 뜻일까'라는 말은 지하방에 갇힌 벌레와도 같은 존재가 다른 세계, 벽 너머의 세계에 대해 꾸는 꿈을 감각적으로 구현하고 있다. 그의 시가 지하세계가 아닌 다른 세계, 현실이 아닌 마법을 꿈꿀 때 독자도 인식의 충격을 통해 새로운 사유를 경험하게 된다. 하지만 시적 자아는 이조차 확신 없는 짐작과 의문문으로 제시됨으로써 그가 잃어버린 마법의 흔적을 좇는 존재일 뿐임을 드러낸다.

세계와 소통이 단절된 세계에는 두 개인 것이 없다. 그곳은 오롯이 단독자들만이 존재하는 고독한 공간이다. 거기서는 햇살조차 따스하지 않으며, 오히려 쓸쓸함을 깊이 감아 돈다. '미라'의 이미지는 죽음이 유예된 상태, 죽음보다 더 외로운 상태, 아무도 깨워주지 않는 잠의 세계를 형상화한다. 꿈 없는 잠이 계속 이어지는 이 시는 예리하고 서글프다.

> 숲이 어디까지 짙어질 수 있는지,
> 위험한 짐승들을 키우기에 불신은
> 또 얼마나 적당한 온도였는지 알지 못했다.
> 너는 어디로 가는 길이지? 길을 막고
> 두 팔 벌린 붉은 십자가들이 물었다.
> 나무는 시월 같은 얼굴로 웃고 있었다. 그런 날,
> 밤은 수없는 논리를 내게 던졌고 가등은
> 샴쌍둥이처럼 서서 하나의 뿌리에 관해 질문했다.
> 뒷골목엔 또 다른 절망을 낳는 여자들
> 신음이 아무렇게나 길이 되고 있었다.
>
> — 천서봉, 「불심검문」 부분

천서봉 시인이 소통과 희망, 꿈과 벽 너머의 세계에 대해 이야기할 때 주저하고 죽도록 믿고 싶어 하면서도 믿지 못하고 있다면, 절망에 대해 말할 때는 너무나 자연스러운 은유가 구사된다. 그건 너무나 자연스러워서 은유 같지도 않고 그냥 사실의 진술인 것 같다. 앞의 시와 달리 위의 시에서 숲은 위험한 짐승들을 키우는 불길한 세계이다. 정류장 부근엔

인생이라는 버스를 놓치거나 내리지 못하는 절망한 자들이 가득하다. 그들은 스스로가 살아 있다는 혹은 거주하고 있는 사람이라는 증거가 '주민증'처럼 얇고 미덥지 않은 것뿐인 얇아진 존재들이다. 천서봉 시인이 인식하고 있는 세계는 이렇듯 이곳이 아닌 다른 곳을 꿈꾸지만 무력하게 잠만 자고, 떠나지 못하고 얇아진 절망적 존재들이 유령처럼 서성대는 공간이다. 「인형의 성」에서도 별에 지팡이를 잇대어 놓은 피에로 인형이 쇼윈도 안에 있기는 하지만 킬킬거리는 노란 웃음만이 떠돌 뿐이다. 권태 속에 갇혀있는 생명력 없는 존재들은 소문과 마법과 졸음과 자물쇠 헛된 약속 때문에 아름답게 갇혀있다. 그들은 다른 곳을 꿈꾸지만 스스로 나갈 수 없는 비극적인 존재들이다. 시인은 그로테스크하고 비극적인 세계를 우리 일상에서 얼마든지 발견하여 생생히 그려내고 있다. 천서봉 시인의 재능이 앞으로 어떤 시들을 권태로운 일상에서 불러낼지 기대해본다.

시인의 의자, 타자와의 관계
압도된 주체, 유령적 주체, 타자화된 주체
— 김일영, 황성희, 김지녀의 시

시인은 세계와 자아의 동일성을 추구하는 존재이다. 하지만 이 동일성은 많은 경우 주체의 일방적인 포섭에 의해 상상적으로 찾아지고, 찾아졌다고 상상된다. 환상과 착각과 오해와 폭력이 조금씩 섞인 이 상태를 동일성 혹은 합일, 혼융의 상태로 보는 태도를 요즘 시인들, 혹은 독자들은 공감하지 않는 것 같다. 그것은 진실성, 진정성을 의심받으며, 쉽게 타협한, 쉽게 쓰인 시로 여겨진다. 이런 시각에 전적으로 찬성하는 것은 아니지만, 부조리한 세상에서 갈등이 없는 시, 혹은 미미한 갈등과 좌절을 버무리고 그것을 금방 천의무봉의 솜씨로 봉합한다는 식의 시가 미덥지 않은 것이 사실이다. 여기 세계와 온몸으로 마찰하는 세 시적 주체가 있다. 이 마찰은 애증이다.

1
모기가 뚫어놓은 소리는 메워지지 않는다
잠은 멀어지고 소리 주위로

떡갈나무 서 있는 초원의 양 떼가 모여든다

잎 진 떡갈나무와 병든 양들과
비만한 구름 걸린 木柵을 소리의 구멍이 빨아먹는다

캄캄한 구멍 속을 들여다보면
거대한 강이 흐르고

2
베란다로 들어온 신발 끄는 소리
깨어난 바깥은 아직 낯설고
내 체온이 옷자락을 잡아끈다

뭉개진 꽃들
서둘러 베란다 너머로 사라지고

무심하자
나를 두드리던 손길도 사라지고

반쪽인 나는
반쪽을 끌고 가
문을 닫는다

3
또각또각
어둠을 깎는 구둣발자국
고막의 계단을 올라와
열쇠 집어넣는 소리
찬바람 지나가는 소리
녹슨 지퍼를 열고 들어와
어긋난 숨소리 받아 적는 소리
글씨들 틈에 가늘게 누운 나는

> 못생긴 목소리 하나 꺼내
> 머리맡에 놓아둔다
> 눈을 뜨면 너는 없고 나는
> 글씨들 사이 오래된 공터에
> 너를 만나러 갈 목소리를 방목한다
>
> — 김일영, 「소리의 방3」 전문

　　벤야민은 '모든 대상은 주체의 시선을 돌려주는 대상'이라고 했다. 김일영 시의 가장 특이한 점은 대상을 단순한 타자로 인식하지 않고 타자이면서 동시에 하나의 주체인 존재로 격상시킨다는 것이다. 그에게 대상은 주체의 주관에 의해 포착되고 채집되며, 임의로 맥락 속에 놓여지고, 수술되고 입막음되어지는 피동적인 존재가 아니다. 사실 피동적 타자는 주체에 의해 독립적인 존재로 인정받지 못하기 때문에 타자라고 볼 수 없다. 이 경우, 타자는 절대 알 수 없는 분리된 영역, 블랙홀이 되거나, 나에 의해서 파악된 너, 즉 '나'가 되어버리고 만다. 그러나 김일영 시의 존재들은 모두가 '주체'이며 서로에게 영향을 주고 영향을 받는 관계를 맺고 있다.

　　「소리의 방3」에서 모기소리, 신발 소리, 구두굽 소리 같은 소리들은 자아의 시공간을 넘나드는 실체이고 시적 자아를 변화시키는 힘을 가진 능동적인 존재들이다. 모기는 자아의 일상, 아무것도 없는 것 같지만 허무와 무력감으로 꽉 들어찬, '잠'으로 표현되는 허공을 날카롭고 빠르게 관통한다. 모기는 사라졌지만 그 구멍—소리는 메워지지 않고 시인의 병적인 일상을 빨아들이고 있다. 그의 삶은 쇠진했고('잎이 진 떡갈나무'), 병들었으며('병든 양들'), 비만하다('비만한 구름 걸린 木柵'). 모기 소리는, 병들고 무력한 자아의 일상에 일침을 가하고 그 안일함에 펑크를 내며, 자아의 의식을 구멍 밖의 엄청나게 넓거나 높은 공간(빨아들인다는 말이 두 시공간 사이에 압력차이가 있음을 시사하고 있고, 구멍 밖으로 시인의 정신과 의식과 일상이 빨려나가고 있으므로 그 밖이 기압이 낮다는 것을 알 수 있다. 기압이 낮다는 것은 밖이 실내보다 높은 곳이어서 산소가 희박한 경우와, 산소의 양이 같을 때, 밖의 공간이 훨씬 넓은 경우에 해당한다.)으로 '상승 혹은 확산'케 하는 힘으로 작용한다.

자아에게 구멍을 통해 보이는 바깥은 그냥 자연스럽게 존재하는 바깥이 아닌, '들여다봄'으로써 '깨어난 바깥'으로 여겨지는데, 그 밖과의 접속 혹은 소통에 나서기는 주저된다. 아직 바깥은 낯설고 자아를 안쪽에 머물도록 잡아끄는 것들이 존재하기 때문이다. 뚫린 구멍의 기회는 주저하는 자아의 소극적인 태도에 의해('무심') 더 이상 나를 빨아들이지 않으며, 구멍의 문은 다시 닫히고 만다.

그럼에도 시적 주체는 밤이면 안으로 들어오는 소리들에 의해 무수한 자극을 받는다. 소리들은 계단을 올라오고, 열쇠를 집어넣으며 녹슨 지퍼를 열기도 한다. 그는 그 소리들을 열심히 받아 적는 존재인데, 적어 놓은 거대한 글씨들 사이에서 자아는 '가늘게' 누워 있다. 시적 주체는 다른 존재들과 함께 있지만 그것과 활발히 소통하거나 교류하지 못하고 그것에 압도된 채 겨우 희미하게 공존한다. 그래서 그가 꺼내놓는 시는 못생긴 목소리이다. 압도된 나머지 닫힌 존재로 퇴행하지 않고 '너'를 만나려면, 글씨들 사이의 공터에서 목소리를 방목하기 보다는 글씨들―써진 대상이자 주체―과 어울려 놀아야 할 것이다.

김일영이 생각하는 '시인의 자리'란, 쇠락해가는 시장 한 구석에 의자 하나를 놓고 무뎌진 시간을 숫돌에 가는 노인의 자리로 말해진다. 사람들이 가져오는 무뎌진 것들을 무겁고 검은 '시인의 돌'에 갈아서 날카롭게 만들어 주는 것이다. 이 때 숫돌이 날을 갈거나, 날이 숫돌을 가는 것이 아니라 상호 작용에 의해서 서로 갈리는 것이다. 쇠락해 가는 일을 하는 사람들이 일을 잘 할 수 있도록 도와주면서, 스스로의 생계를 꾸려가는 이 노인이야 말로 아무것도 만들지 않으면서 모든 것을 만드는 시인의 상징이다. 그가 갈아준 가위로 주단집 재단사는 이 세계에서 사라져가는 아름다운 것, 사라져 가는 것('지문이 지워지는 꽃', '뭉개진 꽃')을 마중 나가는 사람이며, 무뎌진 시간을 다시 갈아서 재단을 하고 옷을 만들어내고 생활을 한다. 참으로 굳건하고 낭만적이다. 어디 이뿐인가. 김일영은 세계를 글씨들로 읽어내는데, 그는 이 관찰을 통해 미래를 읽으려고('운동장에 부려놓은 한 주먹 쌀알') 하기까지 한다. 그러나 그가 받아 적고 읽어내는 글씨들은 한번 적히면 고정되는 것이 아니며 자아에게 무언가를 보여주고 지워지고 활개 치며 날아가는 역동적인 글씨들이다. 시인이 글씨들의 거대한 기둥 사이에 가늘게 누워있기 보다는 그것들을 '부려놓고' '날려 보내는' 통쾌한 발랄함과 자신감이 좀 더 탄력을 받기를 바란다.

> 시간이 흘러가는 것을 지켜봐요.
> 검은 숫자들은 달력 밖으로 미끄러지고요.
> 내가 아는 글자로는 바람을 다 쓸 수 없어요.
> 일기장에 있는 그 많은 바람은 모두 진짜가 아니에요.
> 우주에서는 참 재미있는 일들이 일어나잖아요.
> 아침에 있던 별들이 저녁이면 사라지고
> 내일 아침이면 잊혀지고
> 다음 날 아침이면 전설이 되고
> 그 다음 날 아침이면 해독 불가의 암각화가 되고
> 그 다음 날 아침이면 어떤 원숭이들은 낫 놓고 ㄱ자를 만들고
> 그 다음 날 아침이면 어떤 원숭이들은 한 번도 살아본 적 없는
> 별들의 역사를 짜 맞추느라 진땀을 흘리죠.
> 낮과 밤이 교대로 야금야금 제 몸을 지우는 줄도 모르고
> 우주에서는 참 재미있는 일들이 일어나잖아요.

그런데 거기가 밖은 밖인가요?
   텔레비전 속에는 내가 보지 않으면 존재하지 않는
   유령 채널이 점점 늘어가는데
   당신이 보지 않으면 존재하지 않는 나처럼 말이죠.
   그렇다면 내가 유령이라는 건가요?
   당신이 유령이라는 건가요?
   하긴 세상에서 가장 웃기는 말은 현실에 충실하자! 니까요.
   이제 우리에게 시간 말고는 더 이상 남은 이데올로기도 없는데
   거실의 불을 끄는 것은 여전히 쉽기도 하겠지요.
   집으로 돌아가는 것은 여전히 어려운데 말입니다.
   　　　　　　　－황성희,「그렇고 그런 해프닝」 전문

 황성희의 시는 세계와 불화하는 시적 주체의 냉소를 다양하게 보여준다. 시적 자아는 세계와 극심하게 갈등하고 있는데, 세계 속에서 자신의 존재를 증명할 수 없다는 점에 특히 마찰을 일으킨다.
 시적주체가 파악한 세계는 '현실'이라는 이데올로기가 지배하는 곳이다. '현실에 충실하자!'고 느낌표까지 붙은 이 이데올로기적 구호는 눈앞에 보이는 현재, 현실만을 강조한다. 과거와 미래로부터 언제나 토막 쳐지는 이 디지털적인 세계에서, 선택되지 않은 채널 속 방송은 존재하지 않는 유령 채널로 치부된다. 아날로그적 세계에서 오늘은 어제와 내일로 지금은 방금과 이후로 이어지는 시간이지만 디지털적인 세계에서 이런 연속성은 제거된다. 지나간 시간은 달력에 담겨있지 않고 '밖'으로 미끄러지는데, 시적 주체는 이렇게 술술 빠져나가는 시간을 지켜보고 있다.
 그는 '현실'에만 충실한 우주를 두고 '참 재미있는 일'들이 일어나는 곳이라고 냉소한다. 아침에 있던 별의 연속성은 저녁에 보장되지 않고 사라진다. 그리고 그 별에 대한 기억은 다음날에 이어지지 않고 망각되며, 다음날에는 언제 그랬냐는 듯이 전설이 되어 떠돌고 그것은 다시 해독 불가한 것이 된다. 시인이 못견뎌하는 세계는 바로 우리가 살고 있는 일

상임을 알 수 있다. 그는 세계 속에서 열심히 살아가는 자들을 '원숭이'라고 희화화하는데, 원숭이들은 자신들의 존재가 지워지는지 모르고 진땀을 흘리며, 조각조각 분리된 별자리들을 짜 맞추며 살아간다. 이런 세계에서 자신의 세계('집')를 만들고 그 안에서 사는 것은 너무나 힘들고, 자아의 문제의식에 해산과 망각을 요구하는 것('거실의 불을 끄는 것')은 너무나 쉽다.

시적 주체의 세계에 대한 절망은 거침없고 냉소적인 언어로 표현되기도 하지만 때로는 집요하며 고집스럽기도 하다. 「개나리들의 장래희망」에서 화자는, 오인 받고 오인으로 인해 도살당한 '양A'에 대해서 이야기하면서, 그 오인이 유통되는 구조를 관찰기록 한다. 또한 시인은 디지털적인 세계의 분리된 '현실·현재' 속에서, 사건의 현상이며 결과로만 출현하는 사건들과 결과만 볼 때 동일하게 여겨지는 사건들에 대해서도 관찰기록을 계속한다. 늑대의 얼룩말 사냥에서 얼룩말이 넘어졌지만 늑대에게 물려서가 아니라 같은 무리의 발에 걸려 넘어졌음을 기록하거나, 진열대 위에 놓여 있는 콜라가 사실은 집었다가 우유를 선택하는 바람에 다시 제자리에 놓인 콜라라는 사실을 기록하는 따위가 그렇다. 그는 트럭에 치인 뒤 계속 아침까지 치이는 고양이의 죽음에 대해서도 고양이가 차에 치여 죽었다고만 표현하지 않고 그 원인과 과정과 결과를 말해주는 아날로그적 시선 – 연속적 사유를 언어화한다.

이 집요한 관찰 기록들의 제목은 알쏭달쏭하다. 누군가의 장래희망이라고 하기에는 시 속의 내용이 오인 받고 도살당하고 차에 치이고 신문지에 맞아 터져 죽는, 즉, 예상치 못하게 죽은 것들에 대한 내용뿐이다. 개나리는 황성희의 다른 시 「탤런트C의 무명 탈출기」에 등장하는 강아지와 함께 희화화된 존재와 같은 맥락으로 읽힌다. 강아지, 개나리, 원숭이, 유령, 바퀴벌레 등등. 이 가운데 특히 개나리는 강아지가 의미하는 것과 같은 비속어의 완곡어법으로 읽어도 무리가 아니지 않을까. 희화화된 존재의 장래희망은 '현실'이라는 이데올로기가 지배하고 그래서 현상과 결과만이 존재하는 이 세계에서 터무니없이 오해되고 도살당하고 멸시당하고 맞아죽을 운명이다.

사칭과 사기가('마음에는 걸려도 법에는 걸리지 않'는 일들이 되어) 유통되는 세계에서, 시적 주체는 '수갑'의 대상인 수배자 혹은 범죄자가 되고자 한다(「탤런트C의 무명 탈출기」). 하지만 그는 이 세계에서 '무명'이기에 수갑을 차지 못한다. 그의 소원은 카메오이다. 유명인이 잠깐 출연하여 화제가 되는 것이 카메오이므로, 카메오가 되려면 일단 유명인이 되어야 한다. 시적 주체는 불화하는 세계를 냉소하기도 하고 집요하게 물고 늘어지는 근성도 보여주지만 무명이기에 마찰력이 크지 않다는 점이 괴로움과 시창작의 원동력이다. 다만, 거침없고 집요한 것이 반드시 과한 언어와 함께해야 하는 것은 아니라는 점을 생각해보았으면 한다. 언어를 악마적 세공에까지 나아가지는 않더라도 좀 더 절제한다면 이 뜨거운 냉소가 더 빛날 수 있지 않을까.

> 네가 생각하는 여자 녹슨 그네를 타는 너의 뒷모습 연두색푸딩 같은 살결 웅크려서 완두콩을 까는 너의 손가락 꿈속에서 흘러다니는 비릿한 냄새들
>
> 너의 수요일을 걸고 있어 너의 속도가 내 속도야 그러니까 나는 너를 추월할 수가 없지 이 길에서 나는 너에게 조종당하지
>
> 앉을 의자를 찾다가 네가 앉을 의자를 상상했어 붉은 비로드로 장식된 소파가 너의 거실엔 없지만 나는 너를 거기에 앉혀 봤지 빌어먹을, 너와 붉은 색은 어울리지 않아 이제부터

chapter 8

노란 색종이를 오리고 있다
혹은 네가 가윗날을 움직여/검은 색종이를 오리고 있는지도 모른다
모양에 따라 모양이 결정되므로
둥글게 둥글게 손뼉을 치며
노래를 불러도, 둥글고 싶어도,
둥글 수 없다

내일을 좋아해 내일을 위해 내일을 향해 밤과 낮은 서로를 배신해 내 주머니엔 버려진 이름들이 껍종이처럼 구겨져 있지

다시 와 앉은 아침 밥알들이 깔끄럽게 입안을 돌아다니다 어금니 사이 깊숙이 짓이겨져 있네 덜 익은 완두콩을 툭, 툭, 뱉는 오늘 나는 빈 그릇이네

— 김지녀, 「나의 입에선 덜 익은 완두콩이 툭, 툭,」 전문

「나의 입에선 덜 익은 완두콩이 툭, 툭,」에서 시적 주체는 완두콩을 까는 너와 덜 익은 완두콩을 툭, 툭, 뱉는 나의 관계에 대해서, 다시 말해 세계와 자아의 관계가 미묘하게 종속되고 겹쳐져 있는 관계라는 것을 여러 장치를 통해 섬세하게 직조하고 있다. 완두콩을 까는 너의 연두색푸딩 같은 살결과 섬세한 손가락은 나의 꿈속에 비릿한 풋콩의 냄새들로 흘러 들어온다.

화자는 '너'의 수요일을 걷고 있는데 '너의 속도가 나의 속도'이기에 나는 '너를 추월할 수 없다'고 한다. 너의 수요일을 걷는 내가 너와 보조를 맞추지 않을 수도 없거니와 그렇게 한다하더라도 나는 결국 너의 목요일이나 너의 다른 요일을 걸을 것이다. 너의 요일들을 걷는 나는 '너에게 조종' 당하는 타자로 선고된다. 세계, 시공간, 제도, 권력 등등 '나'를 타자화 하고, 조종하는 '너'는 시적 자아가 자신의 자리와 정체성을 찾는 것을 멈추게 하는 강력한 존재이다. 수동적 타자가된 자아는 자신의 '의자'리를

찾는 작업을 그만두고 '너의 의자'를 상상하게 되는 것이다. 너의 자리와 지위는 붉은 비로드로 장식된 무겁고 거창한 소파이다. 그런 권위를 '네'가 가지고 있는 것은 아니지만 타자화 된 '나'는 자꾸만 그런 권위를 상상적으로 너에게 부여하고 있다.

노란 색종이를 오리는 자아의 가위질이 '너'가 가윗날을 움직여 검은 색종이를 오리는 것과 같은 것이라는 인식은 자아가 '너'에 의해 조종됨을 잘 말해준다. 시적 자아의 노란 색종이는 '너'의 검은 색종이를 오린 것의 잉여부분에 지나지 않는다. 내 노란 색종이의 모양이 네 검은 색종이의 모양에 의해 결정되는 것이다.

내일을 위해 밤과 낮이 서로를 배신하고 서로가 서로를 오려내고 번복하고 있지만, 시인의 호주머니 속에는 어떤 의미를 싸고 있지 못한 껍데기 말들만 구겨져 있다. 시인의 의자는 결국 찾아지지 않고 입안에 씹어 삼켜야 하는 세계와 언어들은 깔끄럽고 덜 익은 것들뿐이다. 시인은 그것들을 짓이기고 툭, 툭, 뱉어낸다. 빈 그릇일지언정 세계가 까놓은 익지 않은 완두콩을 먹을 수는 없는 것이다.

「여진」 역시 수동적으로 타자화 된 주체의 모습을 보여준다. 시적 자아는 끊어진 철로처럼 누워서 충격을 흘려보낼 길도 없이 고스란히 받을 준비를 하고 있는 '바닥'이다. 이 바닥은 바닥이기에 유신론도 유물론도 아닌 공포와 두려움만이 '이빨'로 남은 존재이다. 시적 자아는 자신을 시간과 기억과 관계의 축적으로 존재하는 바닥으로 묘사하지만 그것들은 자아의 내면에서 활성화되어 있지 못하다. 그는 뒤틀려 열리지 않는 문짝 속에서 휘어져 버린 시간이라고 스스로를 칭한다. 시적 자아는 '딱딱한, 닫힌 존재'이며, 때문에 다른 존재에게 영향을 주지 못한다. 자아는 세계와 대등하게 서로 영향을 주고받지 못하며 타자화 되어 있다. 시의 뒷부분에서 이런 상황을, '모든 사물이 제자리로 가기 위해 흔들린다'거나 '나를 떠난 것과 나에게 떠밀려온 것 사이에서 나는 뜨거워진다 온몸에서 문이 열리고 있다'고 긍정하고 있는 것은 조금 아쉽다. 독자로서 기시감이 있는 결말에 편입하기 보다는 시인이 애초에 주목받았던 특유의 섬세함과 간결함으로 타자화 된 상황을 형상화하였으면 하는 마음이 드는 것은 어쩔 수 없다. 세계와의 마찰은 시에서 꼭 해소되어야 하는 것은 아니며, 시인의 의자를 꼭 어디에 두어야 하는 것은 아니다. 가장 주목받고 있는 세 시인이 세계와 정전과 글씨들 곁에서 가늘어 지거나 유령이 되거나, 조종당하지 않기를, 어쩔 수 없다면 그것을 끊임없이 새롭게 냉소하고 형상화해내기를, 아니 그것들을 자유로이 부리고 놀기를 기원한다.

시인의 바보상자

알아듣게 말고 느껴지게 말해, 확신하지 않고 생각할게
— 신용목, 이근화, 박서영의 시

    한때, 시인은 시를 낭송하였고, 연기하였고, 노래하였으며, 춤췄고, 연주하였다. 그 현장에서 사람들은 시가 와 닿고(touch), 내면의 무언가를 움직이게(move) 하는 힘을 느꼈을 것이다. 사람에게서 사람으로 옮겨지던 그 '감동(感動)'은 음악과 온갖 감각으로 빚어진 실체였다.
    하지만 사람이 기억장치이고 재생장치였던 시는 종이에 써지고 종이에서 읽히게 되었다. 종이로 인해 시는 시공간의 제약을 넘어서는 영생(?)을 얻게 되었지만 '현장의 감동'이라는 재능과 영혼을 상당부분 잃은 것은 사실이다. 오늘날 글보다는 영상이 각광받는 것은 그것이 글보다 훨씬 쉽고 감각적으로 느껴지기 때문일 것이다.
    이후 시에서 시각이 중요하게 된 것은 이런 사정이 컸는지도 모르겠다. 암송되지 않고 눈으로 읽히게 되자 시에서 음악의 볼륨은 낮아졌다. 대신 시인들은 글자를 통해 좌뇌를 자극한 후, 우뇌의 감각들을 움직이도록 하는 데에 집중했다. 이름을 불러 얼굴을 떠올리게 하는 식의 이런 작업이 가장 선명하게 적용되는 감각이 시각이었기에, 시는 시각적 이미지들을 떠올리게 한 후, 감정이 움직이도록 심장에 호소해왔던 것이다—사람이 종이로 대체되는 이 과정에서 시가 길어지거나, 철학적으로 혹은 시각적으로 변화해온 것은 어쩌면 당연한 일일 것이다. 문자를 통해서 좌뇌에서 우뇌로, 교감신경과 부교감 신경으로, 온갖 감각으로 빚어진 전율과 감동으로 연동시키려면 다양한 방법이 모색되어야 했다. 하지만 '원래' 시는 짧고 압축적이며 음악적이어야 한다는 정체성에 대한 자의식과 억압이 크다보니 시가 서 있는 자리는 매우 애매하고 비좁으며 어색한 것이 사실이다.

여기 이상한 장치—바보상자를 가진 시인들이 있다. 그들은 자신들의 멀쩡한 언어와 감정을 바보상자—시에 넣어 이상하게 만들거나 이상하게 만들어지기를 기다린다. 그들의 말은 좌뇌에 교란을 주며 바보처럼 말하는 것 같지만, 사실 그들은 회의주의자들이고, 심미주의자들이며 과격분자들이다. 「광염소나타」의 주인공처럼 상자—시 속에서 기존의 어떤 문법과 논리와 의미도 파괴할 수 있고 어떤 분리와 조합도 서슴지 않는다. 그들은 말하되 (일상적인) 아무 말도 하지 않고, (일상적인) 어떤 말도 제대로 하지 않지만 가장 명확하게 느끼도록 말하는 사람들이다.

　　소에게 풀을 먹이고 그것이 뿔이 될 때까지 기다린다

　　구름의 행군이 오래 계속되었다
　　집들은 양말처럼 현관을 가졌고

　　어제가 벗어놓고 간 날씨 같았다.
　　그 집에 사는 동안 아는 것은 비밀밖에 없었고 모르는 건 소문밖에 없었다—그러므로 침묵!

　　거울에서 가면을 꺼내 쓰고 기다린다 거울이 피부가 될 때까지

가위표 마스크를 쓰고 달력은 날마다 어제 속으로 연행되었다, 가면은 그림자를 오려 만든 것
　　　가위는 혐의를 입증하는 증거이므로

　　　거울은 여러 장의 페이지로 넘어간다

　　　그 집은 너무 많은 그림자로 더러워졌다 구름의 왼발과 오른발 혹은 오리다 만 눈과 코―그럼에도 침묵!
　　　열릴 때마다 현관은 안과 밖을 뒤집었으며

　　　거울에는 흰 소가 검은 소로 비쳤다,
　　　풀에 받친 바람이 풀 아래 쓰러지듯

　　　소에게 풀을 먹이고 뿔에서 꽃이 필 때까지 기다린다
　　　　　― 신용목, 「위험한 서지」 전문(《시인세계》, 2009년 가을호)

　소에게 '풀'을 먹여서 '뿔'이 되기를 기다린다는 첫 행과 그 '뿔'에서 '꽃'이 필 때까지 기다린다는 마지막 행의 구절은 고려가요 「정석가」의 "구운 밤 닷되를 심어서 그 밤이 움이 돋아 싹이 나야 한다"거나, "옥으로 새긴 연꽃을 바위에 붙여 그 꽃이 세 묶음 피어야 한다"거나, "무쇠로 만든 소가 쇠풀을 다 먹어야 한다"는 구절들을 떠올리게 한다.
　풀이 뿔이 되는 일은 언어유희가 아니고서야 불가능한 상황이겠지만 시인은 '풀'이라는 말을 '소'에 집어넣음으로써 능청스럽게 그것을 '기다리면' 되는 일로 만들고 있다. 소에게 풀을 먹이는 것은 자연스러운 일이고 소에게서 뿔이 자라는 것도 마찬가지이기 때문에 풀이 뿔이 되는 것은 '시간'이 해결해줄 (논리적으로) 가능한 일이 된다. 하지만 시인의 야심은 이 '소'를 통해 불가능을 가능으로 만드는 논리를 적절히 가장하는 것이 아니다.

시의 마지막에 '뿔'에서 '꽃'이 피기를 기다리는 화자는, 풀-뿔 변신과정의 논리를 다시 비논리와 불가능으로 되돌리려는 번복을 시도하고 있기 때문이다. 하지만 시인은 이 '논리의 번복'처럼 보이는 첫 행과 마지막행 사이에 '집'을 집어넣음으로써, 마지막 행을 초논리적인 진실 혹은 진심으로 만들고 있다.

그가 첫 행과 마지막 행 사이에 집어넣은 '집'은 이상한 일들이 일어나는 장소이다. 화자는 단절과 비약, 비문법과 잘못 끼워 맞춰진 듯 한 표현들을 띄엄띄엄 어눌하게 말한다. 화자의 온전치 못한 말하기는 '그 집에 사는 동안' 큰 트라우마를 겪었기 때문인 듯하다. 행군과 연행, 혐의를 입증하는 증거, 가위표 마스크, 등등 파편적인 단어들은 그 자체만으로도 거대한 억압을 느끼게 한다. 화자는 이런 억압에 짓눌리기도 했고, 스스로 고백했듯이 아는 것은 비밀뿐이고 모르는 것은 소문이어서 침묵할 수밖에 없기도 했기에, 그는 침묵에 대해 침묵의 말법으로 말한다.

독자는 시를 읽는 내내 '왜 불쑥 이런 말을 하는지' '그 말이 무슨 맥락인지' 생각하게 된다. 하지만 시는 끝내 속 시원히 각각의 구절에 대응하는 '의미'와 그 '논리'를 구하도록 설계되어 있지 않다. 다만 '답처럼 느껴지는 소실점을 향해 생각하는 과정'의 연속을 통해 그것을 다양하게 느끼게 한다. 비약과 모호함을 맞닥뜨리는 각 시구절마다 다양한 의미를 생각하고 가늠하여, '모호한 감정'의 입체적인 실체를 '느끼게' 되는 것이다.

비밀과 소문, 침묵과 가면, 혐의와 연행, 열릴 때마다 안팎이 뒤집히는 집은 억압과 거짓의 공간이며, 달력이 날마다 어제로 연행되는 이 집은 과거라는 유령이 벗어놓은 허물 같은 시공간이다.

화자는 첫 행과 마지막 행 사이에 이런 '집'을 집어넣고서 풀이 뿔이 되고, 뿔이 꽃이 되는 일을 '기다린다'. 거대 초식동물인 '소'에게 맹수의 공격성, 거대한 힘, 뾰족하고 단단한 뿔의 분노를 일깨우고서 다시 그것을 꽃으로 돌리고 싶은 것은 초논리적인 진심이다. 바람보다 빨리 일어서는 '풀'이 소뿔로 무럭무럭 자라기를.

> 네가 나의 눈동자를 훅 불어주었을 때
> 나의 가장 긴 속눈썹은 너의 가슴에 박혔다
>
> 내가 새끼 고양이처럼 떨고 있는데
> 너는 문고리처럼 차가운 미소를 던지고
>
> 너의 애인에게 나를 이끌고
> 구두코의 빛나는 아름다움을 알게 하고
>
> 내가 고약한 겨드랑이에서 시시한 날개를 꺼내자
> 새장의 새들이 너의 목소리로 노래하기 시작했다
>
> 황금 열쇠를 분질러 한 조각씩 삼키고
> 우리는 나란히 새장을 이해했지만
>
> 나는 사냥물처럼 조용하고 따뜻한 피를 흘리고
> 너는 총알처럼 빠르게 나를 낳아주기에 바쁘다
>
> 새로운 냄새를 풍기는 너의 입술에 닿고 싶었지만
> 너는 녹아서 따뜻한 시럽처럼 흘러내리고 새해가 왔다
> — 이근화, 「연하장」 전문(≪시작≫, 2009년 가을호)

근사한 연하장이다. 새해를 맞는 느낌, 혹은 새해를 맞아 무언가를 보내는 느낌이란 참으로 알쏭달쏭 복잡한 느낌이다. 온갖 색깔의 감정들이 뒤섞여 세밑을 가장 깜깜한 밤으로 만들고 총 천연빛의 생각들이 새해 아침을 가장 밝고 따스한 날로 만든다.

'너'가 무엇인지 온갖 생각을 다 해볼 수 있겠지만 「연하장」은 사랑에 관한 시이다. "네가 나의 눈동자를 훅 불어주었을 때 나의 가장 긴 속눈썹은 너의 가슴에 박혔다"는 첫 연은 사실 너무나 명확한 느낌을 생생히 담고 있어서 그것의 의미를 해설하는 것은 불가능하다. 분명히 어떤 사건을 쓰고 있지만, 사건의 '느낌'을 쓰고 있어서, 그것을 사건으로 번역하고 역추리하는 것은 별 의미가 없다. 우리는 사건을 읽으면 감각을 떠올리는 좌뇌 → 우뇌의 시적 방법에 익숙하여, 느낌을 읽은 경우에도 사건을 떠올려보려는 우뇌 → 좌뇌의 운동을 하려고 한다.

"고약한 겨드랑이에서 시시한 날개를 꺼내자 새장의 새들이 너의 목소리로 노래하기 시작"한 느낌의 사건들을 가정해보고 그 가운데 가장 유력한 것을 꼽아 확신하는 것은 무의미할 뿐더러 재미도 없고, 시 읽기를 쉽게 끝내려는 편법에 불과하다. 우리는 이것을 놀이와 게임으로 보아야 한다. 시험은 답을 내고 빨리 끝내는 게 좋지만, 게임과 놀이는 재미있게 오래 노는 것이 좋지 않은가. 때문에 이근화의 시를 읽을 때는 사건을 역추적하는 방향보다는 그가 말한 느낌을 증폭시키는 방향으로 읽는 것이 좋다. 이를테면 "황금 열쇠를 분질러 한 조각씩 삼키고 우리는 나란히 새장을 이해"했다는 것은 정확하게 다른 말로 어떤 느낌일까를 계속 생각하는 것이다. '먼 산 바라보며 노오란 저녁 해를 서로 나누어 가진(조정권, 「비를 바라보는 일곱가지 마음의 형태」)' 느낌일까, 아니 '비밀이 없다는 것은 재산이 없는 것처럼 가난하고 허전한 일(이상, 「실화」)'과 같은 느낌일까 등등.

이 복잡하지만 결국 따뜻하고 달콤하게 녹아내리는 감정의 '너'는 사람일 수도, 친구일 수도, 시일 수도, 운명일 수도, 이 모든 것을 다 포괄하는 시간일 수도 있다. 시인이 황금 열쇠를 분질러 '우리'라는 주어로 나누어 줄 때, 함께 한 조각 씩 그것을 삼키고 그와 나란히 새장을 이해해보기

3. 시인의 의자 217

를. 그것이 그의 시의 비밀을 여는 열쇠일 것이기 때문이다.

　이근화 시인은 '시'라는 바보장치상자 속에서 늘 파격적이고 재미있는 작업을 한다. 모든 것을 진실하게 말했지만 아무 말도 하지 않는 그의 말은 아이 같은 느낌을 주기도 하는데, 그런 관점에서 본다면 송찬호와 같은 계보라고 볼 수도 있다. (이들의 다른 시들도 물론 그렇지만) 이근화와 송찬호가 같은 묶이는 교집합은, 밝고 재미있고 파격적인 언어를 구사하는 한국시의 매우 특이한 지점을 뛰어나게 성취하고 있다고 하겠다.

　　　　마지막이라는 생각으로 당신의 목덜미를 만졌다
　　　　당신의 얼굴은 한때 아름다운 장화를 신었고
　　　　장화는 점점 주름살이 늘어나 밑창부터 늘어지기 시작했다

　　　　경주박물관 뒤편 목 잘린 불상들 앞에서 이렇게 속삭인 적 있다
　　　　얼굴이 장화를 신고 어딘가 가버렸다고,
　　　　갑작스레 달려온 햇빛이 당황해 꿀처럼 목둘레에 엉겨붙어 있었다
　　　　사람들이 기도하는 심정으로 꿀을 한 숟갈씩 퍼갔다

　　　　마지막이라는 생각으로 당신의 목덜미를 만졌다
　　　　관 뚜껑이 닫히기 전에 내가 마지막에 해야 할 일
　　　　목 뒤 감췄던 주름살과 약점들
　　　　지상의 눈꺼풀 속으로 침몰해버린 사랑들
　　　　지상을 떠나야만 맛볼 수 있는 안락함들

　　　　심장이 목을 통과해 얼굴에 당도할 때 낯빛으로 알 수 있었던 것들
　　　　얼굴에서 본 심장의 빛깔!
　　　　긴 목을 통과해서 별, 꽃, 나무, 달이 뜬다는 것을 알았을 때
　　　　그것들이 어느 날 사라져버렸다는 것을 알게 되었을 때
　　　　몸의 지옥을 견디는 가느다란 목
　　　　얼굴이 피 묻은 장화를 신고 어딘가 가버렸다
　　　　　　　　　－ 박서영, 「목」 전문(≪현대시≫, 2009년 9월호)

시인은 관 뚜껑이 닫히기 전에 망자의 목덜미를 만지고 있다. 그는 이 이상한 행동을 '마지막에 해야 할 일'이라는 의무와 의례로서 엄숙히 설명한다. 목 뒷부분은 가장 은밀한 신체부위여서 그곳에 주름살과 약점을 차곡차곡 감춰 두기 때문에 그것을 어루만져주어야 한다는 것이다. 목은 생과 죽음을 잇는 '목'이기에 지상에 침몰해버린 사랑과 지상을 떠날 때의 안락함도 그 목덜미를 만지는 것으로 어루만져진다. 그런데 목덜미를 어루만지며 그는 이상한 말을 한다. 망자의 얼굴이 장화를 신과 사라져 버렸다는 것이다.

박서영의 시 역시 단절과 낯선 조합으로 어리둥절하고 기묘한 느낌을 준다. 시인은 시에 드러나지는 않지만 '발목'을 징검다리 삼아 얼굴과 장화를 잇는다. 그리고 장화는 비오는 날의 경험을 불러온다. '경주박물관 뒤편에 놓인 목잘린 불상들'에 '갑작스레 달려온 햇빛'은 아마도 비온 뒤에 쏟아진 맑고 투명한 햇빛 덩어리였을 것이다. 비온 날 마주 친 목이 잘린 불상들은 죽음과 파괴의 느낌, 그로테스크한 느낌을 줄 수 있었겠지만 시인에게 그것은 달콤하게 빛나는 액체성의 햇빛이 목둘레에 꿀처럼 엉겨붙어 있는 이미지로 각인되어 있다. 그 햇빛이 너무나 좋아 보여 오히려 사람들이 기도하는 심정으로 그 꿀―햇빛을 한 숟갈씩 퍼 갔다는 것이다. 이 시 역시 너무나 분명하고 명확한 느낌을 고스란히 담아내고 있다.

꿀을 퍼간 것은 왜인지 무엇을 의미하는지 사건을 역추적하기 보다는 꿀을 퍼간 느낌을 증폭시키는 것이 더 좋은 시이다. 박서영은 어떤 느낌을 증폭시키는 데에 매우 능한 시인이고, 또 그렇게 느낌을 생각하도록 쓰기 때문이다.

시인은 심장이 목을 통과해 얼굴에 당도할 때, 얼굴에서 심장의 빛깔을 보았다고 쓴다. 「목」에서 '얼굴'은 '거울에서 골라 쓰는 자기 검열의 가면'이 아니라 '심장'이 뜨는 장소이다. 긴 목을 통과해서 심장은 별과 꽃과 나무와 달로 떠오르는 것이다. 더 이상 얼굴에 심장이 떠오르지 않는다면 그 얼굴은 사라진 것과 같다. 그리고 몸은 꽃이 진 줄기 같은 몸, 베어진 나무의 등걸 같은 몸, 별이 뜨지 않는 밤 같은 몸, 달이 뜨지 않는 밤 같은 몸의 지옥이 된다.

더 이상 별과 꽃과 나무와 달-심장이 뜨지 않는 얼굴을 두고 시인은 목잘린 불상처럼 얼굴이 사라졌다고 생각한다. 그는 불상의 목둘레에 꿀처럼 엉겨 붙어 있던 햇빛처럼 망자의 목덜미를 따뜻하게 어루만져 주고 싶은 것이리라.

이 달에는 심장을 얼굴에 꽃과 별과 나무와 달로 떠오르게 하는 방법으로 쓰는 시들이 좋아 읽어 보았다. 얼굴이 가면이 되면 장화를 신고 가출하고, 몸은 지옥을 견뎌야 할지도 모른다. 우리도, 시도, 이 사회도.

이 밖에도 지면이 부족하여 제대로 언급하지 못했지만 임경섭의 「부화」(≪시인시각≫, 2009년 가을호)는 지적인 통찰이 돋보인 작품이었다. 박정대의 「그림자 박물관」(≪시인세계≫, 2009년 가을호)과 조연호의 「천문(天文)」(≪문학수첩≫, 2009년 가을호)는 아마도 이번에 가장 이야기해보고 싶었던 작품일 것인데 애만 쓰다가 결국 다루지 못했다. 김기택의 「구직」(≪창작과비평≫, 2009년 가을호)을 참 공감하며 읽었다. 많은 사람들이 그러할 것이다. 김형술의 「장마」(≪시작≫, 2009년 가을호)는 초현실주의적이면서도 현실주의적이다. 시각 후각 촉각 청각의 온갖 감각들이 벽에서 하늘에서 돋아나고 쏟아진다. 이번에 읽은 시들 가운데 눈이 번쩍 떠진 작품은 강영은의 「방의 연대기」와 「백조의 호수」(≪열린시학≫, 2009년 가을호)였다. 음악성과 위트가 겹겹이 들어있고 또 허공으로 튀어 오르는 맛이 일품이다.

죽는 것, 잠드는 것, 아마도 꿈꾸는 것*

― 류인서, 박준, 문정영의 시

우리는 지난 시간의 부피감을 온전히 느껴보려고, 또 나무의 홀가분함을 올려다보려고 낙엽을 밟는다. 겨울 앞에서 죽는 것들, 잠드는 것들, 꿈꾸는 것들은 아무래도 다 같은 것만 같다.

뛰어난 작품들이 많았지만, 마음에 와 닿는 작품들을 고르다보니 우연히 '잠'에 대한 시가 여러 편이기에 그 시들을 살펴보기로 한다.

> 너는 바람장수
> 아니, 호박장수
> 다른 아침에서 온 떠돌이 신발장수
>
> 너는 짐짓 자신의 가슴 안으로 손을 찔러 넣어
> 쪼그라든 부레를 꺼내 흔들어 보이곤 했다
> "알고 있었니 우리가 바다라는 거"
> 똥그랗게 물고기 눈으로 올려보는 아이들에게

---

* New Trolls의 노래 <Adagio>의 가사 중 'to die, to sleep, maybe to dream'.

풍선을 불어주곤 했다

　　　저문 강물 쪽으로 서 있던 사진 속 아프가니스탄의 그 풍선장수처럼
　　　너는 자전거 뒷바구니 가득 풍선다발을 매달고
　　　바다시장 사람들 사이를 지나가는 키다리 풍선장수

　　　부레 없는 고래가 애드벌룬으로 뜨는 밤
　　　물고기주둥이 술병과 함께 우리는 노래를 부르지만
　　　딸꾹딸꾹 부레 같은 술병을 안고
　　　번번이 다른 잠이 들지만
　　　　　　　　　－ 류인서, 「풍선장수」 전문(≪현대시학≫, 2009.10)

　시인은 '다른 아침'에서 온 '너'에 대해 이야기하기 시작한다. 너는 저물녘의 이국적이고 가난해 보이는 풍경 속에서 총천연색의 투명한 풍선을 가득 자전거에 매달고 있다. '너'로 지칭되는 사람은 '바람장수 아니, 호박장수 다른 아침에서 온 떠돌이 신발장수'로 호칭이 변하는데, 이는 '너'가 바람장수이건 호박장수이건 신발장수이건 상관없음을 의미한다. 그가 실제로 무슨 장수이건 사실 그가 파는 것은 '풍선'이기 때문이다. 풍선은 가득 불어진 바람(wind－want)이면서, 아이들의 가슴에 팽팽히 불어 준 바람이고, '다른 아침'으로 떠나고픈 꿈을 아이들의 발에 신겨 주었으니, 그는 사실 '바람장수'이고 또 '신발장수'이다.
　물고기는 결코 눈을 감지 않는다고 한다. 커다란 눈을 절대 감지 않는 물고기 같은 아이들에게 "우리는 사실 바다"라며 풍선을 불어주는 사람이 가슴 속에 쪼그라든 부레를 넣어둔 사람이라는 점에서 그의 풍선이란 사실 허풍일 수도 있다. 하지만 스스로에게 허풍이지만 아이들에게 신발이 되고 바람이 되는 황홀한 풍선이라면, 그래서 실제로 아이들이 바다로 갈 수 있다면 그 '헛된 바람(wind－want)'이 허풍은 아니리라.

바다시장 사람들은 바다를 꺼내 파는 사람들이다. 바다 곁에서 바다를 매매하며 살아가지만 정작 바다를 품고 바다에서 살지 못하는 사람들은 쪼그라든 부레를 가슴 속에 지니고 있다. 그들의 밤은 '부레 없는 고래가 애드벌룬'으로 뜬다. 이 그로테스크하고 동화적이며 자본주의적인 시구는 두고두고 선명한 장면으로 뇌리에 각인될 듯하다. 사람들은 부레 없는 고래가 애드벌룬이 되어 둥둥 떠 있는 밤에, 부레인양 술병을 놓지 못한다. 그들은 스스로 바다가 되는 꿈을 꾸지 못하고 번번이 '다른' 잠에 빠져 든다.

류인서 시인은 바다 없는 바다에서 살아가는, '바다였던 사람들'에 대해서 황홀하고 쓸쓸한 동화적 상상력을 불어 내었다. 시인이 불어서 건네주는 풍선을 하나 받아들고서, 어느새 다른 아침으로 가는 신발로 갈아 신겨진 발을 내려다본다. 부레 같은 술병, 부레 같은 TV, 부레 같은 애인, 부레 같은 아이를 끌어안고 다른 잠이 드는 사람들이 유리창마다 보이는 밤. 그리고 책에서 발견한 글귀 하나를 부레처럼 끌어안고서 잠이 드는 사람도 있다.

> 믿을 수 있는 나무는 마루가 될 수 있다고 간호조무사 총정리 문제집을 베고 누운 미인이 말했다 마루는 걷고 싶은 결을 가졌고 나는 두세 시간 푹 끓은 백숙 자세로 엎드려 미인을 생각하느라 무릎이 아팠다 어제는 책을 읽다 끌어안고 같이 죽고 싶은 글귀를 발견했다 대화의 수준을 떨어트렸던 어느 오전 같은 사랑이 마룻바닥에 누워있다 미인은 식당에서 다른 손님을 주인으로 곧잘 혼동하는 경우가 많았고 나는 손발이 뜨겁다 미인의 솜털은 어린 별 모양을 하고 나는 손발이 뜨겁다 미인은 밥을 먹다가도 꿈결인양 셧은 봄날의 하늘로 번지고 나는 손발이 뜨겁다 미인을 생각하다 잠드는 봄날, 설핏 잠이 깰 때마다 나는 몸을 굴려 모아둔 열들을 피하다가 언제 받은 적 있는 편지 같은 한기를 느끼며 깨어나기도 했던 것이었다
> – 박준, 「미인처럼 잠드는 봄날」 전문(《현대시》, 2009.10)

박준 시인의 시는 거칠고 유려하다. '믿을 수 있는 나무는 마루가 될 수 있다'와 같은 구절이 보여주는 당돌함이나 '끌어안고 같이 죽고 싶은 글귀를 발견했다'와 같은 구절의 거칠고 강렬함이 매력적이면서도 '간호조무사 총정리 문제집을 베고 누운' 미인의 기묘한 구체성과 '대화의 수준을 떨어트렸던 어느 오전 같은' 추상성이 공존한다. 서로 다른 결과 질감이 공존하는 것은 이 시가 '잠'에 대한 시이기 때문이다.

믿을 수 있는 나무가 마루가 되는 것은, 마루가 딛고 서거나 기대어 누울 바닥이 되기 때문이다. 그렇게 말한 미인은 그 마루에 누워 있었고, 그래서 마루와 미인은 동일성을 획득한다. 마루가 걷고 싶은 결을 가졌다는 것은 미인에 대해서 생각하고 싶다는 말과 불확실하게 겹쳐진다. 그러므로 그 마루에 두 세 시간 푹 끓은 백숙처럼 엎드려 있는 것은 믿을 만한 마루—미인에게 기대어 있는 존재의 무력함을 느끼게 한다. 그의 무력함은 뜻대로 운신할 수 없기에 '무릎이 아픈' 통증으로 이어지는데, 이는 곧 죽고 싶다는 생각으로 이어진다. 그런데 이 죽음충동은 '끌어안고 같이 죽고 싶은 글귀'를 발견하는 국면으로 넘어가면서, 통증과 무력함을 에로틱하고 나른한 것으로 전환시킨다.

사실 이 시에서 화자가 실제로 행한 것은 '엎드려 생각한다, 잠든다, 몸을 굴려 피한다, 깨어난다'는 서술어에서 알 수 있듯이 거의 미미하며, 그가 느낀 감각은 '무릎이 아프다, 손발이 뜨겁다, 한기를 느낀다' 뿐이다. 굳이 '간호조무사 문제집'을 되짚어보지 않더라도 화자는 거의 움직임이 없이 이런 저런 생각으로 하루를 보내는 환자 같은 상태임을 짐작할 수 있다.

박준 시인은 불확실하지만 너무나 선명한 '잠결'이라는 특이한 경험을 방법론적으로 생생히 구현하고 있다. 그리고 선명한 감각을 구식 같으면서도 세련되고 정확하게 표현하는 것이 인상적이다. 특히 언제 받은 적

있는 편지 같은 한기를 느끼며 깨어나기도 했다는 구절은 '한기'를 표현한 가장 뛰어난 구절이라는 생각이 든다. 한기는 어렴풋하면서도 생생한 차가움이며, 딱 편지지만한 크기로 느껴지기 때문이다.

> 잠은 동물성, 습관의 목걸이를 걸고 다녔다 놓아두면 들고, 잡아두면 달아나는 산짐승을 닮아 있었다 혹자는 그것을 성(性)스럽다고도 했다 직립 이전의 삶은 오직 잠을 위한 투쟁이었다 잠들 수 있는 자만이 배를 채울 수 있었다 잠은 영혼의 한 조각을 내려놓고, 죽은 아버지를 만날 수 있는 공간이었다 잠이 없으면 자식을 이을 수 없었고, 그만큼 빛이 귀하던 시절이었다
>
> 근래 잠은 빛의 동의어다 빛은 성격이 급하다 순간순간 깨어 있다 잠도 활동성으로 바뀌고 있다 먹기 위해서 일하기 위해서 잠은 늘 깰 준비를 한다 앉아 자는 잠, 서서 자는 잠이 도처에 즐비하다 잠은 더 이상 성(性)스럽지 않다 잠은 아무 곳에나 뿌리를 내린 열매가 열리지 않는 나무!
> — 문정영, 「잠」 전문(《현대시학》, 2009.10)

시인은 '잠'이 잃어버린 권위에 대하여 이야기한다. 잠이 삶에서 가장 중요한 부분이었고, 생명 그 자체였다면서, 잠이 사실 '산짐승' 같은 것이라고 말하는 부분이 놀랍다. 잠은 배를 채우고 자식을 이어가는 힘을 지닌 것이었으며, 죽은 아버지를 만나는 공간이었다는 것이다. 즉 잠은 아버지와 아버지의 아버지와 그들의 아버지들, 그리고 나와 나의 자식들을 잇는 가장 중요한 힘이었다.

그러나 먹기 위해서 일하기 위해서 전전 긍긍하는 잠은 더 이상 성(性)스럽지 않고 성(聖)스럽지 않으며, 힘을 잃은 지 오래이다. 아무 곳에서나 늘 깰 준비를 하며 앉아 자거나 서서 자는 잠들은 함부로 뿌리를 내린 식물성이 되었다. 아무 곳에나 뿌리를 내리지만 열매를 맺지 못하는 나무라는 구절이 인식에 충격을 준다. '꿈' 없는 '잠'이 함부로 몰려왔다가 뽑히

는 것이다. 토막잠을 자는 우리들은 아버지와 아버지의 아버지, 그리고 자식으로부터 토막쳐내진 채, 자욱한 졸음의 숲에 있지는 않은가 생각해 볼 일이다.

지면상 다루지는 못했지만, 이수명 시인의 「사과의 조건」도 일독을 권한다. '사과를 깎으면서' 시작한 시는 사과의 의미들이 미끄러지고 '여러 개의 바구니들이 불확실하게 겹쳐지는' 시구에서 많은 생각을 하게 하였다. 그 구절을 읽은 뒤로는 '불확실하게 겹쳐지는' 것들에 대하여 좀 더 경계하게 되었달까(이 글에서도 의도적으로 이 표현은 거듭 사용되었음을 밝힌다). 정병근 시인의 「거울」은 '당신의 표정 속에 산산 조각이 있다 저마다 딴 곳을 바라보는 천개의 눈알이 있다'는 구절이 의외로 충격적이었다. 산산 조각난 표정이란 조각들마다 딴 곳을 바라보는 것이다. 정병근 시인의 시와 더불어 장만호 시인의 두 행 시「이상한 원근법」도 '거울'에 대한 시로 꼼꼼히 읽어 소개하고 싶었지만 하지 못했다. 스펙터클한 시들이 많지만 오히려 그 스케일에 눌려 상상력의 신축성이 뻑뻑해 지는 경우도 있는 것 같다. 스펙터클하지는 않지만 여러 가지 사유와 상상을 쭉쭉 뻗어가게 하는 시들이 있다.

에토스와 파토스, 웅크린 주체를 찢는

— 정영효, 김정웅, 이선욱의 시

이번에는 현대시 11월호에 수록된 2009년 등단 신인특집을 읽어보았다. "그들은 의심을 가졌다는 점에서 동인들이지만 다른 결론을 가졌다는 점에서는 타인들(정영효,「교제」)"이다. 호기심과 의심을 가진 시인들은 웅크리고 잠든다. '나는 누구인가, 여기는 어디인가'와 같은 최초의 질문들을 "영혼이 답답해질 만큼 꼭(김정웅, 「14월의 비」)" 끌어안고 있기 때문이다.

> 한 학자를 사귀기 위해 펼친 책
> 그곳에서 밤은 깊어진다
> 내가 이해할 수 없었던 것들은
> 그의 저의 속으로 달아나버리고,
> 나는 뇌신경 안 어느 골목을 배회하는
> 19세기 학자 몇과 20세기 학자 몇을 데려와
> 그와 대화를 나눈다
> 말하자면 나는 그들이 만나는 장소이다

우아한 커튼과 오래된 술은 없어도
난해한 문맥과 밑줄 친 구절에서 오가는 설명들
그들은 의심을 가졌다는 점에서 동인들이지만
다른 결론을 가졌다는 점에서는 타인들일 뿐
생전에 가끔 서로를 이해하려 했고
죽은 후에야 교우하지만
사실을 선언한 문장들이 화해하는 곳이 있을까
말하자면 나는 그들이 만든 현상이다
지금, 가치에 대해 묻는 것은 불륜일지도

―정영효,「교제」부분

그리스인들이 증명하였듯이 세상에서 가장 생산적인 사유의 방식은 '대화'일 터인데, 어찌된 일인지 이 작품 속에서 학자들은 서로 단절된 채 사귀지 못한다. 그들은 그래서 '죽은 후에 교우'하는 것으로 나타나는 것이다. 시인은 '사실을 선언한 문장'은 화해하지 못한다고 생각한다. 하지만 '사실'과 '역사'는 언제나 '해석'에서 타자와 화해하고 교우한다. '사실'은 수많은 모습을 가졌으며, 시인이 불러온 '사실을 선언한 학자들' 역시 죽은 후에 완결된 존재가 아니다. 그들은 누구에 의해 호명되느냐에 따라 상당히 다른 모습으로 존재한다. 하지만 시인은 그들을 화해시키기 불가능하다고 단정한다. 그러므로 시인이 마련한 '우아한 커튼과 오래된 술도 없는' 회담은 결렬되고, 교제에는 생기가 없다. 그들은 서로 영향을 주고받으며 사귀는 것이 아니라, 오로지 의심을 가졌었다는 점에서만 공통분모를 갖는다.

이 흥미로울 것 같던 대화는 단절되고 깊어질 것 같던 밤은 책장의 행간 사이로 들어가지 못한다. 이미 결론이 완결된 무언가를 선택할 수만 있다면 이런 것을 교제라고 할 수 있을까. 시인은 교제라는 이름으로 덧씌워진 만남을 '질서'라고 명명한다. 그는 또 새로운 학자를 하나 더 뇌신경 안 골목을 배회하도록 입장시켰을 뿐이다. 선택하는 순간 속성과 태도와 결론이 결정되어 버리는 것, 이 '질서'는 '에토스'의 다른 말이다.

에토스는 자아와 주체의 문제에 밀접히 연관되어 있다. 자아는 잠재태이며 가능태인데, 구체적인 상황에 놓였을 때, 어떤 '선택'을 하느냐에 따라 다른 '주체'로 거듭난다. 그러므로 '나는 누구인가' 하는 문제는 잠재태인 자아에 머물 때에는 알 수 없는, '주체'의 문제이다. 고전주의 희극에서 종종 폭로되는 '숭고함'을 떠드는 자들의 위선 역시 이런 '자아이미지'와 '주체'의 불일치에서 비롯된다.

주체는 어떤 선택을 하는 존재이다. 처음에는 한 번의 선택이지만 그 선택이 반복이 되면 그것은 하나의 습관과 관습, 에토스ethos가 된다. 에토스가 윤리(ethic)의 문제와 관계가 있는 것은 단순한 어원적인 문제가 아니다. 그것은 자아가 주체로 거듭날 때, 타자와의 관계에서 어떤 선택을 하느냐의 문제이고, 이 '선택'은 분명히 주체의 '윤리'와 관계가 있기 때문이다.

시인이 가치와 윤리를 언급하고, 질서가 되어버린 선택의 무의미함을 이야기하며 '교제'라는 제목을 단 것은 아이러니하다. 아마도 그가 이야기하고 싶었던 것이 바로 닫힌 선택의 비윤리성이기 때문이 아닐까.

> 바람이 부는 쪽으로
> 세상은 기울어지기 시작한다, 물 위에서
> 살아 있는 모든 것들은 언제나 위태롭다, 막
> 얼굴을 떠난 슬픈 표정 하나가
> 발 끝에 고인다, 드디어 비는 내리고
> 빗금 속에 갇힌 풍경들이
> 우산 밖에서 어슬렁거리고 있다
> 펼쳐진 우산의 반지름만큼
> 사람들은 누군가를 그리워하지만

> 대가 부러진 우산처럼
> 나는 내 생을 잘 펼치지 못했다
>
> — 김정웅, 「14월의 비」 부분

김정웅 시는 매우 작은 자아의 위태로움에 대해 이야기한다. 그는 매우 적대적인 세상에 겨우 우산 반지름만 한 ego의 범주를 불완전하게 펼친다. 자아란 원래 최소한의 고치 같은 것이지만, 그것은 '대상'에 대한 '사랑'을 통해 커질 수 있다. 우리는 사랑하는 대상이 아프면 스스로 정말 아프지 않은가. 그것은 사랑하는 대상이 ego의 범주에 포함되었기 때문이다.

시인이 펼치는 '그리움' 역시 '사랑'의 한 종류라는 점에서 '대상'을 향해 뻗은 자아의 범주라고 볼 수 있지만, 그것은 대상과의 상호작용이 제거된, 일방적인 형태의 사랑이다. 그리움이란 소통이 부재하는 단절과 간극을 전제로 한 사랑이기에 대상을 향한 그리움의 반지름은 ego의 범주가 되지 못한다. 게다가 시적 자아가 그리워하는 대상은 매우 모호하게 처리되어 있다. 이 미숙하고 미완된 모호한 사랑은 자아를 애초의 자아—고치보다 더 작고 위태롭게 만든다. 부러진 그리움의 반지름을 가진 존재는 그가 펼치고자 하는 반지름만큼 더 비좁게 느낄 것이기 때문이다.

우산 밖의 '세상'은 바람이 부는 쪽으로 기울기 시작하고, 내리는 비의 빗금에 의해 분할되고 감금되는 것으로 묘사된다. 비바람에 시련을 겪는 세상의 풍경을 구경하는 자아는 아마도 '공포(phobos)'과 나도 그런 처지에 놓일 수 있다는 '공감(eleos)'을 느끼고 있을 것이다. 그는 "물 위에서 모든 살아 있는 것들은 위태롭다"고 명시하고 있는데, 자아가 떨쳐 낸 슬픈 표정은 사라지지 않고 물이 되어 스스로의 '발 끝에 고여'서 그를 위태롭게 한다. 이 발 끝에 고인 슬픈 표정은 자아의 전 존재를 떠받치며 그가 가는 곳 어디나 따라다니는 '물'이다. 이 와중에 세상의 풍경은 우산 밖 주변을 맹수처럼 '어슬렁거리'고 자아의 위태로움은 극에 달한다.

그는 "이런 날에는 슬며시 죽고 싶어진다, 세상의 사각死角에서 영혼이 답답해질 만큼 몸을 웅크려본다"고 쓴다. 시선을 가진 존재는 그 시선이 닿지 않는 사각지대를 가지고 있다. 시인은 맹수처럼 '어슬렁거리'는 '세상'의 사각에서 잠시 웅크리고 싶어 한다. 어슬렁거리는 세상 속에서 그는 최소한의 주체로 자리 잡는다.

주먹을 뻗을수록 스스로의 얼굴은 망가져간다.
새벽처럼 푸르고 신나게.

그리고 뛰는 습관!
투지를 거머쥘수록
주먹은 점점 작아지는 것.
다행히 완전히 부서지거나 사라지진 않아.
다만 나중엔 펼칠 수도 없을 만큼
작아질 뿐이니.

그러니 자존심이 아름답다면, 가자.
필라델피아 미술관으로.
처참한 얼굴은
거기, 링 위에 높이 매달아놓고.

오로지 몸으로,
몸으로만 달려야 할,
우리의 최후.
교수형의 고독한 발버둥처럼.
─그 믿음은 철저해질 것이며
서서히 빛바랠 것이지만,
― 이선욱, 「Gonna Fly Now─composed by Bill Conti」 부분

이선욱의 시는 영화 '록키'의 주제가에 맞추어 나오는 뮤직비디오를 보는 듯 빠르게 진행되는 된다. '주먹을 뻗을수록 스스로의 얼굴은 망가져' 가는 그는 세상과 한 판 시합을 벌이는 중이다. 그는 닫힌 세계의 비윤리성에, 2000년대 한국시의 에토스에, 자신의 주변을 어슬렁거리는 맹수에게, 혹은 자신과 사귀지 않는 모든 존재들에게, 주먹을 뻗는 중이다. 그는 얼굴이 망가져가지만 그것을 '새벽처럼 푸르게 신나게' 망가져 가고 있다고 묘사한다. 이 마조히즘적인 주먹질이 갖는 신나는 음악성은 그의 망가진 얼굴을 응원하고 싶게 만드는 힘을 가졌다.

사실 시인은 투지를 거머쥘수록 주먹이 작아진다는 것을 알고 있는 리얼리스트이다. 그러나 그는 처참한 얼굴은 링 위에 높이 매달아 놓고 오로지 몸만으로 달려가자고 외친다. 필라델피아의 미술관은 영화에서 '록키 발부아'가 새벽이면 달려 올라가던 계단이 있는 곳이다. 록키는 그 계단을 달려 올라가 아무도 없는 새벽 동쪽을 향하여 두 손을 번쩍 들었었다. 승리가 아니라 싸우는 과정, 달리는 과정 자체가 영광이기 때문이다.

시인은 "때론 응급실로 달려가는 의사같이 가끔은 응급실로 향하는 의사같이 질주할 필요도 있어, 채찍을 후려 맞은 종마같이"라고 외친다. 이선욱 시인의 파토스는 독자를 흥분시키고 매혹하는 힘이 있다. 그간 파격적인 시들은 파격의 에토스를 구축해와서 파격의 매력을 잃은 것이 사실이다. 이선욱 시인의 날 것 그대로의 목소리가 오히려 신선하게 느껴진다.

"부모가 죽고 세 달이 흐르자. 부모가 죽고 네 달이 흐른다. 그리고 운동장을 가로지르며 동생이 뛰어온다"는 김승일의 「부담」과 "초인종이 울려서 문을 열었어. 짱깨가 철가방에서 너를 꺼냈지. 너는 그렇게 태어난 거야."로 시작하는 「멋진 사람」은 자아의 잠재태를 잘 보여준다. '부모 없고 동생이 딸린 세대'에 대해 생각하게 하는 김승일의 시는 앞으로 눈여겨보아야 할 것이다. 이는 임창아의 시에서도 나타나는데, 임창아는 매력적인 시구절들을 구사한다는 점이 돋보였다. 웃음과 울음의 관계에 대해 설명하려고 하는 점이 아쉬움이 되었지만 아무렇지 않은 듯 선택하는 뛰어난 표현들이 신선했다. 김은상의 「사립에 걸린 禁줄 출렁이던 그 달집」은 길상호의 등단작인 「그 노인이 만든 집」 이후 처음 보는 잘 짜인 집의 상상력이라는 생각이 들었다. 유려하다. 임경섭의 「어쨌든 방이니까」 역시 웅크렸지만 술술 풀려나오는 힘이 있는 시이다.

 다시 생각해본다. 우리는 누구이고, 어디에 있는가.

망각과 손잡이

2008년 봄의 한국시
― 오은, 문태준, 이근화, 윤진화, 길상호, 정준영, 정병근, 정은기,
이승희, 송찬호의 시

1. 망각

　엔트로피가 증가하면 에너지는 더 이상 재사용할 수 없는 방향으로 가 버린다. 이 비가역적인 운동은 모든 것을 소모시키고 돌아오지 않는다. 엄청난 에너지와 함께 "꽝!" 하고 문을 닫고 들어가서는 다시는 나오지 않는 것들이 어디 한둘이랴. '꽝' 소리와 함께 문이 닫히고, 닫힌 문의 손잡이가 사라지면서 이 세계와 삶에서 빼돌려진 것들에 대한 시들이 눈에 띄는 계절이었다. 말끔히 발라진 벽 속에서 고양이가 울었달까.

　　큰오빠는 팔굽혀펴기를 천구백 개째 하고 있었다 팔을 굽힐 때마다 땀 방울 몇 톨이 자랑스럽게 돋아났다 네가 격투기를 하면 세상을 발칵 뒤집 어놓을 거다/그게 돈벌이가 더 돼? 아빠와 엄마는 항상 논쟁을 벌였지만 큰오빠는 근육 하나 꿈쩍하지 않았다 선반의 트로피를 바라보며 오직 양 질의 고깃덩이가 되는 것만 생각하기로 했다

저 훤칠한 총각은 누구냐 할머니는 사람들의 이름을 자꾸만 잊어버리셨다 갑자기 통닭이 먹고 싶구나 할머니가 큰오빠의 등짝을 보고 입맛을 다셨다 잘 드시면 몸이 나을지도 몰라/하루에 열 끼나 드시는데? 아빠는 이상을 굽힐 줄 몰랐고 엄마는 현실이 펴지기만을 기다렸다 큰오빠는 팔 굽혀펴기를 그만둘 수 없었다

통닭이 배달되자, 할머니는 날렵하게 날개를 낚아채 덥석 입에 물었다 미각은 여전하셔/이제 가실 때가 된 거지 엄마가 천장에 걸린 샹들리에를 가리키며 말했다 아빠가 가슴살을 뜯어 큰오빠에게 가져다주었다 큰오빠는 쟁반에 입을 대고 개처럼 그것을 씹어 먹었다 샹들리에가 위태롭게 껌벅였지만, 모두들 그저 자기 자신이 눈을 감았다 뜬 것이라고 생각했다

마감뉴스를 들었지만, 아무도 미도리의 실종이나 제인의 망명, 철수의 죽음 따위에 신경 쓰지 않았다 자정이었고, 에너지 보충을 이유로 다들 잠자리에 들고 싶어 했다 철수는 할머니가 진작 잊어버린, 이제는 교과서에도 실리지 않는 작은오빠의 이름이었다 할머니가 그 이름을 떠올리려는 찰나, 화이트 노이즈가 모두의 머릿속을 하얗게, 어지럽게 만들었다 결국 내일의 날씨 코너는 내일로 방영이 미뤄졌다

큰오빠는 이천 번 팔을 굽히고 천구백구십구 번 팔을 펴는 데 성공했다 굽히지 않으면 아무것도 펴지지 않는다는 사실만 오직 생각하기로 했다 할머니가 입맛을 다시며 큰오빠의 이름을 다시 물어 왔다 아빠와 엄마가 하품을 하며 안방으로 들어갔다 선반의 트로피가 떨어졌지만 엔트로피를 떨어뜨리기엔 역부족이었다 큰오빠가 팔을 이천 번째 펴자, 큰오빠의 항문에서 방전된 에너자이저 하나가 툭 떨어졌다

내일은 내일의 태양이 떠오르겠지?/비가 오지 않는다면
큰오빠에 이어 아빠와 엄마, 그리고 할머니가 차례로 눈을 감는 소리가 들렸다
    - 오은, 「모던 타임스」 전문(『창작과비평』, 2008년 봄호)

이 시는 무의미한 반복과 번복, 그리고 망각에 대해 이야기하고 있다.

한 가족의 저녁 일과를 담담히 그린 이 시는 흔한, 어느 가정에서나 일어나는 일상의 풍경이라 더 섬뜩하다. 석유 값이 천정부지로 치솟는다는 말에서는 석유 연료의 엔트로피를 생각하지만, 우리 집과 우리 가족의 저녁 일상에서 엔트로피의 증가를 생각해보았는가.

화자의 부모는 하나의 모순된 짝으로 존재한다. 아빠는 이상을 굽힐 줄 모르고 엄마는 현실이 펴지기만을 기다리기 때문이다. 서로 다른 곳을 바라보지만 바라보는 것을 위해 무엇도 할 능력이 없는 이들은 짝을 지어서 논쟁만을 계속한다. 서로에게 번복이면서 스스로에게 반복인 이들 사이에 오가는 논쟁은 있으나 생산되는 것이 없다. 그 양극적인 긴장 관계에서 거짓말처럼 에너지만 휘발되고 있는 것이다.

반면 큰오빠는 오직 하나의 목표만을 위해 팔굽혀펴기에 매진한다. 그는 소모적인 논쟁을 하지는 않지만 그의 반복적인 동작은 이상도 현실도 없는 동물적인 욕망에 의해 추진되는 '동물 되기'에 다름 아니다. 그는 스스로 고깃덩어리가 되기 위해 팔굽혀펴기라는 무의미한 번복을 반복하고 있다.

할머니는 망각의 존재이다. 치매에 걸린 그는 먹고 돌아서면 잊어버리고 먹고 돌아서면 잊어버리며 하루에 열 끼나 먹는 존재가 되었다. 동물적인 식욕만이 남은 할머니는 큰 손주를 알아보지 못하지만, 동물적인 직감으로 그가 입맛을 다실만한 고깃덩어리는 알아챈다. 저녁엔 샹들리에가 위태롭게 껌벅였지만 아무도 그것을 감지하지 못한다. 모두 위태롭지만 평안 무사한 것이다.

샹들리에가 깜박이는 것은 기억과 망각의 단속斷續을 의미한다. 그들의 삶에서 망각된 것은 '작은 오빠'로 상징되는데, '큰 오빠'라는 명명이 당연히 전제하는 '작은 오빠'가 가족에서 삭제된 것은 뒤늦게 언급된다. 마감뉴스에서 언급되는 실종된 사람들 명단에 작은 오빠의 이름인 '철

수'가 있기 때문이다. 그러나 가족들 누구도 신경 쓰지 않으며, '철수'는 잊힌 이름의 대명사가 된다. '철수'라는 이름의 호명에도 가족들은 그를 기억해내지 못하고 잠드는 것이다.

사용하면 사용할수록 없어지지 않고 더 선명해지고 더 힘이 세지며 풍부해지는 것이 무엇일까? 스핑크스가 낼 법한 이 문제의 답은 단연 '기억'이다. 기억을 불러내는 것. 더 이상의 기억을 저장시키는 것은 힘들더라도 추억의 능력은 노인들이 가장 뛰어난 분야이다. 세상에서 가장 생산력 있는 활동일 '기억' 능력을 상실했지만, 할머니가 잠시 '철수'의 이름을 떠올릴 뻔 한다. 그러나 이내 TV 속의 노이즈가 다시 이들을 망각으로 이끈다.

다시 큰오빠는 무의미한 팔굽혀펴기를 하고, 할머니는 입맛을 다시고, 아빠 엄마는 짝을 지어 하품을 하며 안방으로 간다. '굽히지 않으면 아무것도 펴지지 않는다'는 생각뿐인 큰오빠의 집념과 실천은 그러나 무엇을 위해 굽히고 무엇을 펼칠 것인지에 대한 성찰이 없다. 펴기 위해 굽히지만 펴고 굽히는 진폭은 똑같을 뿐, 결국 엔트로피는 상승하고 큰오빠는 '방전된 에너자이저'가 된다.

'고도를 기다리며'에나 나올 듯 한 마지막 대사. 아빠가 '내일은 내일의 태양이 떠오르겠지?'라고 이상을 말하자 엄마는 '비가 오지 않는다면'이라고 현실을 대꾸한다. 엄마의 대꾸로 태양은 즉각 그 상징성을 잃고 비가 오지 않으면 뜰 일상적인 해로 전락한다. 뜬금없이 웅대한 태양을 떠올리는 아빠와 그것을 일상화시키는 엄마. 이 무의미한 반복과 번복은 이들이 하루를 꼬박 소모했지만 살지 않았음을 증명한다. 그들은 살아있지 않다. 살아있는 시체, 좀비zombie들이다.

　　배를 깔고 턱을 땅에 대고 한껏 졸고 있는 한 마리 개처럼

>   이 세계의 정오를 지나가요
>   나의 꿈은 근심없이 햇빛의 바닥을 기어가요
>   목에 쇠사슬이 묶인 줄을 잊고
>   쇠사슬도 느슨하게 정오를 지나가요
>   원하는 것은 없어요
>   백일홍이 핀 것을 내 눈 속에서 보아요
>   눈은 반쯤 감아요, 벌레처럼
>   나는 정오의 세계를 엎드린 개처럼 지나가요
>   이 세계의 바닥이 식기 전에
>   나의 꿈이 싸늘히 식기 전에
>   – 문태준, 「엎드린 개처럼」 전문(『시와 사상』, 2008년 봄호)

　다시, 닫히고 손잡이가 사라진 문에 대해 생각해보자. 문태준의 시에서 세계는 '이' 세계로 지칭되는데, 이는 '다른' 세계(들)을 전제한다. 설화에는 숲에 들어서거나 호수에 빠지면서 다른 세계로 이동하는 일이 흔하다. 그곳에서 주인공이 갑자기 당나귀나 다른 동물로 변하여 곤란을 겪기도 한다. 모험을 마치고, 무사히 임무를 수행하면 다시 사람으로 돌아오긴 하지만.

　시인은 '이' 세계에서 한 마리 개로 변신한다. 그는 배를 깔고 턱을 땅에 대고 한껏 졸고 있는 개가 되려고 한다. 왜냐하면 그것이 '이' 세계의 '정오'를 지나가는 방법이기 때문이다. 가만히 졸면서 버티면 정오는 넘길 테니까. 태양이 가장 높은 곳에 떠 있는 한 낮. 그 밑에서 그림자는 가장 작아지고 발밑으로 숨는다. '나'를 '나'의 밑에 숨기고 버티며 이 세계의 정오가 지나가기를 납작 엎드려 견디는 것이다. 그러나 개는 이런 긴박감을 망각한 것 같다. 하긴 '저' 세계로 가거나, 가서 다시 사람이 되레 골몰하지 않는다면, 초조함과 걱정은 쉽게 문 닫고 사라질 것이다. 개는 근심 없이 따스한 햇살을 받으며 나른하게 졸고 있다. 움직이지 않는다면 목에 쇠사슬이 묶인 것도 불편할 리 없다. 그렇게 잊힌 쇠사슬을 목에 묶고, 그 쇠사슬마저 느슨하게 늘어뜨린 채, 살포시 졸고 있다.

이 세계를 장악하고 있는 것은 정오의 태양이 아니다. 졸음이다. 느슨하고 나른한 졸음이 '이' 세계를 장악하고 욕망을 거세한다. 개는 뛰고 싶지 않으며, 백일홍이 핀 것을 보고 싶지 않다. 그것은 나른한 망각 속에서 눈을 반쯤 감으면 충족되는 일이다. 반쯤 눈 감는 일은 졸고 있는 것이지 꿈꾸는 것이 아니다. 그럼 개는 망각의 동물이 되었는가?

희망은 있다. 그는 잠들지 않았고, 눈감지 않았다. 그는 감기는 눈을 반쯤 뜨기 위해 애쓰며 망각에 맞서고 있다. 그가 납작 엎드린 이유는 '이' 세계의 바닥이 식기 전에, 꿈이 싸늘히 식기 전에 '이' 세계의 바닥을 기어서 '가기' 위함이라고 밝히고 있지 않은가 말이다.

> 살아남기 위해
> 우리는 피를 흘리고
> 귀여워지려고 해
> 최대한 귀엽고
> 무능력해지려고 해
>
> 인도와 차도를 구분하지 않고
> 달려보려고 해
> 연통처럼 굴뚝처럼
> 늘어나는 감정을 위해
>
> 살아남기 위해
> 최대한 울어보려고 해
> 우리는 젖은 얼굴을
> 찰싹 때리며
> 강해지려고 해
>
> — 이근화, 「엔진」 전문(『문학수첩』, 2008년 봄호)

'우리는' '이' 세계를 견디고 임무를 수행하며 벗어나기 위해 대응해야 한다. 이 엄청난 명제에 이근화는 대뜸 '살아남기 위해' 라는 말을 붙여놓는다. 이근화는 정말이지 이런 식으로 이마에 척척 무언가를 붙이는 일에 능통하다. 이상도 현실도 꿈도 욕망도 아니고 '살아남기 위해'.

  세상에서 가장 무거운 체중을 가진 '살아남기'와 체급이 맞는 어떤 단어들이 그것과 맞설 것인가. 시인은 '귀여워지기'를 처음으로 꼽는다. 장난하냐구? 그럼 '최대한 귀여워지기'는 어떠한가. '최대한 귀여워지고 무능력해지기'는? 아직도 못미더운 독자들에게 이 시를 진지하게 읽어달라고 말하고 싶다. 그는 '피를 흘리고 귀여워지려고' 하기 때문이다. 이런 자기 출혈과 '아이-되기'는 살아남기 위해서 싸우지 않는 한 방편으로 선택된 것이 아니다. 굳이 싸우지 않고 모면하기 위해서라면 피를 흘리고 귀여워질 이유가 없다. 자발적으로 피를 흘리고 무능력해져서 어떤 생산적인 기능을 담당하지 않고 놀이와 유희의 세계로 들어가겠다는 것은, '이' 세계에서 무능력해짐으로써 철저히 이 세계와 협력하지 않으려는 강력한 방책이다.

  시인은 또한 인도와 차도를 구분하지 않고 달리겠다고 한다. 분별력을 지우는 달리기는 '위험'을 초래하며 '살아남기'와 충돌한다. 그러므로 시인이 말하는 '살아남기'가 '이' 세계에서 신변의 안전을 도모하고 목숨을 부지하는 것이 아님을 알 수 있다. 시인은 '이' 세계의 질서를 가로지르며 오직 자신의 감정을 위해서 달리고자 한다. '감정을 위해 달리기'는 '살아남기'와 대등한 것이다.

  연통과 굴뚝을 찾아보기 힘든 요즘, 연통과 굴뚝처럼 늘어나는 감정이란 말이 어색하지만, 여기서 실제 연통과 굴뚝이 늘어나는 추세를 짐작하려 한다면 곤란하다. 산업화 시대에 연통과 굴뚝의 수가 **빠르게** 늘어났다지만, 당시에도 사람들에게 충격을 주었던 것은 늘어나는 숫자보다는 그 커다란 형태와 그것이 엄청나게 뿜어대는 연기가 환기하는 에너지였을 것이다. 연통과 굴뚝이라는 말이 주는 굵직굵직한 느낌과 그것이 연상시키는 폭발력은 제목 '엔진'과 연결하면 엄청나게 폭발하는 자동차 엔진 속 실린더가 떠오른다. 이렇듯 늘어나는 감정을 위해 화자는 살아남으려하고 달려보려고 하는 것이다(감정이 연상시키는 심장의 박동과 엔진의 운동을 생각해보라).

살아남기 위해 '이' 세계에 대응하는 다른 방법은 '최대한 울어보'는 것이다. 이미 울어서 젖은 얼굴을 찰싹 때리며 강해지면서 말이다. 이 울음은 닫힌 '이' 세계, 닫힌 '나의 삶'에서 견디는 방법이며, 바깥쪽으로 소리를 타전하는 방식이다.

2. 관계

안에서는 결코 열리지 않는
바람 냉장고에 갇혀 살지요
밤마다 갸릉갸릉 더 크게 앓는
나의 냉장고에는
칸칸이 들어찬 기억이며
칸칸이 들어찬 울음이며
아무도 손댈 엄두가 안 나는
맛없는 것들만 가득,
너무 오래된 나를 버리러 가야 하는데
문은 꼼짝을 하지 않네요
보일러 배관을 타고
바람의 냉매가 흐르는 방
손잡이는 언제나 밖에만 있으니
바닥에 납작 엎드려

>   바람의 맥이나 짚고 있어요
>   더는 꽝꽝 얼지 않는 겨울과
>   조만간 플러그가 뽑히고 말
>   이 방의 운명을 점치는 거죠
>   문득 생각이 났다고
>   이제 방문 열 생각은 하지 마세요
>   당신이 먹지 않고 버린 나를
>   허연 곰팡이가 말끔히
>   먹어치우고 있으니
>   – 길상호, 「바람 냉장고-우울증」 전문(『리토피아』, 2008년 봄호)

'관계'란 불평등하다. 손잡이는 바깥에만 달려있고 나는 결코 열리지 않는 바람 냉장고에 갇혀 살아야 한다. 냉장고는 시인이 거처하는 방이고, 갇혀있는 감옥이며, 그 자신의 존재이다. 칸칸이 들어찬 기억, 칸칸이 들어찬 울음. 그의 기억도 울음도 망각되었다. 최대한 울어보고 최대한 달려보고 최대한 귀여워지며 견디더라도 너무 오래 망각되면 어찌해야 하나.

우리는 가득 차면 좋겠다고 생각하기 쉽지만, 사실 무엇이든 담을 수 있는 것들은 채우라고 만들어진 것이 아니다. 우리의 존재는 채우고 꺼내는 과정, 열고 닫는 과정을 위해 존재하는 것이다. 그런데 꺼내기 위해 저장하는 기억과 울음이 꺼내지지 않고 그 안에 버려지면 나중에는 절대 손댈 엄두가 나지 않는 것들이 된다. 하지만 문제는 제 스스로 문을 열수 없다는 점이다. 손잡이는 바깥에만 달려 있고 그것은 잊혀졌다.

잊혀진 '내'가 세계를 견디는 방법은 바닥에 납작 엎드려 지내는 것이다. 누구와도 접촉하지 않고 접속되지 않는, 닫힌 존재는 죽음과 망각의 영역에 갇혀 있다. 사용되지 않는 냉장고의 손잡이는 잊혀지고, 조만간 냉장고도 잊힐 것이다. 시인은 마지막에 혹시 문득 생각났다고 방문을 열 생각은 하지 말라는 충고를 남긴다. 당신이 먹지 않고 버린 것들은 얌전히 기다리지 않고, 곰팡이에게 몸을 내어준다. 버려진 '내'가 복수하는 방법은 하얀 곰팡이가 핀 끔찍한 광경을 선물하거나 혹은 곰팡이에게 온전히 몸을 내어주고 애초에 없었던 듯이 사라지는 것이다. 이 시에는 관계가 보여주는 끔찍함과 좌절이 있다. 기다려야 하는 관계, 스스로 열 수 없는 관계, 열고 닫는 교환이 없으므로 망각된 관계. 손잡이에 대한 이 시에 더 큰 손잡이를 달아주고 싶다.

눈물은 말이 없는 세상에서 태어났는지도 몰라 혹은 깊고 깊은 벼랑을 단번에 건너는 말이거나 스스로 벼랑으로 투신한 말은 아닐까? 그처럼 맑은 끝이거나 시작이 아니라면 뭘까. 눈물은 스며들기를 좋아하지. 하얗게 흔적이 되거나 소금기로 남아 공중에 흩어지지. 흔적조차 남지 않더라도 다정한 손가락 사이로 흐르던 따뜻한 햇살은 기억할까? 내가 바닥이 되는, 상처의 집에 환하게 불 켜는.

그리하여 손톱마다 박힌 흰달을 자라게 하는.

명치 끝에 단단한 사리처럼 지어진 집 한 채 짓고 허무는 동안 흐르던 눈물.

— 이승희, 「눈물」 전문(『문학수첩』, 2008년 봄호)

이 시는 눈물의 기원과 의미를 '말'에서 찾고 있다. 눈물은 특별한 능력을 가진 '말'일지도 모른다는 것이다. 깊고 깊은 벼랑은 높고 높은 벽과 동의어이다. 이승희 시인은 눈물이 벼랑의 언어라고 쓰고 있다. 그것은 높고 깊고 위태로운 단절을 단번에 건너간다. 벼랑을 건너 너에게 닿는 특별한 말이 눈물이다. 말의 육신으로는 죽어도 건널 수 없는 벼랑을, 육신을 버리고 영혼만이 맑고 가볍게 건너가는 것이 눈물이다. 혹은 눈물은 벼랑으로 투신하는 말이기도 하다. 더 이상의 건넘이나 교통을 단념

하는 최후의 말인 것이다(눈물이 아래로 떨어지는 것을 상상해보라). 이 때 눈물은 가장 무거운 말로도 닿을 수 없는 심연으로 투신하는 육중한 말이다. 이것만으로도 이 시는 충분히 아름답다. 하지만 눈물로 모든 것을 건널 수 있을까.

눈물은 스며들기를 좋아한다. 그리고 공중에 흩어진다. 그것이 아름다운 것은 순간적이기 때문이다. 그러므로 시인은 '흔적조차 남지 않더라도 다정한 손가락 사이로 흐르던 따뜻한 햇살은 기억할까?', 라면서 역시 망각의 문제를 언급하고 있다.

> 배추를 사서 김치를 담그자. 칼을 긋고 벌린다. 은밀한 속살에서 원시림의 향기가 살아서 다른 몸으로 전이된다. 이 참을 수 없는 원죄를 꼭 붙들라, 누군가 성호를 긋고 있다. 배추를 벌리고 소금을 넣으며 떠올리는 야릇한 경계, 신을 모방하는 손길. 대개 배추는 속부터 간이 들어야 제 맛이다. 신은 내 머리를 벌리고 밀어 넣는다. 채 썬 무, 엇비슷한 키를 가진 갓을 섞어 밀어 넣는다. 대개 본연의 형태를 저버린 것들이지만 그것들이 속을 더 꽉 채운다. 그래, 그렇다 치자. 사내인 당신이 나를 가르고 내 속을 채우던 날을 기억하자. 그 속에 매운 고추, 파, 다진 마늘을 넣는 것은 기본이다. 그것은 신도 알고 나도 안다. 가끔은 달콤한 과일을 넣는다. 혀를 속인다. 몸을 속인다. 익어가는 모든 것들은 맛있다. 알맞게 간이 밴 내 몸과 또 다른 배추를 찾으러 시장을 기웃하는 신처럼, 우린 맛있게 익을 권리와 의무가 있는 김치를 담근다.
>
> — 윤진화, 「아줌마를 위하여」 전문(『문학수첩』, 2008년 봄호)

윤진화는 드물게 원시주의적인 냄새가 물씬 풍기는 상상력을 가진 시인이다. 그의 시에는 엽기와는 다른, 원시주의적 생명력과 긍정이 있다. 카니발 의식을 떠올리게 하는 이 시의 처음은 얼마나 노골적인가. 거두절미 단칼에 시작되는 칼질과 배추를 쪼개어 벌리는 행위. 사내인 당신과 나의 관계는 그렇게 시작된다. 그것은 잔인한 관계가 시작되는 메타

포이면서 성적인 이미지와 겹쳐져 있다. 속살을 드러낸 겹겹의 배추는 비밀스러운 원시림으로 시인을 이끌고 간다. 배추를 칼로 찌르고 맨손으로 쪼개어 벌릴 때 몸으로 전이되는 신선한 육질의 감각과 냄새는 김치를 담그는 행위를 성性스럽고도 성聖스럽게 한다. 생명력이란 그 번식력이 왕성하여 금방 전해지기 마련이다. 시인은 그 신선(성)함에 감전되어 짜릿함을 느낀다. 그것은 너무나 노골적이고 순수해서 '원죄'라고 부를 만하다.

김치를 담근다는 것은 순수함과 무지함, 싱싱한 생명력으로 가득 찬 흰 배추의 속을 훼손하는 일이다. 그래서 배추를 절이고 속을 채우는 과정은 마치 종교재판을 치르는 과정처럼, 과정처럼 엄숙하다. 이제 싱싱함과 순수함은 한 풀 죽을 것이다. 신은 순진한 아이의 머리를 벌리고 그 속에 지식과 감정 등을 넣고 철들게 한다. 이것은 사내인 당신이 칼로 '나'를 가르던 순간을 연상시킨다. 관계란 그런 것이다. 누군가를 가르는 일. 그리고 그 속에 온갖 맵고 짠 것들을 채워 넣는 일이다. 그리고 가끔 달콤한 것도. 그것이 '우리'를 조금 죽게 하고, 조금 썩게 하고, 그래서 발효되고 익어가게 한다. 생은 그렇게 익어간다. '당신'이 나를 열고 마늘, 고추를 채우고 망각할 지라도, '우리'는 맛있게 익을 권리와 의무가 있다!

3. 유리

집어던지고
박살을 내도

이곳저곳에서
흰 이를 드러내며

너는 웃는다

박살이 나고
너는 무수히 많아졌다

깨진 조각을 줍는다
가장자리를 드러낸 조각들

어느 무엇도 담지 않는
반짝반짝 빛나는
더 작은 그릇들

— 정준영, 「박살」 전문(『애지』, 2008년 봄호)

증오란 그런 것이다. 대상은 없어지지 않고, 떠나지 않고, 아파하지 않고, 죽지 않으며, 사방 천지로 번식해나가고, 흰 이를 드러내며 웃는다. 너를 박살낼 순 있지만 관계는 사라지지 않는 것이다. 증오의 서식지는 '대상'이 아니고 '관계'이기 때문에. 네가 박살이 나고서도 너와의 관계는 무수히 많아진다. 그것은 어디 숨어 있다가 나를 아프게 찔러올 지 알 수 없다. 증오는 죽음과 파괴로 번식한다. 박살이 나고서 오히려 무수히 많아진 '너'를 줍기 시작한다.

너는 사라지고, 너의 가장자리, 네가 숨기고 있던 표독한 발톱 같은 칼날만이 남았다. 그것은 이제 무엇도 주워 담을 수 없는 아주 작고 반짝이는 날카로운 그릇들이 된 것이다. '이' 세계, 관계는 사라지지 않는다. 없애려고 하면 무수히 복제되고 날카로워지며 흰 이를 드러낸다. 부수는 것은 무의미하다. 엔트로피가 상승할 뿐.

깨지는 순간,
거울은 완성된다 되듯이

> 너도 그렇게 하여 완성되었다
> 내가 어떤 달빛에 대해 추궁하자
> 온통 남이 되어 너는 부서졌다
> 부서졌으므로 엎질러진 물처럼
> 나는 아주 돌아섰다
> 오해였기를,
> 오해여서 더욱 돌이킬 수 없기를
> 아니고 아니고 아닌 끝에
> 뜬눈으로 죽은 너를 거기 두고
> 명백하게 나 혼자 돌아왔다
> 다리 밑 개울가에 산산조각 난 거울이,
> 눈알들이 초롱초롱하였다
> ─정병근, 「파경」 전문(『시와 사상』, 2008년 봄호)

화자는 거울이 비추었던 어떤 달빛에 대해 추궁하자 거울은 더 이상 나를 비추지 않고 깨졌다고 했다. 거울이 부서지고 남으로 태어나는 순간, 돌이킬 수 없게 화자도 돌아섰다고 했다. 거울이라는 것 자체가 막혀 있어 소통이 불가능한 물질이지만, 여기서 거울과 화자는 정말 단단한 벽으로 막혀 있음을 알 수 있다. 화자의 추궁에 대해 거울은 대답하지 않고 스스로 부서지는 태도를 취했기 때문이다.

거울이 뜬 눈으로 죽었다는 것은 '억울함'을 암시한다. '오해였기를'하고 바라는 화자의 심리는, 오해일 수도 있다는 것을 전제하고 있다. 즉 오해였을 가능성을 충분히 짐작하면서도 추궁함으로써 거울이 부서지도록 만든 것이다. 오해로 인해 파탄난 관계의 책임이 자기에게 있기에 결코 돌아갈 자신감을 갖지 못하도록 스스로를 옭아매는 심리인데, 너를 보내고 내가 돌아가지 못하게 상황을 몰아붙이는 심리는 '이별'을 원한 듯하다.

'너'는 나를 비추는 거울로서 죽었지만, 부서진 너는 더 많아졌다. '나는 명백하게 혼자 돌아왔다'는 말은 물리적인 이별을 재확인하는 것이지만, 그럼에도 심리적으로 이별하지 못했음을 증명하는 말이다. 명백히 혼자 돌아오는 길에 내려다본 다리 밑 개울가에 산산조각 난 거울이 가득하였다. 이 시가 매력적인 것은 이 마지막 때문인 듯하다. 물거울을 바라보며 깨진 것은 자신임을 깨닫는 것, 반짝이는 물이 깨진 거울처럼 보이는 영상, 그것들이 초롱초롱한 눈알로 묘사된 시인의 내면풍경은 참으로 생생하고 아름답고 섬뜩하게 읽힌다. 나를 비추지 않고 이제 나를 바라보는 눈알만 가득하다는 자의식의 개울.

> 불만스런 하루를 마친 귀가길
> 굴러다니는 빈 유리병을 발로 차며 집으로 간다
> 어느 모서리에 부딪혀 산산히 깨어질 유리조각들보다 먼저
> 가령, 이러한 생각들을 해본다
>
> 그 병 속에 담겨 있던 텅 빈 공간은 어디로 사라질 것인가? 정도의 호기심, 또는
>
> 먼 나라의 감옥으로부터 유리병의 편지를 보냈던 시인의 목소리는 누구의 창가로 배달되었을까? 하는 생각
>
> 어딘가에 뚫려 있는 작은 구멍 속으로
> 한 병씩 새어나가고 있을 많은 의미들을 위하여
> 내가 발로 차고 있는 유리병에
> 내 속의 거지와 곰팡이 핀 시간과 일그러진 얼굴을 담아서
> 뒤꽁무니로 빼돌리거나
> 하수구를 찾아서 조금씩
> 흘려보내고 싶어진다
> 힘껏 걷어차 기구한 운명의 모서리를 만나거나
> 돌부리에 걸려 사라지고 하고 싶은 것이다.

내 몸은 실밥 터져 너덜거리는 포댓자루
견고하지 않아서 공명조차 만들 수 없다, 그런 이유로
세상의 단 한 조각도 빼돌릴 수가 없어
단번에 산산조각 날려보낼 수 있는
유리병을 차며 걷고 있는 것이다
— 정은기, 「유리병」 전문(『현대문학』, 2008.4)

 학생 시 같은 느낌이 조금 들기도 하는 정은기의 「유리병」은 그러나 참으로 정직하고 참신한 호기심을 담고 있다. 화자는 집에 가면서 빈 유리병을 발견한다. 불만스러운 하루를 마치고 돌아오는 발길에 차이는 유리병은 시인 자신의 이미지이다. 그것을 멀리 차버리고 싶은 마음과 계속 끌고 가고 싶은 마음의 반복과 번복 속에서 시인에게는 호기심이 생긴다. 이 작품이 소중한 것은 이 호기심 때문이다. 병 속에 담겨있던 텅 빈 공간은 어디로 사라질 것인가, 유리병에 담아 보낸 시인의 편지는 과연 누군가에게 배달되었을까, 하는 생각.
 유리병은 작은 구멍으로 여겨진다. 그리고 많은 의미와 공간과 기억, 그리고 감정이 그 구멍 속에 담겼다간 새어 나간다. 그 구멍에 의미를 담고 그것이 깨지면 사라지는 것. 인간의 육신에 많은 의미와 공간과 감정이 담기지만 육신이 죽으면 그것은 사라진다.
 유기체론적 세계관에서 세계를 구성하는 부분들은 끊임없이 생사 소멸하지만 전체적인 유기체는 유지된다. 그 안에서 존재하던 어떤 것이 사라진다면 그것은 그 대상으로서 존재하기를 멈춘 것일 뿐, 다른 존재로 편입되거나 다른 존재를 구성하는 데에 쓰이기 때문이다. 물질적으로 그렇다고 치자. 하지만 그 육신에 담겼던 보이지 않는 것들은? 영혼은? 의미는? 감정은? 기억은? 지식은? 그런 것들은 유리병이 깨지면 사라지듯이 존재가 죽으면 어디론가 빼돌려 지는 것일까.

유리병 속에 담겼던 것들은 유리병이 깨지면 그만큼씩 사라진다. 시인은 그 원리를 알아채고는 그것을 이용하고 싶어 한다. 한 병씩 새어나가고 있을 그 흐름에 자신의 '거지와 곰팡이 핀 시간과 일그러진 얼굴'을 담아서 뒤꽁무니로 빼돌리고 싶다는 것. 세상에 조금씩 빼돌려진 의미와 감정들이 흐르는 하수구가 있을 것이라는 발상이 재미있다. 그 뿐이랴, 세상엔 빼돌려진 것들의 세계가 있을 것이다. 저승 갈 땐 빈손으로 가는 것이 아니라 한 병만큼씩 빼돌리는 것이라고 생각하면 슬며시 웃음이 나온다. 유리는 깨지면 더 많아지지만, 그 안에 담겨 있던 것들은 어디론가 사라진다.

4. 손잡이

    이것은 겨울과의 계약서예요
    죽은 정원을 하나 샀죠
    그리고는 서둘러 실내로 뛰어들어 왔어요

    겨울은 아무래도 따뜻한 난로곁 이야기의 계절이지요
    그런데 사람들은 가끔씩 지금이 겨울임을
    망각하고 이렇게 묻곤 하지요
    우리집 풍자(諷刺)는 왜 자라지 않는 거죠?

    이번 겨울은 참으로 길어요
    웃고 떠들다 지쳤는지 이제 아이들은
    눈트는 씨앗의 입구에 몰려가 있어요

    창 밖 정원은 여전히 잠들어 있어요
    나는 잠시 망치질을 멈추고 깊은 상념에 잠겨 있어요

> 꽃피고 새 우는 상자
> 이것의 손잡이를 어디다 붙일까 생각해야겠기에
> — 송찬호, 「겨울」 전문(『현대시』, 2008.4)

개인적으로 지난 계절에 발표된 작품들 가운데 가장 좋다고 생각되는 시이다. '이것은 겨울과의 계약서에요'라고 시작한다. 여기서 '이것'이 무엇인지를 찾는 것은 중요치 않으리라. 중요한 것은 겨울은 '계약서'로 시작되었다는 것이다. 마치 한 철 전셋집을 구하듯이, 계약서를 쓰고 겨울이 시작된다. 계약은 조건을 담고 있으므로 영구한 것이 아니다. 죽은 정원을 하나 산 것이 겨울과의 계약일지도 모른다.

이 시에는 상식적으로 생각하는 겨울풍경이 부재한다. '계약서'만 작성하고 바로 '실내'로 뛰어들어 왔다는 말처럼, 정말 이 시는 철저히 실내활동으로만 이루어져 있다. 시인은 실내 이야기로 실외의 바깥 풍경을 이야기하는 능력, '이' 세계의 안팎을 드나드는 손잡이를 언제나 자기 쪽에 가지고 있는 듯하다.

실내는 '사람들', '아이들'로 지칭되는 집단들이 살고 있다. 그들은 전혀 밖의 겨울에 의해 갇혀 있다는 생각을 하지 않는 것 같다. 따뜻한 난로 곁에서 옛날이야기를 하며 기억을 재생산한다. 여기에는 백석의 시의 동화 같은 따스함과 명절날의 흥성스러움 같은 것이 배어나온다. '실내'를 가장 겨울다운 공간으로 만들어 놓는 점에서 특히 그러하다. 아이들은 아이들끼리 놀이에 열중하다가 지겨워지면 눈이 트는 문 쪽으로 가서 호기심을 보이기도 하고, 어른들은 어른들끼리 기나긴 이야기를 나눈다. 실내는 씨앗의 이미지를 덧입으면서 겨울 동안 망각된 씨앗의 속에서는 무슨 일이 벌어지는가를 이야기해주는 한 편의 동화 같은 느낌을 준다.

실내에서는 다양한 변화가 있지만 창밖은 여전히 겨울인데, 시인은 '잠시' 망치질을 멈춘다고 쓴다. 그는 신화 속의 대장장이 헤파이스토스처럼 겨우내 망치질을 하고 있었던 것이다. 그가 망치질을 잠시 멈추고 깊은 상념에 빠지는 이유는 그가 만들고 있는 상자 때문이다. 그 상자는 '꽃 피고 새 우는 상자', 다시 말해 '봄'이다. 시인은 '실내―씨앗' 속에서 '봄―상자'를 만드는 중인데, 틈틈이 그것에 손잡이 붙일 자리를 생각해 가며 제작하고 있다.

  봄은 참 여러 곳에서 온다. 신문마다 뉴스마다 다들 봄이라고 해도, 막상 사람마다 언제 어디서 봄을 만나게 될 지는 미리 짐작할 수 없다. 봄은 엉뚱한 곳에서 문득 느껴지곤 한다. 하지만 송찬호 시인은 '꽃 피고 노래하는 상자'를 만들고 있으며, 그것에 손잡이를 붙일 자리까지 생각하는 목수이다. 그는 봄이 어디서 올지 언제 올지 일기예보가 필요 없다. 자신이 만든 상자에 손잡이를 달아 잡아당기거나 들고 다니면 되니까. 손잡이란 눈에 띄지 않으면서도 중심을 잘 잡을 수 있는 절묘한 곳에 붙여야 한다. 어쩌면 세계의 가장 중요한 부분은 손잡이 일 것이다. 너와 나에게, 망각된 것들에 손잡이를 붙이자.

새미비평신서 19

망각과 손잡이

초판 1쇄 인쇄일	| 2013년 01월 26일
초판 1쇄 발행일	| 2013년 01월 27일

지은이	| 이수정
펴낸이	| 정진이
출판이사	| 김성달
편집이사	| 박지연
책임편집	| 이원숙
본문편집/디자인	| 이하나 정유진 신수빈 윤지영
마케팅	| 정찬용 권준기
영업관리	| 한미애 심소영 김소연
인쇄처	| 월드문화사
펴낸곳	| 새미
	등록일 2005 03 14 제25100-2009-8호
	서울시 강동구 성내동 447-11 현영빌딩 2층
	Tel 442-4623 Fax 442-4625
	www.kookhak.co.kr
	kookhak2001@hanmail.net
ISBN	| 978-89-5628-613-6 *03810
가격	| 18,000원

* 저자와의 협의하에 인지는 생략합니다.
  새미는 국학자료원의 자회사입니다.
  잘못된 책은 구입하신 곳에서 교환하여 드립니다.